国家社会科学基金青年项目资助：

中国对外投资跨境基础设施项目风险识别模式与防控体系研究（16CGL003）

跨境基础设施项目
风险识别模式与防控体系

CROSS-BORDER INFRASTRUCTURE PROJECT
RISK IDENTIFICATION MODE
AND PREVENTION-CONTROL SYSTEM

尤 荻 著

社会科学文献出版社
SOCIAL SCIENCES ACADEMIC PRESS (CHINA)

摘　要

　　跨境基础设施的发展与人类贸易活动相生相伴，尤其是"一带一路"倡议提出以来，作为地理上跨越两个或两个以上国家的基础设施或具有重大跨境影响的国家基础设施，跨境基础设施在互联互通方面发挥的重要作用日益凸显，加之沿线国家对倡议的积极响应和双边合作的深化，对外投资跨境基础设施项目不断增加。由于短时间内难于形成全面的区域发展共识，并且沿线区域既有的跨境基础设施发展规划与"一带一路"具有良好的兼容性，中国开创了以"合作但不主导，投资但不占有"为核心的新供给模式，并通过优惠贷款、公私合作、企业直接投资等方式在跨境公路与铁路、跨境能源管道、跨境光缆等领域证明了这一模式的可行性和有效性。

　　作为区域"俱乐部产品"，遵循责权利的匹配性、需求偏好的辅助性及对国内设施的补充性原则的国家间合作是跨境基础设施有效供给的根本，东道国政府、多边机构、区域内的社会公众以及区域内外的企业是跨境基础设施项目的利益相关者，项目利益的实现是企业获得投资回报的基础。作为利益实现要素，对外投资跨境基础设施项目的利益实现机制、利益实现条件和利益实现行为将受到来自项目东道国国家间合作关系、东道国客观环境和项目组织内部三方面不确定性的影响而产生项目治理风险、东道国国家风险和国际合规风险。其中，项目治理风险是造成利益实现机制建立和运行失败的可能性，主要包括跨境成本分配风险、跨境利益协调风险和项目组织内部冲突风险；东道国国家风险是东道国国家主权行为或经济、法律、社会等因素导致项目难以持续获得法律保障、建设和运营保障的可能性，主要与东道国的客观环境有关且很少受到外国投资者影响，包括国家间政治合作风险、项目优先地位获取风险和项目建设与运营条件风险；国际合规风险是企业及其员工因违反、不遵守和不履行合规义务而遭受法律制裁、监管处罚、重大财产损失或声誉损失以及其他负面影响的可能性，是企业合规行为能力与反合规环境压力"对抗"的结果，而反腐败合规风险、合规信息披露风险和东道国合规监管风险是跨境基础设施项目国际合规风险的主要内容。

对外投资跨境基础设施项目对于进一步拓展海外基础设施投资与工程承包业务、消减边界屏蔽效应、优化资源进口方式、促进跨境贸易有重要作用。为此，本书基于风险成因及其形成机制的分析结果，构建了项目风险原因、风险发生过程、风险后果、风险发生征兆四个维度的风险识别模式，进而基于突变理论以及对风险影响因素和风险发生征兆的辨识结果，建立风险预警体系，以便为开展有针对性的风险防控提供充分依据。作为确保获得投资回报的根本保障，跨境基础设施项目风险防控体系以行动决策体系、执行体系、保障体系和监控体系的风险防控行动体系为核心，风险防控资源体系、组织体系和制度体系为行动支撑，以加入和签订的多边和双边投资协定为主的风险防控法律为约束和保障。为了开展更具针对性的风险防控行动，本研究针对对外投资风险管理现状和角色转变带来的挑战，就对外投资跨境基础设施项目风险防控路径进行了探索。其中，项目治理风险防控路径包括建立项目动态决策机制、强化项目内外部风险合作和完善项目人力资源与劳务管理体系；东道国国家风险防控则以风险转移和风险减轻为核心，优化国家风险保险方案、构建和完善国家风险防控协商机制、完善多层次国家风险应对组织体系；而国际合规风险防控路径则包括增强企业反腐败合规能力、提高企业合规信息披露能力和发展合规管理国际合作关系。

关键词：跨境基础设施　对外直接投资　"一带一路"　风险治理

前　言

　　"使者相望于道，商旅不绝于途"，[①] 绵亘万里的古丝绸之路不仅成就了汉唐盛世，更成就了沿线区域的大发展与大繁荣。历史车轮滚滚向前，古丝绸之路的辉煌盛景虽早已化入史书的字里行间，但千年积淀的丝路精神——"和平合作、开放包容、互学互鉴、互利共赢"却成为人类文明的宝贵遗产，而"一带一路"倡议便是我国践行这一精神的最好体现。自2013年"一带一路"倡议提出以来，全球100多个国家和世界银行、亚洲开发银行等多边机构积极响应，愿与中国携手共建"新丝路"，联合国大会、联合国安理会等的重要决议中也纳入了共建"一带一路"内容。"一带一路"倡议正在从愿景转化为沿线各国的合作行动。

　　基础设施互联互通作为共建"一带一路"中的优先领域，是沿线区域合作发展的基础，跨境基础设施作为地理上跨越两个或两个以上国家的基础设施或具有重大跨境影响的国家基础设施，是其中的重要组成部分。本着"战略对接、优势互补"的原则，以六大经济走廊为基本发展框架，沿线国家和多边机构积极开展沟通与协调，让共建"一带一路"中的跨境基础设施开发能够与东盟的《东盟互联互通总体规划2025》、欧盟提出的泛欧交通与能源基础设施网络战略、蒙古提出的"发展之路"、哈萨克斯坦提出的"光明之路"、土耳其提出的"中间走廊"等区域和国家发展战略相对接，在尊重和支持相

---

① 《习近平在"一带一路"国际合作高峰论坛开幕式上的演讲》，http://www.xinhuanet.com//2017-05/14/c_1120969677.htm，2017年5月14日。

关国家跨境基础设施发展战略的同时，也实现古丝绸之路的伟大复兴。

随着"一带一路"倡议的国际影响力提升，沿线国家在基础设施互联互通领域的合作不断深化，众多跨境基础设施项目的开发被提上议事日程，为我国企业进行海外基础设施投资和工程承包提供了新的发展空间。与此同时，部分基建企业也积极抓住时代机遇，充分利用自身的技术优势，通过优惠贷款、公私合作、工程总包等方式积极参与沿线国家交通、能源、通信等领域的跨境基础设施项目开发与建设。然而，作为区域"俱乐部产品"，跨境基础设施在供给模式上有别于国内以及对单一国家投资的基础设施，其风险不仅具有独特性，也更具复杂性。特别是面对百年未有之大变局，国际格局发生巨大变化、国家间关系出现更多不确定性，跨境基础设施项目不仅可能因项目东道国政局不稳、经济衰退、社会动荡等而遭遇损失甚至失败，也可能时刻面对由区域内国际霸权竞争、跨境公共卫生危机、地区宗教与种族冲突等导致的诸多风险。

虽然席卷全球的新冠肺炎疫情令众多国家的经济发展受到重创，传统基础设施投资大为减少，但也让人们更加清晰地看到了共建"一带一路"和人类命运共同体的重要意义。我国企业应充分发挥在传统基建与新基建领域的技术优势，依托"一带一路"这个大平台将资金、技术和标准与那些基础设施需求强劲的沿线国家相对接，除了继续深化交通、能源、通信等传统基础设施领域的合作外，还应积极开发环保、公共卫生领域的跨境基础设施项目，不断推动"一带一路"成为绿色之路、健康之路和可持续发展之路。

然而，有效的风险管理是投资者实现"趋利避害"，获得应有投资回报的关键。为此，本书将以跨境基础设施项目的风险识别与防控路径为主要研究内容，基于区域公共产品和项目风险管理理论对跨境基础设施项目风险的形成原因和机制开展探索，进而针对境外投资基础设施项目风险管理现状及挑战，结合欧盟、南美洲和大湄公河次区域的跨境基础设施风险管理经验，对项目治理风险、东道国国家风险、国际合规风险三类风险开展识别并提出风险防控路径，在为企业跨境基础设施项目风险管理提供理论参考和实践指导的同时，也对完善基础设施风险管理体系有所贡献，助力共建"一带一路"高质量发展。

目　录

第一章 全球跨境基础设施发展历程

纵观历史，基础设施的互联互通在世界经济发展中发挥了重要作用。冷战结束后，由于世界政治格局的变化和全球公共产品供给的不足，区域一体化成为很多国家和地区谋求和平、经济发展和提高国际竞争力的战略选择，区域公共产品的供给随之成为关键议题，而跨境基础设施作为地理上跨越两个或两个以上国家的基础设施或具有重大跨境影响的国家基础设施[①]则被视为其中的优先合作领域，以便为更广泛和深入的区域合作奠定基础。本章将基于对全球跨境基础设施发展历程的梳理，对跨境基础设施的属性以及供给模式进行分析，进而就共建"一带一路"中跨境基础设施供给和现状进行分析。

第一节 全球跨境基础设施的发展历程

从历史的角度来看，跨境基础设施的发展与人类贸易活动相生相伴。有考古学证据表明，美索不达米亚（Mesopotamia）与印度、中国间曾存在贸易往来，这意味着跨境基础设施在公元前 7500 年至前 4000 年间就已经开始发展。公元前 3500 年，绵延约 2900 公里波斯皇家通路（Persian Royal Routes）建成，之后由大流士一世（King Darius I）重建并在阿契美尼德王朝（Achaemenid Empire）时期得以继续运行与维护，而其中就包括诸多跨

---

① Ramesh Adhikari, John Weiss, "Economic Analysis of Subregional Projects," EDRC Methodology Series, No. 1, ADB, March 1999, p. 3.

境基础设施。之后，罗马帝国也拥有一个用于与印度和中国进行贸易的陆运和航运网络，该网络的陆路总长在公元 200 年前后已达 8 万公里，并且关于道路的维护和使用有配套的管理制度。① 在这之后，横贯东西方的"丝绸之路"则以不同的方式成了跨境基础设施发展的典范。这一全长 6000 余公里的道路，并非由某一国家来提供，而是不同国家道路相连，沿线遍布商业点和中转站，不同国家的商队建立了"环环相扣"的物流系统，并由此开展货物运输和贸易，加之僧侣、使者、探险家在该道路上的流动，"丝绸之路"也成为世界历史上最重要的宗教、文化和科技知识传播之路。然而，受到运输技术的限制和沿线各国政治局势变动的影响，即便是波斯帝国、罗马帝国、蒙古帝国，在当时的时代状况下虽然能够在短时间内成为主导者，但都不具备长期提供如此大规模跨境基础设施的能力。自"丝绸之路"之后，世界各国的商贸往来虽不曾中断，但大规模的跨境基础设施发展却并没有再出现。第二次世界大战结束后，世界政治格局的深刻变革和科学技术的进步令全球的跨境基础设施发展开启了新篇章，以下就将分三个阶段对战后全球跨境基础设施的发展历程进行阐述。

一 第一阶段（20世纪初至1991年）：政治基础形成

虽然早在 1889~1890 年第一届泛美会议（也称"美洲国家会议"）召开期间，泛美铁路计划就被正式提出，但由于之后的几十年间第一次世界大战爆发、拉美国家的财政预算紧张，加之在政治上关于泛美铁路存在争议，该计划最终"流产"。然而，美国政府并没有放弃美洲交通一体化战略。20 世纪 20 年代，美国政府将眼光转向洲际公路网络并提出了泛美公路计划，在这之后的近 70 年里，泛美公路的部分路段在美国的援助下得以建成，但由于环保争端和达连隘口（Darién Gap）的问题，泛美公路至今也没有实现完整意义上的贯通。② 值得注意的是，泛

① Haruhiko Kuroda, Masahiro Kawai, Rita Nangia, "Infrastructure and Regional Cooperation," ADB Institute Discussion Paper, No. 76, ADB, September 2007, p. 11.
② 李超：《泛美公路建设中的经验与启示》，《拉丁美洲研究》2019 年第 2 期，第 135 页。

美公路的建设初衷之一在于满足美国国家战略的实施需要，但也的确改善了拉美地区的交通基础设施状况，并且为之后南美洲跨境基础设施发展奠定了一定的政治基础。与此同时，虽然从独立运动中设想的美洲联盟到1960年成立的拉丁美洲自由贸易协会，再到1980年的拉丁美洲一体化协会都没有在拉丁美洲整个区域范围内建立有效的政治和经济合作关系，但中美洲共同市场（1962年成立）、安第斯条约组织（1969年成立）和加勒比共同体（1973年成立）等次区域一体化行动却也在一定程度上为南美洲的跨境基础设施发展奠定了部分国家间的政治合作基础。

第二次世界大战结束后，饱受战争摧残的欧洲各国为了进行国家重建以及维护地区安全和稳定，不断探索联合的可行性。1952年，煤钢联营体这一超国家机构的成立不仅有效缓解了德国与法国之间的历史矛盾，同时也使意大利、荷兰、比利时和卢森堡等国获得了牵制德国与维护欧洲和平的途径，从一定程度上为欧洲提供了政治和地区安全方面的区域公共产品，也成为欧洲乃至全球跨境基础设施发展中政治基础形成的实质性起点。之后，从1957年签订的《罗马条约》到1967年欧洲煤钢共同体、欧洲经济共同体和欧洲原子能共同体合并为欧共体，再到1979年欧洲各国决定成立欧洲货币体系，其间虽然欧洲并没有进行大规模的跨境基础设施建设，但各国间的合作却为今后的欧盟跨境基础设施网络规划和建设奠定了坚实的政治基础。

在欧盟长达四十多年的摸索过程中，世界其他国家和地区也在不断探寻区域合作道路的过程中形成了一些跨境基础设施的政治合作基础。亚洲方面，成立于1967年的东盟作为二战后原东盟五国（马来西亚、印度尼西亚、菲律宾、泰国和新加坡）新的地区安全观念的产物，其除了寻求谅解以解决地区内部存在的各种争端以及在外部冲突中寻求中立外，还在于促成地区经济合作和提高全球竞争力。作为一个主要功能是政治论坛的区域性组织，1967~1975年东盟因柬埔寨内战和越南战争的爆发而陷入发展停滞状态，直至"柬埔寨和平进程"的推进才令其迎来新的成长契机。冷战结束前后，东盟已经实现了向安全共同体的转化，① 而这也成为今后东南亚地区跨境基础设施发展的最大政治基础。

相比于上述几个区域，非洲虽然早在 20 世纪 50、60 年代民族解放运动中就提出了非洲一体化的设想，但由于多国不断遭遇战争、民族冲突、政变，非洲大陆一体化的推进十分艰难，即便随着东南非共同市场（Common Market for Eastern and Southern Africa，COMESA）② 和东非共同体（East African Community，EAC）③ 的建立，区域性跨境公路和铁路的发展逐渐被提上议事日程，经济发展水平和不够坚实的政治合作基础仍然制约着该区域的跨境基础设施发展。

总体来看，从第一次世界大战爆发前至冷战结束的这段时间里，虽然并没有出现全球性和大规模的跨境基础设施建设和发展，但战争创伤以及对国家安全的渴望让世界各地开始探索区域一体化的可行性，而其中形成的国家间合作关系为该领域今后的发展奠定了强有力的政治基础。

二 第二阶段（1991~2013年）：区域性跨境基础设施发展计划提出

冷战结束后，世界格局发生深刻变化，欧洲、东南亚和南美洲等区域以前一阶段建立的国家互信为基础进一步加快了区域一体化步伐，全球跨境基础设施发展随之进入第二阶段，而区域性基础设施发展计划的提出是这一阶段的核心内容。

1988 年，欧共体委员会发布的切克奇尼报告（Cecchini Report）对欧洲没有形成统一市场的代价进行了详细分析，并建议通过建立区域性基础设施

---

① Sheldon Simon, "The Regional of Defense in Southeast Asia," *Pacific Review*, 1992, 5（02）, p. 122.
② 东南非共同市场包括 21 个成员国，分别是：布隆迪、科摩罗、吉布提、刚果民主共和国、埃及、厄立特里亚、埃塞俄比亚、肯尼亚、利比亚、马达加斯加、马拉维、毛里求斯、卢旺达、塞舌尔、苏丹、索马里、突尼斯、乌干达、赞比亚、津巴布韦、斯威士兰。资料来源：https://baike.baidu.com/item/东部和南部非洲共同市场/1773055? fromtitle = 东南非共同市场 &fromid = 11158824&fr = aladdin。
③ 东非共同体包括肯尼亚、乌干达、坦桑尼亚、布隆迪、卢旺达、南苏丹六个成员国。资料来源：https://baike.baidu.com/item/东非共同体/1773210? fr = aladdin。

网络来促进各成员国间贸易的发展和资本、人力资源的流动，进而增进欧洲的整体利益。以此为基础，1991 年底签署的《欧洲联盟条约》正式提出建立欧盟基础设施网络，并明确了欧盟应该采取的政策和措施，这也成为欧盟乃至世界范围内首次在政治上确认的跨境基础设施发展计划。1998 年金融危机之后，欧洲基础设施系统的脆弱性以及投资不足的问题再次受到审视，欧盟委员会认为成员国之间基础设施发展质量的差异大大减弱了欧盟整个区域的竞争力和发展能力，应该将跨境基础设施作为欧盟发展的关键议题。之后，欧盟委员会和欧盟理事会基于当时欧盟成员国之间基础设施联通方面存在的主要障碍和瓶颈，制定了泛欧交通和能源基础设施互联互通网络计划，明确了发展重点和优先领域，并且在 2013 年通过颁布泛欧交通运输网络政策（Trans-European Transport Network Policy）和泛欧能源网络条例（Trans-European Networks for Energy Regulation）从立法的层面确保了欧洲跨境基础设施的发展。

当和平再次于 20 世纪 90 年代初重归东南亚各国之时，亚洲开发银行（Asian Development Bank，ADB）与东南亚各国政府合作，相继提出了大湄公河次区域（Greater Mekong Subregion，GMS）经济合作计划（1992 年启动）、印度尼西亚—马来西亚—泰国增长三角（Indonesia-Malaysia-Thailand Growth Triangle，IMT-GT）经济合作计划（1993 年启动）、文莱—印度尼西亚—马来西亚—菲律宾东盟东部增长区（Brunei Darussalam-Indonesia-Malaysia-Philippines East ASEAN Growth Area，BIMP-EAGA）经济合作计划（1994 年启动）。这些经济合作计划都旨在利用次区域各国在原材料、劳动力成本、市场规模等方面的比较优势，推动开展合作以形成更为紧密的经济纽带，进而促进一体化，实现整个区域的繁荣与公正。在合作启动之初，ADB 就将基础设施发展列为其中的关键领域，并且识别和规划了一系列跨境基础设施项目。虽然由于很多国家基础设施条件薄弱、财政吃紧，项目的推进速度差异较大，但这些项目如今仍然是该次区域基础设施网络发展的主干。

作为南美洲国家主导的区域性跨境基础设施开发的起点，阿根廷、玻利维亚、巴西等南美洲十二国首脑于 2000 年提出了以推进区域能源、电信和交通部门物质基础设施一体化和现代化为主旨的"南美洲区域基础设施一体化倡议"（Initiative for the Integration of South American Regional Infrastructure，IIRSA），并于 2004 年提出了"南美洲区域基础设施一体化倡议项目组合"（IIRSA Project Portfolio）。随着南美洲基础设施与规划委员会（South American Infrastructure and Planning Council，COSIPLAN）的成立，当前南美洲基础设施发展的根本性依据——"一体化优先项目议程"（Integration Priority Project Agenda，API）得以推出。它通过项目的形式明确了该区域跨境基础设施合作和建设的内容。

2013 年，中国政府提出了涉及东南亚、南亚、中亚、中东和欧洲部分地区的"一带一路"倡议，基础设施互联互通作为其中的先行领域，铁路、公路、能源等领域的跨境基础设施是其中的重要组成部分，而大部分项目也是在与欧盟、东南亚、南美洲的区域基础设施发展计划对接之后提出的。

三 第三阶段（2013年至今）：跨境基础设施大规模建设

1994 年，英法海底隧道（又称"欧洲隧道"）的贯通不仅标志着英国与欧洲大陆之间建立了方便、快捷的运输通道，更是欧洲区域基础设施一体化的积极推动力。虽然在这之后至 21 世纪初的一段时间里，欧洲并没有进行大规模的跨境基础设施建设，但随着欧盟成员国的增加以及欧盟委员会和欧盟理事会相继推出促进区域基础设施发展的政策和规划，跨境基础设施建设逐渐成为欧洲一体化的核心任务之一，并且从当前的发展趋势来看，跨境基础设施建设将在今后很长一段时间内成为欧洲大陆上基础设施发展的重头戏。

基于次区域经济合作规划和欧盟相关发展经验，大湄公河次区域的跨境基础设施建设在 ADB 的支持下于 20 世纪 90 年代开启，东西经济走廊（East-West Economic Corridor，EWEC）、南北经济走廊（North-South Economic Corridor，NSEC）和南部经济走廊（Southern Economic Corridor，SEC）中的跨境公路相继建成，并且进一步以跨境公路项目为核心建设了其他多条经济走廊，跨境铁路和能源类项目也逐渐推进。与此同时，随着《东盟互联互通总体规划 2025》与共建"一带一路"的推进，以及中国东盟全面战略伙伴关系的建立，跨境基础设施将成为东盟国家今后发展的重要议题。

南美洲的跨境基础设施建设实际是在 2011 年首次推出 API 之后才逐渐铺开的，而 2012 年南美洲各国首脑合力推出的 COSIPLAN 战略行动计划（2012~2022）则与 API 一同构建了 2012~2022 年该区域的基础设施一体化格局并明确了主要合作领域和建设内容，这不仅令南美洲的跨境基础设施合作获得了一定的政治保障，也为该区域的跨境基础设施项目开发铺平了道路。与此同时，南美洲各国政府为了筹集跨境基础设施的建设资金，积极寻求与区域内外的金融机构、投资者开展合作，其中也包括与中国政府和中国企业的对接，以谋求与"一带一路"共发展的机会。

第二节　跨境基础设施的属性

从全球跨境基础设施发展历程可以看出，跨境基础设施既是区域一体化的产物也是区域一体化的基础，它的建设和发展不仅旨在促进一个区域内基础设施的互联互通，同时也应有利于区域和国家基础设施水平的提高，并且为区域带来相应的经济和社会效益，而这些令其具备了区域公共产品的属性。

一　区域"俱乐部产品"

随着经济全球化和区域一体化的不断深入，公共产品的供给和需求也突破了国家地理边界的限制，介于全球公共产品和国内公共产品之间的区域公共产品进入了人们的视野。作为公共产品理论在国际问题领域的应用，区域公共产品是指由区域内国家联合提供的，服务于本地区繁荣与稳定的跨国公共产品，它可以是有形的基础设施或无形的制度。一般而言，按照公共产品效益覆盖的范围可以将公共产品分为国内公共产品和国际公共产品两类，而国际公共产品又分为全球性国际公共产品和区域性国际公共产品。①

跨境基础设施是地理上跨越两个或两个以上国家，或具有重大跨境影响的国家基础设施，典型项目如能够产生国际交通影响的跨国运输基础设施项目、涉及向邻国销售电力的跨境电网项目、联通两国的电信网络项目。② 从这一定义来看，如国内基础设施一样，其本质仍然是向居民生活和社会生产提供公共服务的工程设施，属于公共产品范畴。与此同时，跨境基础设施外溢范围至少是两个国家，因此基于区域概念的弹性和不确定性，其外溢范围也可说是在某一区域内。因此，跨境基础设施被视为一种区域公共产品。

基于公共产品理论，区域公共产品的"公共性"在于利益的非竞争性和对非付费者的非排他性，即一个国家享有一种产品的利益时不会减少区域内其他国家的消费机会，供给者不能排除其他潜在国家从产品中获益，③ 而跨境基础设施则因其非竞争性和对非付费者的排他性被划入区域"俱乐部产品"的范畴。例如，跨境高速公路可以通过收取通行费的方式来排除非付费者从产品中获益的可能。毫无疑问，这种建立在使用者付费和联合供给基础上的"俱乐部产品"能够有效减少非俱乐部成员的"搭便车"现象并为产品提供融资。但俱乐部成员之间公平和有效的安排则是实现供给的决定性因素，而很多不发达国家可能因支付不起会员费而令产品无法供给，或者由于经济能力的差距让产品被俱乐部中的一些国家或某一国家"私物化"，最终让产品丧失区域公共产品的功能。从这一角度来看，俱乐部成员间的公平和有效的安排是实现这种产品供给的关键。

---

① 樊勇明、钱亚平、饶云燕：《区域国际公共产品与东亚合作》，上海人民出版社，2014，第52页。

② Manabu Fujimura, Ramesh Adhikari, "Critical Evaluation of Cross-border Infrastructure Projects in Asia," ADBI Working Paper Series, No. 226, July 2010, p. 4.

③ 〔美〕托德·桑德勒：《区域性公共产品的需求与制度》，张建新译，载〔西〕安东尼·埃斯特瓦多道尔、〔美〕布莱恩·弗朗兹、〔美〕谭·罗伯特·阮《区域性公共产品——从理论到实践》，张建新、黄河、杨国庆等译，上海人民出版社，2010，第15页。

目前，区域公共产品分类方法方面，坎布尔（Kanbur）等提出了以效益外溢范围和产品种类两个维度相结合为标准的分类方法。[①] 这种方法将公共产品分为纯公共产品、准公共产品、俱乐部产品和混合产品四类，外溢范围分为国家、区域和全球。这种方法虽然从手段取向上对区域公共产品进行了分类，[②] 但对于如何判断每一种产品的效益却存在缺陷，而理查德·科恩斯（Richard Cornes）和桑德勒·托德（Sandler Todd）[③] 在杰克·赫什莱菲（Jack Hirshleifer）[④] 的研究基础上将效益外溢范围和汇总技术（aggregation technologies）相结合的区域公共产品分类方法下的"加总"（aggregator）进行了拓展，形成了基于六种汇总技术的区域公共产品类型，而这一成果对如何衡量区域公共产品的效益提供了理论支撑。

根据这一分类标准，跨境基础设施被归为汇总技术为"权重加总"（weighted sum）和"最弱环节"（weakest link）类的区域公共产品。其中，"权重加总"意味着此类产品的供给总和等于各国贡献乘以不同权重后相加之和，并且各国的供给不具有完全替代性；"最弱环节"则指某一区域公共产品带来的效益取决于贡献最小的国家，整个体系取得成功的标准取决于最低程度的努力。[⑤] 根据这一分类，跨境能源网络、跨境机场和航运网络、跨国高速公路和铁路分别为"权重总和"类、"最弱环节"类、"较弱环节"类区域"俱乐部产品"。其中，"较弱环节"是"最弱环节"不那么极端的表现形式，它的最小贡献对产品供给总水平影响最大，同时次小贡献也

---

① Kanbur Ravi, Todd Sandler, Kevin Morrison, "The Future of Development Assistance: Common Pools and International Public Goods," Washington DC: Overseas Development Council, 1999, p. 69.

② Ferroni Marco, Ashoka Mody, *International Public Goods: Incentives, Measurement and Financing*, Kluwer Academic Publishers, 2002, p. 23.

③ Richard Cornes, Sandler Todd, "Easy Rider, Joint Production and Public Goods," *Economic Journal*, 1984, 94 (3), pp. 580-598.

④ Jack Hirshleifer, "From Weakest-link to Best-shot: The Voluntary Provision of Public Goods," *Public Choice*, 1983, 41 (3), pp. 371-386.

⑤ Sandler Todd, "Global and Regional Public Goods: A Prognosis for Collective Action," *Fiscal Studies*, 1998, 19 (3), pp. 221-247.

会产生影响。①

在汇总技术下不同类型的跨境基础设施也意味着不同的供给方式，但效益的实现仍依赖于俱乐部成员的共同努力，没有哪一个国家能够完全替代其他国家的努力，效益水平也由所有参与国家共同决定。对于"最弱环节"类跨境基础设施来说，在成员国对俱乐部安排认可并且愿意开展合作的情况下，考虑到国家间在经济实力和治理能力等方面的差异，多边机构向贫穷国家提供资金和能力发展指导能够直接提高该国公共产品的供给水平，而这在大湄公河次区域跨境高速公路的建设和发展中已经得到了验证。除了多边机构外，富裕国家向贫穷国家提供资金也同样能够直接提高供给水平，但这必须是以富裕国家不会将产品产权私有化为前提的。当然，如果俱乐部中的成员国愿意并且能够承担项目成本，关于产品供给水平也已达成一致，那么在没有多边机构和富裕国家资助的情况下，也可以实现"最弱环节"类跨境基础设施的有效供给。对于"权重加总"类跨境基础设施来说，由于国家资源禀赋的差异以及此类产品的供给中各国不具有完全替代性，富裕国家对贫穷国家的资金支持并不能从根本上提高供给水平，需要通过多边机构的协调与支持在国家间促成公平且有效的成本分配方案。②

二 跨境基础设施的特性

从上述的分类来看，虽然在汇总技术下不同类型的跨境基础设施有着不同的供给条件和方式，但其核心都少不了国家间的合作以及多边机构的参与，任何的单边行动都无法实现跨境基础设施的有效供给。那么，在这种多边合作之下的跨境基础设施供给如何才算有效，或者说跨境基础设施供给方

① 〔美〕托德·桑德勒：《区域性公共产品的需求与制度》，张建新译，载〔西〕安东尼·埃斯特瓦多道尔、〔美〕布莱恩·弗朗兹、〔美〕谭·罗伯特·阮《区域性公共产品——从理论到实践》，张建新、黄河、杨国庆等译，上海人民出版社，2010，第19页。
② 陈辉、王爽：《"一带一路"与区域性公共产品供给的中国方案》，载黄河、贺平主编《"一带一路"与区域性公共产品》，上海人民出版社，2018，第183页。

案应该遵循什么样的原则才能实现有效供给呢？本研究认为，这可以从认识跨境基础设施的特性来得到答案。

（一）责权利的匹配性

跨境基础设施的匹配性是指在提供该区域"俱乐部产品"时，各国政府应该承担与受益范围一致的责任，其理论来源是公共经济学中的匹配性原则（correspondence principle）。根据约翰·米克塞尔提出的公共财政理论，匹配性原则作为一种将供应各种公共产品的责任在各个政府之间进行分配的规则，是指一个政府支出和提供公共产品的责任应与该政府服务的受益范围相一致。这意味着受益范围仅限某一地方的公共产品应由地方政府来提供，能使多个地方受益的公共产品应由省级政府来提供，能令全国受益的公共产品则应由国家政府来提供。如果这种匹配性不能实现，就可能会导致资源配置失当，政府可能对有些产品支出过多而另一些则供给不足，而这将导致公共产品的供给效率和质量降低，财政收入机制的构建也不合理。[①]

按照这一原则来类推的话，跨境基础设施属于区域公共产品，提供这一公共产品的不同实体之间也应该按照匹配性原则来分配责任，即受益于该基础设施的国家应该按照受益的大小来承担成本，让支出的资金能够完全被用于本国的受众，否则，便会出现成本与效益不匹配的问题，导致整体成本分担不合理，"搭便车"现象频现。然而，对于在外溢范围认可和分配机制构建上存在的分歧和故意拖延，跨境基础设施中受益范围与供给者责任匹配的问题并非可以顺利解决，因此理论界和实践者认为，以跨境基础设施在区域公共产品中所属分类为基础，在区域组织的协调下来让各国共同承担成本是一种有效的途径。鉴于部分国家的经济能力不足，区域开发银行、基础设施基金将提供可行的融资途径，而通过 PPP 模式令私人参与跨境基础设施的供给虽然会给成本分担机制设计带来新的挑战，但对于传统援助则可以形成有益的补充，[②] 更好地促进跨境基础设施的供给。

---

① 〔美〕约翰·L. 米克塞尔：《公共财政管理：分析与应用》（第六版），白彦锋、马蔡琛译，中国人民大学出版社，2005，第552页。

② 黄河：《公共产品视角下的"一带一路"》，《世界经济与政治》2015年第6期，第158页。

（二）需求偏好的辅助性

与匹配性一样，辅助性是来源于公共经济学中对政府提供公共产品的责任进行分配的一般性原则。简单地说，辅助性原则（the principle of subsidiarity）是指在提供公共产品的过程中，应该根据对公共产品受益者或受益地区的偏好和需求尽可能地将提供公共产品的权责从上级政府向较低级的政府下放，这一方面提高了政府对于受众需求和偏好的反应速度和责任感，另一方面也使政府所提供的公共产品能够在数量、构成和质量方面与受益人偏好之间形成更加紧密的对应，提高公共产品的供给效率和质量。基于此，桑德勒认为区域公共产品的辅助性表现为决策制定的管辖权应该与公共产品的外溢范围一致，以此确保资源的有效分配，并且还通过本地化的利益促成源于演进中的共同文化、规范和价值，鼓励区域间的创新和多边机制"使命蜕变"现象的产生。①

因此，在实现属于"权重加总"类和"最弱环节"类跨境基础设施供给中，按照辅助性原则，首先需要分析该项目涉及哪些地区或国家以及哪些人，进而分析包括政府、公共部门等在内的哪些实体对这些涉及的国家和人的需求和偏好最为了解，之后再决定通过哪些层级的实体来提供相应的产品并且建立相应的合作机制。由于国家间可能存在需求和偏好的差异，跨境基础设施的供给应以满足区域内成员国共同偏好为前提，加之部分国家治理能力相对较弱，或是因缺乏区域内部的主导国家而导致的辅助性机制无法建立或存在缺陷，因此需要区域性多边机构或其他资金支持者作为合作伙伴来强化这一机制，促进区域内各国就共同偏好和需求进行政治协商并达成共识，并且帮助各国提高治理能力。

（三）对国内设施的补充性

共同偏好和需求是跨境基础设施这一区域公共产品供给的前提，但各国偏好和需求存在差异，所以该产品势必无法满足所有国家的所有需求。

---

① 袁場：《区域公共产品的理论溯源》，载樊勇明、薄思胜《区域公共产品理论与实践——解读区域合作新视点》，上海人民出版社，2011，第36页。

它与国内基础设施之间是一种单方面的补充关系，这即跨境基础设施的补充性。

虽然从外溢范围来说，国内的基础设施并不能对跨境基础设施形成补充，但从现实状况来看，如果一国能够非常有效地提供高质量和充足的国内基础设施，那么其正外部性将使其他国家受益，而这种国内基础设施具有转变为跨境基础设施的可能，一个典型的例子是坐落于某国境内但向其他国家输送电力的水电站项目。这种水电站可能在建设之初并没有打算向邻国输电，但由于其所属国的电力基础设施发展迅速，而邻国的电力供给存在缺口，于是有相邻国家共同出资修建跨境电网并达成跨境购电协议的可能。在这样的情况下，不仅没有影响供电国国内电力供给，还增加了整个区域的电力供给，为区域的发展带来切实的好处。

综上所述，国家本位是跨境基础设施有效供给的另一前提，即参与提供该产品的俱乐部成员在合作过程中应该将其政治权威与产品所覆盖的区域相对应，将政治责任与产品受益范围相对应，将投入的成本与收益相对应。与此同时，参与供给该产品的决策既应该考虑受众的需求，也应该考虑国内政治结构和能力、国家的发展战略以及国家基础设施发展水平，而对于区域内主导国家和区域性机构组织合法性的支持也必不可少。

第三节　跨境基础设施的供给模式

正如奥斯特罗姆所言，"区域公共产品的供给模式应该是具有多重性以及差异化的"，[1] 它主要取决于合作主体间的经济规模和发展意愿，从而实现经济效益和社会效益的最大化。[2] 从跨境基础设施的分类及特性来看，作为区域"俱乐部产品"，它的供给模式选择除了要考虑供给主体的政治意

---

① 〔美〕埃莉诺·奥斯特罗姆：《公共事物的治理之道：集体行动制度的演进》，余逊达、陈旭东译，上海三联书店，2000，第18页。

② Nancy R. Buchan, "Reducing Social Distance: The Role of Globalization in Global Public Goods Provision," *Advances in Group Processes*, 2011, 28 (2), p. 248.

愿、国际地位、经济实力等因素外，更多地应关注区域公共产品服务对象的范围和需求以及特定环境下的技术水平，[①] 而从当前全球跨境基础设施的发展情况来看，欧盟、大湄公河次区域、南美洲等区域基于本地区政治合作基础，形成了不同的供给模式，并且用项目的成功证明了不同模式的可行性。下文基于对区域公共产品供给模式选择的相关讨论，对当前跨境基础设施的三类供给模式进行阐述。

一 跨境基础设施的供给模式选择

从上述关于全球跨境基础设施发展历程的阐述来看，欧盟、南美洲、东南亚、非洲等区域的跨境基础设施发展进度有所不同，但都是基于区域内各国对跨境基础设施所提供的公共服务的需求来开展跨境基础设施合作的。根据奥尔森的理论，当面对公共问题和共同利益时，虽然在利他主义精神或追求更广泛利益的推动下也可能达成目标，但由于这种个人行动可能难以充分解决公共问题，因此人们会不自觉地偏好集体行动，[②] 而正是这种对集体行动的需求促发了区域公共产品的供给。对于跨境基础设施来说，这种逻辑可以理解为区域内各国针对物理性互联互通面临的公共问题，结合贸易等方面的区域发展的共同利益，在明确区域内各国偏好的基础上产生了对跨境基础设施的需求，进而汇总各国对集体行动或单独行动的偏好，形成了跨境基础设施供给模式。

根据布鲁斯·拉希特（Bruce Russett）和哈维·斯塔尔（Harvey Starr）[③]提出的六种公共产品供给模式，通过区域内霸权国利用政治、经济优势强制成员国支付相应费用来进行供给的模式遭受了很多批评和质疑，因为霸权国家通过高压形式供给的区域公共产品已经被"私物化"，并非是"俱

---

① 樊勇明、钱亚平、饶云燕：《区域国际公共产品与东亚合作》，上海人民出版社，2014，第63页。

② 〔美〕曼瑟尔·奥尔森：《集体行动的逻辑》，陈郁等译，格致出版社、上海三联书店、上海人民出版社，2014，第11~12页。

③ 〔美〕布鲁斯·拉西特、〔美〕哈维·斯塔尔：《世界政治》，王玉珍等译，华夏出版社，2001，第380~382页。

乐部产品"，而且这种产品给发展中国家带来了巨大的干预与限制。与此同时，由区域团体内的某一个或少数成员国承担公共成本的供给模式也不能满足跨境基础设施的要求，因为这不仅让少数国家在产品供给中有了将产品私有化的机会，也变相鼓励了"搭便车"现象。从这一点来看，其他四种供给模式似乎更适合于跨境基础设施，即让成员国获得相应报酬来提供产品的供给模式、区域集团利用成员国的私人产品诱导其他国家加入并分担部分公共产品成本的供给模式、通过达成区域共识和增强区域认同来提供产品的供给模式和区域内成员通过一系列的协议来相互协作的供给模式。

从实际情况来看，当前全球的跨境基础设施供给模式从本质上并没有超出这四类。从主导者的角度来看，分别形成了以欧盟为代表的超国家权威主导的供给模式、以大湄公河次区域为代表的多边机构主导的供给模式、以"南美洲区域基础设施一体化"对应区域为代表的国家联盟主导的供给模式。从三种模式的发展过程来看，跨境基础设施供给模式的选择并没有定式和套路，也没有所谓的最优模式，而是与区域发展水平、区域内的国家间关系与局势、国家发展水平与治理能力等密切相关，而面临区域外大国参与时，成员国之间以及区域外大国与成员国之间的两种博弈会大大增加供给机制选择的难度。① 以下就分别对三种模式的供给决策主体、供给方式等进行比较分析。

二　超国家权威主导的供给模式

欧盟自 1993 年正式成立以来，其成员国就以契约精神为基础通过统一让渡部分主权建立起区域内的超国家权威，而这也成为开展包括跨境基础设施在内的区域公共产品供给的基础。在开展跨境基础设施供给过程中，由于成员国已经将部分权力委托给"欧盟"这一超国家权威，行使本区域超国

---

① 张群：《东亚区域性公共产品供给与中国—东盟合作》，《太平洋学报》2017 年第 5 期，第 45 页。

家权威的欧盟委员会等机构便从区域发展的角度制定了区域跨境基础设施发展规划以及相关的一系列制度来实现本区域的跨境基础设施供给，同时尊重和保留成员国在国家能源安全、国土安全等方面的自主权，让项目的建设和运营在 28 个成员国的不同监管框架下得以实现。

为了达到提高欧盟基础设施互联互通水平、增强区域竞争力、降低碳排放等目的，欧盟自 21 世纪初便开始酝酿区域性基础设施网络计划，并且相继推出了泛欧交通运输网络（Trans-European Networks for Transportation, TEN-T）和泛欧能源网络（Trans-European Networks for Energy, TEN-E）战略，针对欧盟区域内的基础设施联通和网络形成制定了规划，形成欧盟跨境基础设施发展的路线图。其中，TEN-T 战略对欧盟区域内的公路、铁路、内河航道、海上航线、港口、机场等基础设施的联通和网络形成进行了两个层面的规划，一个是联结关键节点的核心交通基础设施网络，另一个是覆盖整个区域的综合性交通基础设施网络；TEN-E 战略则通过设置 9 个优先通道（priority corridor）和 3 个优先主题领域（priority thematic areas）反映了欧盟一次能源基础设施的需求。

为了确保两项战略的顺利推进，欧盟通过颁布诸如《泛欧能源基础设施指南》（Guidelines for Trans-European Energy Infrastructure）这样的条例和政策，以立法形式对区域基础设施网络发展与治理中的责权利安排进行了规定，而其核心便是对共同利益项目（Projects of Common Interest, PCI）治理中各方职责、权力和利益的明确。PCI 是至少涉及两个成员国并且能够产生重大跨境影响和区域附加价值的基础设施项目,[1] 是连接欧盟国家能源或交通系统、促进欧洲能源或交通网络形成和发展的关键跨境基础设施项目。从当前的立法情况来看，欧盟目前已经基于 PCI 的提出、选择、评估、决策、跨境成本分配、项目授权、监管分歧处理、跨境利益协调等形成了较为完整

---

[1]　The European Parliament and The Council, "Guidelines for Trans-European Energy Infrastructure," Regulation (EU) No. 347/2013, April 2013, p. 8; The European Parliament and The Council, "Union Guidelines for the Development of the Trans-European Transport Network and Repealing Decision (No. 661/2010/EU)," 11 December 2013, p. 3.

的跨境基础设施项目治理体系。

为了能够让区域内的跨境基础设施发展获得充足的资金，并且确立欧盟委员会等超国家权威机构在项目开发中的主导地位，使得项目的建设和运营更加符合欧盟交通网络和能源网络的发展需要，针对 TEN-T 和 TEN-E 的统一资金框架正在建立，其中包括对区域内外融资渠道和资金来源的统一协调与建设资金的统一配置，而其主要措施包括专项融资工具开发和投融资渠道多元化。

总的来看，以成员国家部分主权让渡为前提，统一区域发展规划、统一治理机制和统一资金框架是以欧盟为代表的超国家权威主导的跨境基础设施供给模式的主要特点。但从现实状况来看，由于涉及国土安全、国家能源安全等方面的议题，加之成员国家监管当局在项目许可、关税计算、成本分担、国家间协调方面的自主权仍然得到了尊重和保留，欧盟的跨境基础设施发展并不像想象中那么顺利，资金短缺、跨境成本分配争议、国家间协调失败等让很多跨境基础设施项目陷入停滞。

三　多边机构主导的供给模式

20 世纪 90 年代初，在经历了十多年武装冲突和国内外政治动荡之后，老挝、缅甸、越南和柬埔寨等国的政治、经济和社会发展出现了诸多问题，落后的基础设施和不健全的国家制度严重阻碍了投资和商业活动的开展。所以当和平再次到来的时候，这些国家都希望能够在政治环境相对稳定的时期重振经济。就在此时，ADB 提出了大湄公河次区域经济合作计划。该计划涉及湄公河流域的中国、老挝、缅甸、泰国、越南、柬埔寨六国，旨在充分利用这些国家在原材料、劳动力成本、市场规模等方面的比较优势，推动各国开展更为密切的经济合作，通过区域一体化来实现整个区域的共同发展与繁荣。为实现这一目标，早在 1992 年项目启动之初，ADB就将交通运输、能源、通信、环境保护、旅游、贸易、投资和人力资源开发确定为八个关键领域，而这也是该区域跨境基础设施发展的起点。然而，次区域内的国家大多基础设施薄弱，加之 20 世纪 90 年代后期该区域经济形势恶化，各国缺乏开展大量基础设施投资的资金实力，因此在1992～2000 年期间，区域内的跨境基础设施建设并没有很多实质性的进展，但这一时期区域内各国之间建立起的政治互信以及对长期经济合作表达出的强烈意愿却为今后的跨境基础设施发展奠定了良好的政治基础。

在近三十年的发展中，大湄公河次区域国家的跨境基础设施供给共经历了三个阶段。第一阶段是 1992～1997 年，由 ADB 牵头识别出了多条跨境公路，作为次区域发展优先项目，这些项目的开发与建设为日后的经济走廊建设奠定了基础。第二阶段是 1998～2007 年，伴随着经济走廊这一概念融入次区域发展计划，EWEC、NSEC 和 SEC 被作为运输走廊向经济走廊转变的优先推进对象，而跨境公路项目便是其中的关键组成部分。第三阶段是2008 年至今，除了上述三个经济走廊外，北部经济走廊（Northern Economic Corridor，NEC）、东部经济走廊（Eastern Economic Corridor，EEC）、中央经济走廊（Central Economic Corridor，CEC）、西部经济走廊（Western Economic Corridor，WEC）、东北经济走廊（Northeastern Economic Corridor，NEEC）和南部沿海走廊（Southern Coastal Economic Corridor，SCEC）也全面进入规划和建设阶段，其中除了跨境公路项目外，铁路、能源类跨境基础设施也全面铺开。

在上述的几个发展阶段中，作为区域性机构的 ADB 在发展规划的基础上推出了具体的实施计划以及相应的项目合作制度，给次区域六国的跨境交通基础设施发展指明了方向。与此同时，凭借着在组织结构和项目管理能力上的相对优势，ADB 充当着各类跨境基础设施项目的"忠实中介人"，不仅对次区域内治理能力不足的国家发挥了充分、完整和连贯的支持、援助和协调作用，也为项目本身提供融资、技术和管理方面的指导并搭建促成项目合作的各种平台，为后续的各国政府参与和项目落实奠定了基础。目前，该区域中的东西经济走廊、南北经济走廊和南部经济走廊依托的跨境公路已基本建成。这些跨境公路在建设过程中也通过与沿线地区的二级公路相连进一步形成了经济走廊运输网络。与此同时，在充分考虑了双边或多边行动基本原则、次区域各国通关程序和东盟等组织的相似规定之后，大湄公河次区域跨境交通协议①在 ADB 的技术援助下诞生，该协议适用于次区域中的绝大部分跨境公路运输。此外，通过利用 ADB 的贷款，次区域的跨境电力网络建设也初见成效，同时还在积极筹建区域电力贸易协调中心以及清洁和可再生能源开发与利用网络。电信方面，大湄公河次区域国家电信系统的光纤互连已经到位，并签署了关于进一步加快信息高速公路建设及其在次区域中应用的合作谅解备忘录，旨在促进信息和通信先进技术的普及，并加快次区域电信参数和技术统一的实现。

四　国家联盟主导的供给模式

IIRSA 是当前南美洲跨境基础设施供给的根本依据。2000 年 8 月 31 日至 9 月 1 日在巴西的巴西利亚举行的首届南美洲首脑峰会上，包括阿根廷、玻利维亚、巴西、智利、哥伦比亚、厄瓜多尔、圭亚那、巴拉圭、秘鲁、苏里南、乌拉圭、委内瑞拉在内的南美洲十二国首脑提出了以推进地区能源、电信和交通部门的物质基础设施一体化和现代化为主旨的 IIRSA。② 作为南美洲经济和社会可持续发展的基础和南美洲一体化的关键因素，该倡议的目标是在南美十二国政府、多边金融组织、区域内和国际私人投资者共同参与的基础之上，通过在各国政府、多边金融机构和私人机构之间建立项目规划、投融资和监管协调与合作机制，在具备较大经济增长潜力、统一技术标准和运行条件的市场和区域建立能源、电信和交通方面的物理联系。以该倡议为基础，该区域的跨境基础设施供给模式在经历了三个阶段后得以形成。

在第一阶段中，南美洲于 2004 年第一次被从整体上进行基础设施发展规划，并形成了南美洲区域基础设施一体化倡议项目组合（IIRSA Project

---

① 该协议的正式全称为《柬埔寨王国、中华人民共和国、老挝人民民主共和国、缅甸、泰王国、越南社会主义共和国关于商品和人员跨境流动的政府间双边和多边协议》。

② 〔美〕尤安·何塞·塔昆：《南美洲地区基础设施一体化倡议：可持续发展的战略选择》，汪晓风译，载〔西〕安东尼·埃斯特瓦多道尔、〔美〕布莱恩·弗朗兹、〔美〕谭·罗伯特·阮《区域性公共产品——从理论到实践》，张建新、黄河、杨国庆等译，上海人民出版社，2010，第 303 页。

Portfolio）。这是一个基于国土规划方法论而制定的涉及交通、能源和通信三大领域的能够对区域一体化和社会经济发展产生深远影响的项目集。2005 年，为了加速区域内基础设施的物理性互联，基于共识的实施备忘录（Implementation Agenda Based on Consensus，2005~2010）开始制定，根据项目是否得到了国家承诺和战略优先权、是不是锚定项目①、是否具有良好的短期融资和经济效益前景三个方面确定了 31 个跨境基础设施项目作为优先实施项目。但由于国家间的跨境基础设施合作机制并未形成，这一阶段并没有开展实质性的合作，项目仅仅落于纸面。

由于注意到了跨境基础设施开发中国家间合作平台缺失给项目实施带来的阻碍，南美洲各国首脑于 2008 年创立了南美洲国家联盟（Union of South American Nations），并将其作为区域高级别政治协商和协调的平台，而此时南美洲的跨境基础设施合作也进入了第二阶段。这一阶段中，在南美洲国家联盟和各国首脑的号召和组织下，根据 IIRSA 的主要内容成立了多个部长级委员会，COSIPLAN 就是其中之一。该委员会的主要工作就是为了实现区域基础设施一体化而识别和选择一系列能够有效促进区域一体化的基础设施项目，而其最重大的工作成果就是推出了南美洲国家跨境基础设施合作的重要依据——API。与基于共识的实施备忘录不同，API 由一系列单个或多个独立项目组成，这些结构化的项目能够完善区域内基础设施物理网络，并且在一定程度上增强现有基础设施的协同效应和解决部分地区基础设施薄弱的现状。在 2011 年首次推出之后，API 经过了多次修改和扩充，有关跨境基础设施项目规划、评估、监控的方法也日渐成熟，为南美洲跨境基础设施发展提供重要支撑。

在第三阶段，为了最大限度地保障 API 中项目的实施，南美洲各国首脑于 2012 年合力推出了 COSIPLAN 战略行动计划（2012~2022）。这项

---

① 锚定项目是区域基础设施网络中的瓶颈或缺失环节，其阻碍了区域基础设施网络经济社会综合效应的优化和利用。它不一定是规模最大或投资估算金额最高的项目，但可以作为已识别项目的分组依据，组内项目必须围绕锚定项目发挥协同作用。详见 South American Infrastructure and Planning Council，"Integration Priority Project Agenda，"2017，p. 168。

计划与 API 一同构建了 2012~2022 年的区域基础设施一体化格局并明确了主要合作领域和建设内容。与此同时，与多边机构、区域内外投资者、国际金融机构合作的深化，有助于解决部分项目的资金问题。虽然在国家间协调、跨境成本分配方面仍然存在争议与障碍，但已经基本验证了这种供给模式的可行性。

从上述的分析来看，跨境基础设施在不同历史条件下并没有唯一且最理想的供给模式，不论其主导者是具有"超国家权威"的区域性机构，还是多边机构，抑或是区域内的国家联盟，实现供给的基础都是区域内成员国对区域一体化的共识以及开展跨境基础设施合作的意愿，而多边机构的参与已然成为实现有效供给的关键，它不仅能够促进各国达成共识，同时也能够通过资金支持和技术援助的方式帮助弱小经济体，以解决"搭便车"问题和提高整体供给水平。与此同时，上述三种模式在强调从区域整体发展的角度来规划和选择项目并且开展公平的跨境成本分配的同时，也基于跨境基础设施发展所需的巨额资金与本区域国家经济实力之间的差距，发展了相应的外部投资吸引制度来解决项目融资问题。

第四节　共建"一带一路"中的跨境基础设施供给

"一带一路"倡议是探寻区域公共产品供给互动机制，加强地区间互联互通，实现合作共赢，改善区域公共产品供给水平，推动经济与社会发展的路径设计。① 基础设施互联互通作为共建"一带一路"的优先领域，跨境基础设施是其重要组成部分。那么，共建"一带一路"中的跨境基础设施需求如何？秉持共商、共建、共享原则，"一带一路"沿线国家如何实现这种区域"俱乐部产品"的供给？欧盟、南美洲、大湄

---

① 陈辉、王爽：《"一带一路"与区域性公共产品供给的中国方案》，载黄河、贺平主编《"一带一路"与区域性公共产品》，上海人民出版社，2018，第182页。

公河次区域的供给模式是否有借鉴价值？以下就将对这些问题进行探讨。

一 共建"一带一路"中的跨境基础设施需求与发展机遇

《推动共建丝绸之路经济带和 21 世纪海上丝绸之路的愿景与行动》指出，在尊重相关国家主权和安全关切的基础上，沿线国家宜加强基础设施建设规划、技术标准体系的对接，共同推进国际骨干通道建设，逐步形成连接亚洲各次区域以及亚欧非之间的基础设施网络。[①] 从这一阐述中不难看出，有效连接沿线国家的基础设施网络是共建"一带一路"中基础设施领域发展的主要目标，而这有赖于沿线国家国内与跨境基础设施的发展。

限于经济发展水平，共建"一带一路"沿线国家的基础设施水平参差不齐，并且邻国之间的互联互通程度也较低。根据世界经济论坛发布的《全球竞争力报告 2019》（The Global Competitiveness Report 2019），共建"一带一路"沿线 55 个国家[②]的基础设施竞争力[③]平均得分 70.08（满分100），排名平均值为 60.7（全球 141 个国家参与排名），中国得分 77.9（全球排名第 36 位）。其中，得分超过中国的"一带一路"沿线国家有13 个，主要分布于东欧、中东和东南亚，最高分为新加坡，其同时也是该项指标的全球最高分。在得分低于中国的国家中，有 10 个国家得分低于 60，最低分为也门，得分仅为 33.9（在全球 141 个国家中排名第 135位）。具体信息详见表 1-1。

---

① 《推动共建丝绸之路经济带和 21 世纪海上丝绸之路的愿景与行动》，http://www.xinhuanet.com/world/2015-03/28/c_1114793986_2.htm，2015 年 3 月 28 日。
② 缅甸、阿富汗、马尔代夫、不丹、伊拉克、叙利亚、巴勒斯坦、乌兹别克斯坦、土库曼斯坦、白俄罗斯等 10 国的数据缺失。
③ 主要评价内容包括交通运输基础设施和公用设施基础设施。

表 1-1　共建"一带一路"沿线国家基础设施发展水平汇总

国家	得分	国家	得分	国家	得分	国家	得分
蒙古	56.6	尼泊尔	51.8	希腊	77.7	爱沙尼亚	75.8
新加坡	100	不丹	N/A	塞浦路斯	74.9	拉脱维亚	76.0
马来西亚	78	伊朗	64.8	埃及	73.1	捷克	83.8
印度尼西亚	67.7	伊拉克	N/A	哈萨克斯坦	68.3	斯洛伐克	78.6
缅甸	N/A	土耳其	74.3	乌兹别克斯坦	N/A	匈牙利	80.7
泰国	67.8	叙利亚	N/A	土库曼斯坦	N/A	斯洛文尼亚	78.1
老挝	59.2	约旦	67.4	塔吉克斯坦	60.6	克罗地亚	78.2
柬埔寨	54.9	黎巴嫩	61.3	吉尔吉斯斯坦	55.8	波黑	63.0
越南	65.9	以色列	83.0	俄罗斯	73.8	黑山	63.6
文莱	70.1	巴勒斯坦	N/A	乌克兰	70.3	塞尔维亚	73.8
菲律宾	57.8	沙特阿拉伯	78.1	白俄罗斯	N/A	阿尔巴尼亚	57.7
印度	68.1	也门	33.9	格鲁吉亚	67.6	罗马尼亚	71.7
巴基斯坦	55.6	阿曼	80.5	阿塞拜疆	77.7	保加利亚	71.3
孟加拉国	51.1	阿联酋	88.5	亚美尼亚	69.4	马其顿	66.9
阿富汗	N/A	卡塔尔	81.6	摩尔多瓦	66.2	中国	77.9
斯里兰卡	69.2	科威特	68.4	波兰	81.2	平均值	70.08
马尔代夫	N/A	巴林	78.4	立陶宛	77.0		

注："N/A"为原始数据缺失。

资料来源：根据 World Economic Forum，"The Global Competitive Report 2019"（下载网址：http://www3.weforum.org/docs/WEF_ TheGlobalCompetitivenessReport2019.pdf）整理和计算得到。

表 1-1 主要反映了共建"一带一路"沿线国家的基础设施发展水平，但也说明了该区域内跨境基础设施不足。根据前文所述的跨境基础设施对国内设施的补充性，跨境基础设施是对国内基础设施的补充，若国内基础设施发展状况欠佳，则意味着该国的基础设施投资不足且基础设施治理能力不高，并没有充分的能力来发展跨境基础设施，即便由于某种原因发展了少量的跨境基础设施，也可能因资金不足和国内基础设施在质量上的不匹配而无法很好地维持设施的正常运转并获得相应的收益。根据前述的跨境基础分类，这些基础设施发展水平和能力不足的沿线国家将成为跨境基础设施供给中的"最弱环节"，必须要对这些国家

进行相应资金支持和能力培养才能提高整个区域的跨境基础设施供给水平。从这一点来看,"一带一路"沿线国家的跨境基础设施发展空间十分巨大。

从上述关于欧盟、南美洲和大湄公河次区域的跨境基础设施发展历程和供给模式来看,国家间长期的合作意愿以及区域一体化的共识是跨境基础设施发展的根本保障。东盟①、欧盟、中亚②、非洲③和南美洲等地区推出的区域性基础设施网络发展计划不仅在内容上与"一带一路"倡议相匹配,同时也是沿线国家已具备一定的跨境基础设施合作基础的最好证明。由于注意到区域内国家经济实力与跨境基础设施发展的巨大资金需求并不相称,这些发展计划都将吸引投资作为一项重点内容,并且正在完善相应的投资者保护和激励机制,以确保本区域的跨境基础设施发展有充足和持续的资金保障。从以上两方面来看,"一带一路"沿线国家不仅有着巨大的跨境基础设施发展空间和投资需求,也有着与"一带一路"倡议相容的跨境基础设施发展计划。

二 共建"一带一路"中跨境基础设施供给的中国方案

"一带一路"沿线国家跨境基础设施的匮乏、经济实力的不足以及对区域基础设施互联互通的共识催生了巨大的投资机会。从上文关于跨境基础设施供给模式的分析可以看出,虽然经济实力、地区发展水平不同,但欧盟、南美洲和大湄公河次区域以不同模式实现了跨境基础设施的供给。通过对比三种模式在历史传统、供给主体、供给决策等方面的异同,同时考虑到"一带一路"沿线国家在基础设施发展水平、经济实力、建设标准等方面的具体情况,上述模式并不完全适用于共建"一带一路"中跨境基础设施的

---

① 具体内容参见《东盟互联互通总规划(2025)》(*Master Plan on ASEAN Connectivity 2025*),https://asean.org/?static_post=master-plan-asean-connectivity-2025。

② 具体内容参见姚桂梅《非洲跨境基础设施建设及中国的参与方略》,载杨光主编《西亚非洲经济问题研究文选》,社会科学文献出版社,2016,第556~575页。

③ 具体内容参见 https://www.carecprogram.org。

供给，而应以"合作但不主导，投资但不占有"① 为核心开创新的供给模式，其原因有以下三点。

第一，"一带一路"倡议涉及亚、欧、非三大洲的 65 个国家，覆盖的地理范围广阔、人口众多，但由于在经济制度与发展水平、社会价值观念、宗教与文化传统等方面存在显著差异，加之该地区仍然存在的冲突，沿线国家难于持续表达较强的合作意愿，因此在短时间内不可能像欧盟、大湄公河次区域和南美洲那样达成全面的区域发展共识，也不可能从整个区域层面上进行跨境基础设施发展规划。

第二，大部分"一带一路"沿线国家都已经加入了相应的区域性跨境基础设施发展规划，而这些规划的内容与"一带一路"倡议有着较高的匹配度。因此，我国应当本着促进区域和平与繁荣的初心，在充分尊重沿线国家发展意愿和利用他国间既有合作成果的基础上，通过投资、技术援助等方式支持沿线国家的跨境基础设施发展，提高整个区域的基础设施供给水平。

第三，"一带一路"是"促进共同发展、实现共同繁荣的系统工程，以实现互利互惠、共同安全为目标"。② 中国作为负责任的大国，有必要也有能力参与沿线国家的跨境基础设施供给，但"霸权国供给"模式并不是中国的选择，这有违倡议的本质以及中国的外交理念。因此，不论是否存在区域性跨境基础设施规划，我国在参与沿线国家的跨境基础设施供给时，更多的是扮演着合作者、投资者的角色，在充分尊重他国发展意愿和利用既有区域合作成果的基础上，通过开展客观的项目风险评估、可行性分析等，选择合适的项目进行投资，在获取合理利益的同时也为沿线国家的互联互通和经济社会发展贡献力量，而这也是我国愿意与相关国家保持长期、平等、友好合作关系的直接表达。

---

① 《外交部：中方不会借"一带一路"建立一国主导的规则》，http：//www.xinhuanet.com/2017-12/20/c_ 1122142736.htm，2017 年 12 月 20 日。

② 《推动共建丝绸之路经济带和 21 世纪海上丝绸之路的愿景与行动》，http：//www.xinhuanet.com/world/2015-03/28/c_ 1114793986_ 1.htm，2015 年 3 月 28 日。

第五节 共建"一带一路"中跨境基础设施供给的不确定性

如上所述,"一带一路"沿线国家跨境基础设施的匮乏以及强烈的发展意愿提供了参与跨境基础设施供给的巨大机遇,而我国以"合作但不主导,投资但不占有"为原则的供给模式有益于实现与沿线国家和区域的双赢,不仅为东盟、中亚、欧盟等区域的跨境基础设施发展规划提供了资金支持,推动了整个地区的互联互通,也为我国企业"走出去"创造了新的机遇。然而,由于缺少整个区域层面上的跨境基础设施发展规划和合作制度而这一供给模式也面临着巨大的不确定性。

一 跨境基础设施供给中的不确定性根源

相比于影响范围限于一国之内的基础设施来说,跨境基础设施作为区域公共产品,其供给决策主体为各国政府临时形成的"联合体",各国可以自行决定是否以及如何与他国开展合作。

根据奥耶的理论,行为体利益的相关性、未来的影响和行为体的数量是影响国家间合作的三个维度,[①] 而包括跨境基础设施在内的区域公共产品的提供便是促成合作的办法之一。因为作为一种高成本信号,区域公共产品的提供能够让行为体将其行为调整到符合其他行为体实际或预期的偏好,形成共同偏好,从而在不诉诸最高集中权力的情况下,减少或消除地区内其他国家行为的不确定性,通过约束自己的行为实现共同利益。

然而,区域公共产品的供给却也受到"无政府状态"的影响。博弈的报偿结构会影响合作的水平,而报偿结构往往取决于超出行为体控制的客观因素及其对自身利益的知觉。[②] 当处于"无政府状态"时,由于缺乏最高权

---

① 〔美〕肯尼思·奥耶编《无政府状态下的合作》,田野、辛平译,上海人民出版社,2010,第 235 页。

② 《推动共建丝绸之路经济带和 21 世纪海上丝绸之路的愿景与行动》,http://www.xinhuanet.com/world/2015-03/28/c_ 1114793986_ 1. htm,2015 年 3 月 28 日。

力对行为体的约束以及履行承诺的保证，行为体之间便会由于自身控制之外事件的发生及其对利益理解的变化而产生对于共同偏好的分歧甚至利益冲突，从而打破区域公共产品供给中的利益关系，令合作无法继续。与此同时，由于没有最高集中权威来对行为体进行约束并且实施统一的规则，区域公共产品供给中合作的行为体将会依据客观环境的变化及其利益的认知来调整预期，即对是否会开展重复博弈进行判断，但对于跨境基础设施来说，参与供给各方间在诸如国家军事安全等其他议题方面的冲突，将导致这种重复博弈无法实现，进而大大减小了合作的可能性。因此，本书认为，"无政府状态"是跨境基础设施供给中不确定性的根本来源，而它通过行为体之间的关系来影响合作。

二 合作行为体自身的不确定性

基于上述对跨境基础设施供给中的不确定性来源的分析，跨境基础设施合作能否发生的关键在于合作行为体，即参与跨境基础设施供给的各个主权国家能否为了实现共同利益来约束自身行为，但从跨境基础设施特性的分析来看，这种对自身行为的约束存在诸多不确定性。

基于上文中对跨境基础设施特性的分析可以看出，作为区域公共产品，跨境基础设施的供给不仅是政府间的合作，也将深入影响各国社会内部，而社会内部就此产生的国内博弈结果将有可能在影响决策的同时加剧冲突，令合作无法达成。受到历史、文化、经济等因素的影响，各国社会内部存在巨大的不确定性，而这种不确定性既不能通过个人行为与决策来消除，也不可能完全依靠包括区域性机构、国际组织在内的外部组织来处理，这意味着跨境基础设施的合作将持续地受到各国国内博弈后果的不确定性的影响。

三 合作行为体关系的不确定性

对于跨境基础设施合作来说，其虽然是实现区域一体化的重要内容，但不是区域一体化的决定性因素，往往受到其他"议题"的影响，而这种

"议题"正是国家间关系的核心之所在。用斯坦利·霍夫曼（Stanley Hoffmann）的话来说，这些"议题"就是国家间博弈的不同"棋盘"，① 当这些议题相互联系时，博弈之间的联系就变得十分重要，而这种议题联系是指，使自己在某个议题上的行为取决于其他行为体在其他议题上的行为，从而获取额外的议价杠杆的努力。② 从这一点来看，跨境基础设施发展这一议题虽然是具有利于邻国间的贸易发展、经济往来和基础设施改善这样共同利益的议题，但如果其他议题上的博弈令一国认为另一国要求过多或自身利益太少，合作就可能不再发生或持续。

然而，其他议题博弈的结果充满不确定性，议题联系也存在不确定性，这也就意味着跨境基础设施这一议题中合作行为体关系并不仅仅受到这一议题中利益分配的影响，同时也取决于合作国家在其他议题上的协议达成与合作持续，这意味着议题联系既可能成为跨境基础设施合作的机遇也可能成为威胁。根据奥耶关于"相互利用"（backscratching）和"勒索"（blackmailing）的分析，③ 当合作是运用权力而导致时，相互利用包括了承诺，而勒索则意味着威胁，即相互利用式的合作要成功则需要各方付出成本，而勒索式的合作则只有在失败时才需要付出成本。对于跨境基础设施合作来说，其他议题中相互利用式的合作的实现显然会有利于本议题中各国合作关系的稳定以及最终增进区域的福利，但其他议题中勒索式的合作却可能令本议题成为牺牲品或谈判砝码。

面对这种合作行为体在其他议题中的博弈结果以及议题之间联系的不确定性，结合当前全球跨境基础设施的开发情况来看，或许在既有的区域一体化合作框架下开展的跨境基础设施建设将会更有成效，而区域性或国际性机构的加入也成为必须，因为它们本身作为一种区域公共产品，能够降低信息

---

① Stanley Hoffmann, "International Organization and the International System," *International Organization*, 1970, 24 (Summer), p. 390.
② 〔美〕肯尼思·奥耶编《无政府状态下的合作》，田野、辛平译，上海人民出版社，2010，第244页。
③ 〔美〕肯尼思·奥耶编《无政府状态下的合作》，田野、辛平译，上海人民出版社，2010，第245页。

交易成本，有利于成员国之间的沟通，并且提供重复博弈的机会，进而减少国家间在其他议题博弈以及议题联系上的不确定性。

从上述两方面来看，共建"一带一路"中跨境基础设施供给的不确定性不仅包括沿线国家的不确定性，也包括国家间关系的不确定性。即便像欧盟这样已经通过立法形式确定了投资者获益保障、项目治理结构等事项的区域，由于主权国家对自身利益的追求并不会完全受到集中权威的限制,[1] 不确定性也依旧存在。因此，我国在参与共建"一带一路"跨境基础设施的供给中，无论是投资那些既有区域基础设施发展规划中的项目还是有"超国家权威"参与其中的项目，抑或是国家间独立提出的项目，不确定性都将伴随项目始终，给投资者带来巨大的风险。

第六节　本章小结

跨境基础设施的发展与人类贸易活动相生相伴，虽然因世界格局的变化而几经起落，但从未中断，并且在冷战后迎来了新一轮高潮，而欧洲、东南亚、非洲、南美洲的区域一体化是其主要推动力量。跨境基础设施作为实现国家间互联互通的区域"俱乐部产品"，遵循责权利匹配性、需求偏好辅助性以及对国内设施的补充性原则的国家间合作是其有效供给的根本。目前，欧盟、大湄公河次区域和南美洲十二国分别形成了超国家权威主导、多边机构主导和国家联盟主导的三种跨境基础设施供给模式。

基础设施互联互通作为共建"一带一路"的优先领域，跨境基础设施是其重要组成部分，而沿线国家跨境基础设施的不足、资金的短缺以及较强的合作意愿则为我国参与跨境基础设施供给提供了巨大的机会。由于短时间内达成全面的区域发展共识存在困难，并且沿线区域既有的跨境基础设施发展规划与"一带一路"倡议具有良好的兼容性，因此我国应以"合作但不

---

① 〔美〕肯尼思·奥耶编《无政府状态下的合作》，田野、辛平译，上海人民出版社，2010，第3页。

主导，投资但不占有"为核心开创新的供给模式。然而，由于这一供给模式缺少"超国家权威"和整个区域层面上的跨境基础设施发展规划及治理机制，"无政府状态"下合作行为体自身和合作行为体关系的不确定性将给投资者带来巨大风险。

第二章　中国对外投资跨境基础设施项目实践

基础设施互联互通是共建"一带一路"的优先领域,[1] 不仅是建设国际经济走廊的基础,也是改善沿线国家贸易条件和促进全球化深化发展的内在要求,[2] 而包括跨境公路、跨境铁路、跨境能源开发与运输、跨境光缆在内的跨境基础设施则是其中不可或缺的一部分。随着区域一体化的不断深化,欧盟、东盟、中亚等区域的跨境基础设施开发需求不断增加,加之沿线国家建设资金存在巨大缺口且对中国基建技术实力的认可度逐步提高,我国投资者迎来了对外投资跨境基础设施的良机。然而,在抓住机遇的同时,我国投资者面临的巨大挑战和项目风险管理中的不足也逐渐暴露。本章就将分别对我国对外投资跨境基础设施的发展阶段、投资动因、投资项目现状以及风险管理存在的问题进行阐述。

第一节　中国对外投资跨境基础设施的发展阶段

全球跨境基础设施建设始于公元前 7500 年至前 4000 年,而我国的跨境基础设施开发历史也可追溯到汉朝之前,[3] 并且在隋唐时代已经形成了横跨

---

[1]　《推动共建"一带一路"的愿景与行动（全文）》,http://www.chinanews.com/gn/2015/ 03-28/7166484_ 2.shtml,2015 年 3 月 28 日。

[2]　王微:《"一带一路"基础设施互联互通需解决三大问题》,《中国经济时报》2016 年 6 月 23 日。

[3]　注:在丝绸之路形成前,西至欧洲、东达我国中原地区的和田玉运输线路已经形成,详见蔡昉、〔英〕彼得·诺兰主编《"一带一路"手册》,中国社会科学出版社,2018,第 46 页。

欧亚的陆上丝绸之路。虽然之后西班牙、葡萄牙、英国等国开启的大航海时代令陆上丝绸之路的重要性大大降低，但直至明朝海禁措施实行之前，我国与欧洲、亚洲乃至非洲的跨境陆路和海路通道都依旧保持畅通，是当时东西方贸易与文化交流的重要物质基础。时隔数百年，在历经国内外多次深刻变革之后，伴随着新中国的成立，20世纪60年代由我国援建的坦桑尼亚—赞比亚铁路（以下简称"坦赞铁路"）掀开了我国参与国际跨境基础设施开发的历史新篇章，本节就将分三个阶段对新中国成立以来我国对外投资跨境基础设施的历史脉络进行梳理。

一 第一阶段（1949~1977年）：零星出现，对外援助为主

伴随着新中国的成长，我国的对外援助也开始起步，并且在改革开放前的近三十年里，经济基础设施是援助的主要内容，其中亦包括跨境基础设施。虽然从定义上来说对外援助和对外投资存在差异，但这一时期我国以对外援助方式建设的跨境基础设施项目具有重要的历史意义和管理参考价值。

第二次世界大战后，国际社会在积极重建的同时仍面临美苏冷战等事件带来的消极影响，很多国家间的关系仍然不稳定甚至存在敌对，全球的区域一体化在这一历史时期受到阻滞，既没有大规模的区域跨境基础设施发展规划提出，跨境基础设施开发所需的政治合作基础在很多国家和地区也没有形成。因此，从整体上来说，这一时期不仅全球的跨境基础设施投资机会较少，投资环境也较差。

国内方面，我国在1949~1977年这段历史时期的经济相对低迷，国际上的政治地位也处在一个缓慢上升阶段，加之工程建设企业缺乏国际市场竞争力，因此不论是从经济实力、技术水平还是国际关系方面，我国主导开发和对外投资跨境基础设施项目的条件和机遇都不成熟。值得注意的是，尽管这一阶段开展的项目数量很少，但坦赞铁路这样的项目不仅为我国对外投资跨境基础设施积累了宝贵的项目合作与管理经验，同时也在当时的国际时局下发展了中、坦、赞三国关系，为后续的中非关系稳定奠定了基础。

二　第二阶段（1978~2012年）：项目逐渐增多，周边国家为重点

随着改革开放的不断深化以及与周边国家的关系不断向好，我国自20世纪80年代起逐步形成了沿边开放的新格局，开发了诸多边境贸易经济区，跨境基础设施发展需求大幅增加。与此同时，我国的对外工程承包业务在这一历史时期获得了巨大发展，国际市场不断得以拓展，不论是工程建设标准还是项目施工管理方式都逐步得到外国尤其是周边国家的认可，加之国内企业对外投资能力提升，从经济实力和技术实力两方面都具备了对外投资基础设施项目的条件。

国际方面，随着冷战结束和苏联解体，欧洲、东南亚、南美洲等区域的国家间经济合作不断加强，区域一体化步伐加快，相继推出区域性基础设施发展计划，跨境基础设施投资需求快速增加，为投资者提供了机会。与此同时，由于饱受战乱和政局动荡影响，与我国毗邻的很多发展中国家经济实力和技术能力不足，虽有着强烈的互联互通愿望，却难以凭一己之力为项目提供充足的资金支持和技术保障，而这也给投资者提供了海外市场机遇。

在国内外两方面因素的共同作用下，我国对外投资跨境基础设施项目逐步增多，特别是在大湄公河次区域经济合作计划等区域一体化计划的推动下，我国与周边国家间兴建了一批跨境基础设施项目，昆明—曼谷国际公路、滇缅油气管道就是其中的代表性项目。毫无疑问，这些项目的建设极大地促进了我国与周边国家的互联互通，提升了跨国贸易效率，同时也对进一步改善我国与周边国家的关系、推动区域一体化起到了积极作用。然而，受到建设标准、地缘政治以及政治合作基础等方面的影响，这一时期我国与邻国之外的跨境基础设施项目合作还十分有限。

三　第三阶段（2013年至今）：依托共建"一带一路"，进入全面发展

2013年，"一带一路"倡议的提出使我国在对外投资基础设施方面进入了新的发展阶段。特别是2015年的《推动共建丝绸之路经济带和21世纪海

上丝绸之路的愿景与行动》的发布，进一步明确了我国与沿线国家共同推进国际骨干通道建设、形成跨区域基础设施网络的目标，为我国对外投资基础设施领域的发展指明了方向。与此同时，在经过 30 多年的努力之后，我国对外工程承包行业的资金实力和技术水平不断提高，施工和设备标准也逐渐国际化，很多具有丰富项目经验的中国基建企业逐步扩大业务范围，从单纯的工程建设者转变为投资者，形成了"建管投营"一体化的经营体系。

国际方面，伴随着全球百余个国家对"一带一路"倡议的响应并与我国政府进一步形成基础设施合作的政治基础，很多沿线国家将跨境交通和通信基础设施列为国家基础设施领域的优先发展事项，希望能够通过与中国政府和企业开展合作来提升跨境贸易的基础条件，助力国家经济增长。与此同时，欧盟、东盟、中亚等区域基础设施互联互通计划的推出，也带来了大量的跨境基础设施项目开发机会。

鉴于上述原因，自 2013 年后，我国对外投资跨境基础设施项目大幅增多，且投资地区范围也进一步扩大，出现了匈牙利—塞尔维亚铁路、中国—老挝铁路、刚果（金）大英加水电站等一大批具有较大区域影响力的项目（具体项目情况将在本章第三节中进行详细分析），开启了我国对外投资跨境基础设施领域全面发展的新征程。

第二节　中国对外投资跨境基础设施的投资动因

在经历了半个世纪的发展之后，我国对外投资跨境基础设施项目数量和所涉国家及地区逐渐增多，并且投资形式和建设内容也日趋多样化。那么，我国为什么要对外投资跨境基础设施项目？这种项目究竟能够给我国带来什么？对于这种项目的投资在多大程度上能够助力"一带一路"建设？为了回答这些问题，本节将从拓展海外基础设施投资与工程承包业务、消减边界屏蔽效应、优化资源进出口方式、促进跨境贸易和发展国家间关系几个方面来讨论投资动因。

一　进一步拓展海外基础设施投资与工程承包业务

受到国际政治局势变化、新冠肺炎疫情反复等不利因素的影响，全球经济增长持续减缓，很多国家希望通过加大基础设施投资来提振内需，并且通过加强与周边国家和地区的联通来促进贸易开拓外部新市场。根据20国集团（G20）发起的全球基础设施中心（Global Infrastructure Hub，GIH）与牛津经济研究院（Oxford Economics）联合发布的《全球基础设施展望》（Global Infrastructure Outlook），2016~2040年，全球的基础设施投资需求将达到94万亿美元，平均每年为3.8万亿美元；而要实现联合国的水电可持续发展目标则需要再增加共计3.5万亿美元。[①] 对于东盟、南美洲、欧盟、非洲等区域来说，这种投资需求的持续增长一方面来自各国国内基础设施的新建与更新，另一方面则来自区域一体化深化过程中的基础设施互联互通和产能合作，作为区域基础设施网络发展关键组成部分的跨境基础设施项目势必成为今后我国对外基础设施投资重点关注的对象。

除了客观的投资需求外，围绕"一带一路"倡议的国际合作的进一步深化也为我国对外投资跨境基础设施项目的发展奠定了良好的基础。截至2020年1月底，我国已累计同30个国际组织和138个国家签署了200份政府间共建"一带一路"合作文件，"六廊六路多国多港"互联互通架构基本形成，[②] 并且与印度尼西亚的"全球海洋支点"、蒙古国的"发展之路"、哈萨克斯坦的"光明之路"、俄罗斯的"欧亚经济联盟"、匈牙利的"向东开放"等国家发展计划相对接。[③] 在这样的形势下，我国将有更多机会参与其他区域的跨境基础设施开发。

在外部条件有利于投资的同时，我国基建企业资金实力的提升、技术标

---

① Global Infrastructure Hub, Oxford Economics, "Global Infrastructure Outlook-Infrastructure Investment Needs 50 Countries, 7 Sectors to 2040," July 2017, p. 3.

② 《中国已与138个国家和30个国际组织签署共建"一带一路"合作文件》，http://www.chinanews.com/cj/2020/09-14/9290734.shtml，2020年9月14日。

③ 中华人民共和国商务部、中国对外承包工程商会：《中国对外承包工程发展报告（2018—2019）》，2019，第9页。

准国际化程度的提高以及多年来对外承包工程所积累的项目管理经验也为我国对外投资跨境基础设施项目创造了条件。特别是在轨道交通方面，随着东盟、南美洲、欧盟等区域交通基础设施互联互通规划的出台，跨境铁路项目成为实施重点，巨大的投资需求以及我国高铁技术的领先性给我国企业带来投资机会。此外，很多致力于发展跨境基础设施的国家和区域的人力成本、原材料成本均较低，而其对跨境基础设施的需求较大，这为赢得更多利润提供了可能，具备相应实力的基建企业应将目光投向跨境基础设施项目。

二 消减边界屏蔽效应

与周边国家的互联互通是共建"一带一路"中的重点内容，而跨境基础设施在与边境贸易区建设、边境地区城镇化和产业发展的协同作用下，有力地促进了我国边界屏蔽效应的消减。

边界效应是指国家边界对双边贸易的影响，可分为屏蔽效应和开放效应。其中，边界屏蔽效应是指边界阻碍空间相互作用的效应，包括自然地理屏蔽效应、制度性屏蔽效应和国民屏蔽效应。边界开放效应则是指边界开放对要素跨境流动的促进作用，可以细分为关税减让效应、市场扩展效应、资源聚合效应、资本跨境流动效应、技术跨境转移效应、双币流通效应和同源民族区效应。[①] 边界屏蔽效应不仅令国家间的经济往来存在障碍，也令边境地区长期处于落后状态，但边境地区所具有的独特空间地位及其发展所能够带来的巨大影响则令其成为区域一体化中经济合作的焦点地区。

基础设施互联互通作为区域一体化的先行内容，有助于消减进出口贸易中边界屏蔽效应，[②] 特别是跨境交通运输基础设施，其发展的首要结果就是能够有效改善包括边境地区在内的区域跨境运输条件，这无疑将有利于消减边界的自然地理屏蔽效应。特别是对于高山峡谷众多的山区型边界地带来说，跨境交通运输基础设施的修建将极大地改善跨境运输中冰山成本高昂的

---

① 梁双陆：《边界效应与沿边开放理论》，云南人民出版社，2015，第6~14页。

② 梁双陆、张梅：《基础设施互联互通对我国与周边国家贸易边界效应的影响》，《亚太经济》2016年第1期，第101页。

状况。与此同时，沿线各成员国政府和主管部门之间已经就跨境基础设施的开发形成了合作关系并都希望从设施的运营中获得尽可能多的利益，因此为了提高设施利用率，其势必会就提高货物和人员通关效率等进行协商，形成一些有助于通关程序优化的机制，而这则是消减边界制度性屏蔽效应的关键。随着通行条件的改善、通行时间成本的降低和人员通关程序的简化，区域内的人口跨境流动频率将会提高，特别是对于跨境民族来说，基于宗族事务和文化活动所开展的跨境流动将成为常态，这无疑有利于弱化边界的国民屏蔽效应。

然而，边界屏蔽效应的消减并不等于边界开放效应的实现。边界开放效应的实现需要充分发挥边界聚合资源和跨境贸易市场的先天优势来促进要素跨境流动，实现各国市场的拓展、资本的跨境流动、技术的跨境转移、多种货币的流通和跨境民族区的建设，而这不仅与边境地区的自然地理条件有关，也与边境地区的贸易软硬件条件、生产生活设施与公共服务供给和产业发展情况密切相关。要让跨境基础设施发挥促进边界开放效应实现的作用，还必须开展边境贸易区建设，并且不断推进边境地区城镇化和发展边境地区产业。因此，跨境基础设施的建设不仅是消减边境屏蔽效应的必须，也是全面提升边境地区发展水平的基础。

三 优化资源进出口方式

我国地域广阔，但部分资源可开采储量却不容乐观，很多战略资源的对外依存度不断增加。据统计，2019 年我国原油净进口量突破 5 亿吨，对外依存度突破 70%[1]；铁矿石和天然气的对外依存度也分别超过 80%[2]和 45%[3]。为了与资源富集国家开展资源开发合作，跨境能源管道、区域性港

---

[1] 《2019 年我国原油对外依存度 70.8%》，http://news.cnpc.com.cn/system/2020/03/31/001769 303.shtml，2020 年 3 月 31 日。

[2] 《中钢协：铁矿石对外依存度将逾 80%》，http://money.163.com/15/0429/14/AOCHR 70B00253B 0H.html，2015 年 4 月 29 日。

[3] 《我国天然气对外依存度突破 45%》，https://www.sohu.com/a/291138092_ 99944680，2019 年 1 月 24 日。

口等跨境基础设施项目建设成为必须。

跨境基础设施作为区域公共产品，其建设和运行有赖于邻国间各层次合作的成功开展，而对于原油、天然气这样的战略资源来说，不论是进口还是出口，都是"敏感话题"，跨境能源管道等项目的成功必须基于各方对项目利益的完全理解和利益分配方案的接受，并且以正式的形式确认合作中的责权利安排。从这个意义上来说，跨境基础设施的修建为战略资源进口提供了一个相对稳定、有保障的渠道。此外，从国家能源安全的角度来看，修建跨境能源管道等项目虽然不可能在短时间内完全解决我国的能源供需矛盾，但可以在增加供给数量和供给渠道等方面起到关键作用。

除了运输安全性与持续性方面的考虑外，运输成本降低是跨境基础设施在优化资源进口方式方面的另一个作用。当前，我国80%以上的原油进口自沙特阿拉伯等中东国家和俄罗斯，若采用海运，不仅运输成本高昂，而且运输效率和运输安全性都受到天气等因素的影响。跨境能源管道的修建虽然投资额大，但却能在很大程度上避免海运所面对的不利影响，同时由于运输距离的缩短，单位运输成本也有所降低。

四 促进跨境贸易

发展跨境交通基础设施主要是便于通过与国内交通基础设施结合来有效降低贸易成本并促进区域内的贸易增长，[1] 跨境公路、铁路、河道的修建和更新有利于货物和人员等更加便利和高效的跨境流动，而信息基础设施和跨境数字基础设施的建设和发展有利于提高国家间贸易信息的传递和处理效率。因此，投资兴建跨境交通运输和信息基础设施是我国与周边国家跨境贸易高质量发展的重要基础。

---

① Manabu Fujimura, "Cross-Border Transport Infrastructure, Regional Integration and Development," ADB Institute Discussion Paper, No. 16, November 2004, p. 1.

贸易是有效迈向合作的第一步。① 发展跨境交通基础设施的主要作用在于改善跨境贸易的"硬件"条件，但由于其供给本身以国家间合作为基础，它的开发也为国家贸易政策、海关与边境管理、跨境金融服务等方面的跨国合作奠定了一定的基础，可以说，跨境交通基础设施项目的修建也是我国与周边国家实现贸易便利化的重要推动力之一。此外，由于跨境贸易的发展，不同国家间的人员往来和商品流动会更为频繁，这也为劳动力的跨国流动、区域产业链的发展以及跨国文化交流创造了条件。

贸易的增加意味着两国政府和人民之间的联系增加，而对邻国产品和服务的熟悉，对彼此文化和社会制度的了解的加深都将提高两国之间的互信水平，② 这无疑有利于两国友好关系的建立或保持。同时，稳固的贸易往来会增加来自贸易对象国战略资源供给的安全性，进而减少禁运带来的威胁和战争发生的可能性。③ 虽然这两方面并不代表贸易的发展一定会促进和平，或者说邻国贸易的发展是推进或维持和平的充分条件，并且不排除贸易事件引发国家间冲突，但跨境贸易的增加将是两国和平共处的推进剂之一。从这个意义上来说，跨境交通与通信设施的建设能够促进邻国及区域内贸易的发展，也间接有利于地区和平，对跨境基础设施的投资实质上也是维护国家安全的努力之一。

五 发展国家间关系

如第一章所述，跨境基础设施作为区域公共产品，其供给的根本保障是各国之间的有效合作，稳定的国家间外交关系、良好的国家治理能力、国家

---

① 〔美〕罗伯特·德芙林、〔西〕安东尼·埃斯特瓦多道尔：《贸易与合作：一种区域性公共产品的视角》，李巍译，载〔西〕安东尼·埃斯特瓦多道尔、〔美〕布莱恩·弗朗兹、〔美〕谭·罗伯特·阮《区域性公共产品——从理论到实践》，张建新、黄河、杨国庆等译，上海人民出版社，2010，第 148 页。

② Maurice Schiff, L. Alan Winters：《区域一体化与发展》，郭磊译，中国财政经济出版社，2004，第 121 页。

③ Manabu Fujimura, "Cross-Border Transport Infrastructure, Regional Integration and Development," ADB Institute Discussion Paper, No. 16, November 2004, p. 1.

间对于区域一体化的共识都是跨境基础设施项目得以付诸实践的保障。对于跨境基础设施项目的投资并不仅是一种经济行为，也有益于国家间关系的发展。

其一，由于邻国间资源的输送和贸易的发展将增强国家间的经济依赖性，邻国的国际利益被紧密地联系在了一起，战争成本变得高昂。此外，在和平环境下，邻国间有经济联系的企业和个人将增加，反对战争的声音亦将增强。[①] 因此对跨境基础设施项目进行投资相当于促成邻国间或区域内经济关系的发展并助力反战力量的形成，这将有利于国家间友好关系的维系。

其二，跨境基础设施的开发和建设已被视为实现区域一体化的重要组成部分，因此对跨境基础设施项目进行投资在很大程度上是投资者对区域一体化的认可和参与，有利于国家间发展友好关系。作为公共产品，国家安全在缺少某种形式的"干涉"之下将不会供应充分，而区域一体化正是这种"干涉"，因为区域一体化的形成会成为解决邻国之间安全问题的有效方式，进而给参与的国家和整个区域带来和平。[②] 因此，对于跨境基础设施项目的投资表达了为该地区的和平与发展做出积极努力的意愿，这对于对外友好关系的发展无疑是有利的。

其三，区域一体化的规划或倡议并不是发展跨境基础设施的必要条件，它的缺乏并不一定会阻碍国家间因为某些原因来开发跨境基础设施项目。然而，由于跨境基础设施项目的建设往往需要巨额投资，对于很多发展中国家来说，即便已对项目达成了共识，也会因资金问题而难以让项目付诸实践。在这种情况下，对项目进行投资不仅表达了我国与这些国家发展友好关系和经济合作的意愿，也增进了与不同国家间的相互信任，有利于这些国家之间建立良好的外交关系。

---

① Maurice Schiff, L. Alan Winters：《区域一体化与发展》，郭磊译，中国财政经济出版社，2004，第 120 页。
② Maurice Schiff, L. Alan Winters：《区域一体化与发展》，郭磊译，中国财政经济出版社，2004，第 119 页。

第三节　中国对外投资跨境基础设施项目现状

如第一章所述，我国应以"合作但不主导，投资但不占有"为核心的创新模式来参与"一带一路"沿线国家的跨境基础设施供给。那么，该模式的实际应用状况如何？为了回答这一问题，以下将对 2013～2020 年我国对外投资[①]的 34 个跨境基础设施项目的基本情况、投融资方式、项目建设内容进行分析[②]。

一　项目基本情况

从投资方式来看，我国以提供技术援助或低息贷款、公私合作（PPP、BOT、TOT 等）、企业联合体投资等方式共计投资了 34 个跨境基础设施项目，并且参与了所有项目的建设。其中，跨境能源基础设施项目 14 个，跨境交通运输基础设施项目 17 个（包括港口、铁路、公路、河道），跨境通信基础设施项目 3 个。从项目跨越国家边境的情况来看，超过一半的项目跨越中国国境，有近四分之一的项目跨越三个及以上国家。从项目物理设施所处国家来看，超过 90% 的项目位于发展中国家，除中国外主要涉及缅甸、老挝、泰国、越南、巴基斯坦等东南亚和南亚国家，哈萨克斯坦、乌兹别克斯坦等中亚国家，安哥拉、刚果、津巴布韦等非洲国家，以及匈牙利、塞尔维亚等欧洲国家。

虽然从目前的建设数量来看，我国投资的跨境基础设施项目数量明显少于我国对单一国家投资和承建的基础设施项目，但其影响范围却不容低估。例如，由中国长江三峡集团与西班牙 ACS 集团组成企业联合体负责融资、

---

① 《企业境外投资管理办法》（中华人民共和国国家发展和改革委员会令第 11 号）第二条规定，境外投资是指中华人民共和国境内企业直接或通过其控制的境外企业，以投入资产、权益或提供融资、担保等方式，获得境外所有权、控制权、经营管理权及其他相关权益的投资活动。详见 http://www.gov.cn/gongbao/content/2018/content_5280579.htm。

② 为了确保项目信息的真实性，笔者主要以"中国一带一路网"（https://www.yidaiyilu.gov.cn）为数据来源进行项目信息的整理。

建设和运营的刚果（金）大英加水电站项目（第三期）就将为刚果河流域的刚果（金）、南非、赞比亚、坦桑尼亚、布隆迪、卢旺达、中非、喀麦隆、安哥拉等多个国家提供电力。[①] 与此同时，中国投资的部分跨境基础设施项目本身属于区域跨境基础设施规划的一部分或能够促进区域基础设施网络的建设。例如，由中国政府参与投资和建设的中老铁路就促进了东盟国家的互联互通。可以预见，随着"一带一路"倡议的不断推进以及沿线各国跨境基础设施需求的增加，我国将会有越来越多的机会参与到全球跨境基础设施的发展中去。

二 项目投融资方式

跨境基础设施项目的建设资金需求量大，而其效益外溢范围超越一国的范围，因此参与国家之间往往在成本分担上存在分歧，加之很多经济实力较弱的发展中国家政府无法提供充足的资金来支持项目建设，项目融资问题一直是跨境基础设施发展中的一个难题。从当前我国投资的跨境基础设施项目融资模式主要可以归纳为中方贷款、公私合作和承包商参股三种，以下就结合其中一些项目对具体情况进行说明。

在笔者统计的 34 个跨境基础设施项目中，有 7 个项目利用了中方提供的优惠贷款，并且此类贷款是其中 5 个项目唯一的资金来源。作为中巴经济走廊建设的早期收获项目，一期计划在中巴边境红其拉甫口岸和巴北部城市拉瓦尔品第之间建设首条中巴跨境陆缆传输系统，承建方为华为，合同总额 4400 万美元，均由中国进出口银行提供的优惠贷款来完成融资。[②] 坐落于非洲国家多哥和贝宁界河莫诺河上的阿贾哈拉水电站是中国、多哥、贝宁三国合作的大型基础设施项目，是西非次地区第一个跨界多方合作项目，该

---

① 《汇总 2018 年最具代表意义的 10 个中资海外 PPP/BOT 项目》，https：//www. sohu. com/a/285134571_ 100270729，2018 年 12 月 28 日。

② 《中巴跨境光缆项目开工仪式在吉尔吉特举行》，http：//world. people. com. cn/n1/2016/0520/c1002-28367840. html，2016 年 5 月 20 日。

项目使用中国政府提供的优惠贷款进行建设，资金由中国进出口银行提供。① 非洲几内亚的凯乐塔水电站和苏阿皮蒂水电站由中国进出口银行提供优惠出口买方信贷融资，由中国长江三峡集团中国水利水电对外公司承建，并且中国水利水电公司还与几内亚财政部和政府签订了特许经营协议和购电协议。②

随着 BOT、TOT 等公私合作模式在世界各地的基础设施领域得到推广和应用，加之在之前的工程承包中与当地政府建立起了信任关系，一批具有相应经验和实力的中国企业以公私合作模式投资了境外的跨境基础设施项目。例如，作为我国海外首个集设计标准、投融资、监理、装备材料、施工和运营管理于一体的"全产业链中国化"的铁路项目——亚吉铁路（埃塞俄比亚的斯亚贝巴—吉布提）采用 BOT 模式进行融资，项目融资方为中国进出口银行，埃塞段铁路 70% 的资金和吉布提段铁路 85% 的资金使用商业贷款。另外，中国铁建中土集团拥有吉布提铁路 10% 的股份，该铁路的运营商为中国铁建中土集团牵头的中方联营体。③

从项目投资合作方面来看，在笔者统计的 34 个项目中，以具有较强实力的国有企业为领头羊，我国投资者通过与其他国家的财团、跨国公司等组织或机构开展合作对项目进行联合投资，部分项目还成立了专门的投资公司来负责项目建设和运营期间的投资管理。例如，向津巴布韦和赞比亚两国供电的 Batoka Gorge 水电项目由中国电建与美国通用电气公司（通用电气中国水电公司）组成的联合企业进行投资（总投资 40 亿美元），④ 中铁国际与中

---

① 《中国水电承建的阿贾哈拉水电站项目开工》，https：//www.sohu.com/a/50838044_ 114891，2015 年 12 月 28 日。

② 《申请 11.75 亿美元！几内亚苏阿皮蒂水利枢纽项目贷款协议正式生效》，https：//www.sohu.com/a/338837140_ 100113069，2019 年 9 月 5 日。

③ 《专访中国铁建董事长孟凤朝：亚吉模式是国际产能合作新样板》，http：//finance.sina.com.cn/roll/2017-05-15/doc-ifyfecvz1322905.shtml，2017 年 5 月 15 日。

④ 《中国电建与 GE 联合中标 40 亿美元赞比亚津巴布韦水电站》，http：//finance.sina.com.cn/stock/usstock/c/2019-06-22/doc-ihytcitk6868170.shtml，2019 年 6 月 22 日。

国铁路总公司旗下的铁总国际与匈牙利铁路公司组建的联营体共同承担匈牙利—塞尔维亚铁路 14.5 亿美元的投资,[①] 以中信集团为首的中国财团和缅甸政府、当地企业共同承担缅甸皎漂港 90 亿美元的投资。[②] 值得注意的是,越来越多的中国民营企业通过与国有企业联合的方式加入投资者队伍。

事实上,除了 BOT 模式外,近些年来中国部分工程承包企业将参与项目的运营维护列为企业的业务拓展方向,从单纯的工程施工者转变为投资者和运营服务商,从总承包的"交钥匙工程"转向"建营一体化"模式,以 EPC(交钥匙)+O(运营)等合同形式进行境外跨境基础设施项目的开发,实现从投融资、设计、施工到运营的基础设施全产业链闭环输出。从业主方面来看,部分国家的政府财政吃紧和国内企业财务能力下滑导致基础设施建设资金不足,提出了承包商参股投资 EPC 的融资模式,也给国内基础设施建设领域的企业提供了海外投资的机会。

三 项目建设内容

当前我国对外投资和建设的跨境基础设施项目类型仍然集中在水电站、能源管网、铁路和公路等传统基础设施领域,但其具体建设内容随着我国铁路和公路建设技术的国际认可度的提高而有所拓展,同时在社会责任履行和商业运营方面也有所创新。在完成项目本身的物理设施建设之外,我国企业还积极与相关国家政府、地方政府、跨国公司、非政府组织、当地民营企业和民间组织开展合作,积极开展项目沿线区域的商业开发、项目影响区域内本地工人的招聘和技能培训、公益性基础设施的改善和开发,努力提高项目的社会效益和经济效益。

例如,由中国参与投资建设的中老高铁项目自 2016 年 12 月全线开工以

---

① 《中铁、中铁总组成联合体中标匈塞铁路匈牙利段项目》,https://news. lmjx. net/2015/201511/201511261437 5196. shtml, 2015 年 11 月 26 日。

② 《中缅签署皎漂深水港项目框架协议,缅方占股 30%》,https://www. sohu. com/a/274630815_825950, 2018 年 11 月 11 日。

来，吸纳了沿线区域大量的乡镇青年和农民就业，据不完全统计已有 3.2 万余人次在中老铁路项目中培训上岗，中国电建水电三局中老铁路项目部还与老挝教育部门和地方政府合作，专门为老挝籍员工开办了培训学校，以带薪培训的方式鼓励广大老挝籍员工积极参与学习，目前已顺利毕业 300 余名老挝籍学员，并且他们中大部分人已成为项目建设的中坚力量。[①] 巴基斯坦瓜达尔港项目中，中方与当地供水部门合作向当地百姓每天提供 100 万加仑淡水，以解决当地缺水的问题；同时还通过与当地教育部门以及中国和平发展基金会合作，在瓜达尔捐建了中巴法曲尔小学，以解决当地基础教育设施不足的问题。[②]

此外，由于部分项目在设施维护方面有特殊要求，加之部分采用公私合作模式的项目需要确保项目收益的持续获得，因此除了在项目建设过程中的合作外，我国企业在项目维护、经营中也与不同组织和机构开展合作，合作对象包括项目所在地的建筑公司和建筑材料供应商、跨国建筑企业、中国国内基础设施运营管理公司等。例如，在由中国提供贷款和中国铁建进行总承包建设的亚吉铁路项目中，虽然全线采用中国标准和中国设备，施工方案的批复和工程验收也均由中国的咨询公司执行，但中方项目管理部门仍然与埃塞俄比亚和吉布提相关部门进行合作，开通了多列粮食和钢管运输列车和化肥运输专列，[③] 在有效满足当地经济发展和民生保障需要的同时，提高了铁路利用率和收益。值得注意的是，美国通用电气（GE）等跨国公司，正在通过参与包括跨境能源基础设施在内的中国对外投资基础设施项目和很多中国企业建立长期战略合作关系，为很多项目提供设备和技术咨询服务。

---

① 中华人民共和国驻琅勃拉邦总领事馆：《中老铁路为老挝人民提供数万个工作岗位》，http://prabang.china-consulate.org/chn/lqxw/t1643431.htm，2019 年 3 月 6 日。

② 《瓜达尔港——中巴经济走廊的璀璨明珠》，http://www.xinhuanet.com/2018-08/26/c_1123331199.htm，2018 年 8 月 26 日。

③ 《亚吉铁路运营半年：打造非洲最好铁路》，https://www.sohu.com/a/244193024_684576，2018 年 7 月 30 日。

第四节 中国对外投资跨境基础设施项目
风险管理现状及挑战

虽然从前文的分析可以看出,我国对外投资跨境基础设施项目是十分必要且可行的,但由于其区域公共产品的属性导致当前我国企业对单一国家投资基础设施项目所形成的风险管理经验并不能完全适用,风险管理面临诸多挑战。为此,本节将在梳理与对外投资跨境基础设施项目相关的管理政策和办法的基础上,结合跨境基础设施的独特性对我国投资者所面临的风险管理挑战进行分析。

一 中国对外投资跨境基础设施项目的相关风险管理制度

如本章第一节所述,虽然新中国成立以来我国对外投资基础设施项目的历史可以追溯至 20 世纪 60 年代,但真正开始进行较大规模投资是在改革开放后,而有关海外投资项目风险管理的相关政策出台则始于 20 世纪 90 年代。综合当前国家已经颁布的政策来看,虽然没有专门针对跨境基础设施项目风险管理的内容,但部分已经为项目的风险防控提供了重要依据,具体情况如表 2-1 所示。

表 2-1 中国对外投资跨境基础设施项目的相关风险管理政策

序号	时间	政策名称	相关措施
1	2001	《中华人民共和国国民经济和社会发展第十个五年计划》	明确了"走出去"战略在国民经济和社会发展中的地位,并支持有条件的企业对外直接投资和跨国经营。鼓励企业参与境外基础设施建设,提高对外工程承包管理水平。完善境外投资促进和保障体系,加强对境外投资的风险管理
2	2004	《关于对国家鼓励的境外投资重点项目给予信贷支持政策的通知》	对于国家利益有重大影响但企业自身资金实力无法完成的对外投资项目,将在通过风险评估后获得中国政府"境外投资专项贷款"
3	2004	《国别投资经营障碍报告制度》	我国驻外使(领)馆经商机构和境外中资企业以报告的形式集中反映在东道国投资经营过程中遇到的各种障碍和问题。这有利于我国政府部门及时掌握中资企业在境外投资经营的状况,并且采取相应的风险应对措施

续表

序号	时间	政策名称	相关措施
4	2005	《关于建立境外投资重点项目风险保障机制有关问题的通知》	中国出口信用保险公司将向国家鼓励的境外投资重点项目提供投资咨询、风险评估、风险控制及投资保险等境外投资风险管理服务,这在很大程度上帮助了投资者进行事前的风险评估并且通过风险保障机制有效规避项目投资风险
5	2008	《关于鼓励和规范我国企业对外投资合作的意见》	企业根据国际通行规则进行对外投资和开展跨国经营是我国对外开放的关键举措,但必须强调决策机制的完善,从法律、民生、环境、政治等方面开展评估、科学决策、防控投资和经营风险
6	2010	《境外中资企业机构和人员安全管理规定》	对境外安全风险防控、境外安全突发事件应急处置程序、赴高风险国家和地区开展投资合作中的安全风险防范等内容进行了说明
7	2011 年至今	《对外投资合作国别（地区）指南》	从 2011 年起,商务部每年通过该指南对全球各国及地区的投资合作环境进行介绍,2019 年发布范围已达 172 个国家和地区。该指南除了对国家概况、投资政策、投资合作手续等进行介绍外,还对投资合作中的风险以及注意事项进行了提示,为我国投资者了解投资环境和规避风险发挥了积极作用
8	2012	《境外中资企业机构和人员安全管理指南》	该指南根据《境外中资企业机构和人员安全管理规定》制定,旨在指导广大企业加强境外安全风险防控工作,建立境外安全管理体系和相关管理制度。主要内容包括企业安全管理战略、风险管理、安全管理措施、安全培训、突发事件应急管理等
9	2017	《对外承包工程管理条例》（2017 修订）	该条例第七条明确指出,国务院商务主管部门应当会同国务院有关部门建立对外承包工程安全风险评估机制,定期发布有关国家和地区安全状况的评估结果,及时提供预警信息,指导对外承包工程的单位做好安全风险防范
10	2017	《企业境外投资管理办法》	在国务院规定的职责范围内,国家发展和改革委员会将会同有关部门制定完善相关领域专项规划及产业政策,为投资主体开展境外投资提供宏观指导;将参与国际投资规则制定,加强同有关国家的政策交流和协调,为我国企业投资提供公平环境;推动海外利益安全保护体系和能力建设,指导投资主体防范和应对重大风险,维护我国企业合法权益。此外,对于境外投资损害我国国家利益和国家安全的,将由发改委及其下属部门责令停止

续表

序号	时间	政策名称	相关措施
11	2017	《合规管理体系指南》（GB/T35770—2017/ISO19600:2014)	对评价合规风险、合规风险的应对措施、合规风险控制等方面的内容进行了规定,对我国企业对外投资中的合规风险管理提供了标准
12	2018	《中央企业合规管理指引(试行)》	主要是针对中央企业及其员工的合规管理提出指导,其中强调合规管理就是以防控合规风险为目的的管理活动,并且对合规风险管理的职责、管理重点、合规风险识别与预警、合规风险应对、合规风险控制等进行了规定
13	2019	《商务部等19部门关于促进对外承包工程高质量发展的指导意见》	专门对强化风险防范进行了强调,指出要构建服务对外承包工程发展的综合性风险防控体系和突发事件应急处置机制,完善境外企业和对外投资联络服务平台,及时分析、研判和预警境外政治、经济、社会、安全、舆论等领域的重大风险。督促企业完善安全管理制度、落实风险防范措施,提升突发事件处置能力。做好预防性领事保护,与相关国家合作共同保障我境外企业和人员的安全及合法权益

资料来源：笔者根据相关文件整理。

自 21 世纪初我国确立了"走出去"战略以来,在近 20 年的时间里陆续出台了诸多有关对外投资项目管理以及境外中资企业经营管理的政策,其中也包括投资风险管理的内容。这些政策性的规定虽然难于直接应用于具体项目风险管理措施的制定,但其对我国构建对外投资风险管理体系有重要作用,也促使广大企业能够结合自身组织以及具体项目情况制定项目风险管理制度和机制,这对于开展对外投资跨境基础设施项目风险管理来说亦十分重要。

二 中国对外投资跨境基础设施项目面临的挑战

随着我国在对外承包工程领域业务的扩大和管理经验的积累,在国家相关政策的指导和要求下,很多企业建立了对外投资基础设施项目风险管理制度,并且已经将其应用到实际项目管理中。然而,由于跨境基础设施项目的建设和运营并不只取决于单一国家的政府决策,而是与所在区域的一体化程度、国家间关系、各国基础设施发展水平、各国不同层级政府间的合作达成等因素有密切关系，在开展这种项目投资时我国企业在风险管理方面至少面临以下三方面的挑战。

（一）投资者角色转变带来的挑战

虽然全球的区域一体化逐步深化，跨境基础设施的发展也被很多国家和地区提上议事日程，但面对国家债务负担的加重，很多国家政府调整了投资政策，越来越多地要求基础设施项目承建商参与项目投资，以减轻财政压力和分担风险，并且对外国承包商在东道国开展其他领域的投资、本地化发展以及与当地企业合作均提出了更高的要求。于是，如 BOT、PPP 这样的公私合作模式被南美洲、东南亚、非洲等我国重点投资区域的国家政府用于包括跨境基础设施项目在内的基础设施开发中，并且还不断完善相关管理制度，以便在更好地吸引外国投资的同时也让基础设施得以有序发展。在这种情况下，需要我国广大的对外工程承包企业由工程项目的"建设者"向海外基础设施的"投资者"和东道国经济社会发展的"参与者"转变。

然而，由于我国对外投资基础设施项目的相关业务起步较晚，相关管理经验积累和开展国际投资管理的人才储备不足，对于相关项目的资本运作能力普遍较弱，对境外金融资源的掌握和使用还十分有限，整体的资本运作能力和水平不高，难于实现高效融资。另外，我国在对外承包工程的过程中虽然积累了丰富的工程建设管理经验，但项目投资者所需的能力和经验相异于单纯的项目建设者，特别是在项目风险管理方面，即便目前国家已经出台了相关的指导意见或指南，部分企业仍然存在投资决策问责机制缺乏的问题，企业要想形成完整的风险管理体系并且有较强的风险防控能力也尚需时日。从这两方面来看，我国企业在投资海外基础设施项目的过程中仍然存在投融资和风险管理能力不足的问题。

（二）现有管理制度带来的挑战

从上述关于我国对外投资基础设施项目相关风险管理政策的阐述来看，虽然不同部门在自身管辖范围内出台了一些行政法规和管理规定，对境外国有资产管理的责任主体、基本管理原则等予以了明确，但目前尚无一部针对海外投资风险管理的法律，这造成无法以法律形式对投资行为进行约束，难于追究相关负责人的法律责任，很多项目因决策人对风险认识不足而最终失败。特别是对于跨境基础设施项目这样的重大项目来说，若没有相关立法针对投资责任、投资程序、投资范围、风险管理等做出明确规定，便很难从根本上规避投资决策失误问题。

另外，我国有关部门先后发布了企业境外投资、国有企业境外投资监督和合规经营等相关制度和管理办法，对引导和规范境外投资基础设施项目起到了积极作用。但当前监管和审核的重点多在项目实施之前，对于项目建设和运营中的监管显得相对薄弱，难于及时发现风险并予以正确的处理。特别是对于跨境基础设施项目来说，相较于对单一国家投资的基础设施项目，其影响因素更多更复杂，当前的风险追踪和监管办法可能无法实现对项目风险的全面管理。与此同时，由于当前很多企业制定的风险管理制度和形成的风险管理机制主要针对向单一国家投资的基础设施项目，在对跨境基础设施项目进行风险管理时会存在缺陷。

（三）项目利益相关者带来的挑战

从第一章的论述可以看出，跨境基础设施作为区域公共产品，国家间的合作是其有效供给的根本，[①] 其中合作行为体自身以及行为体关系的不确定性是风险的来源。因此，相比于对单一国家投资的基础设施项目，跨境基础设施项目的风险管理面对来自项目利益相关者的三项挑战。

其一，项目利益相关者之间的关系带来的挑战。如第一章所述，由于在跨境基础设施项目开发过程中并没有超越国家主权的机构或组织来对项目进行决策和统一管理，项目的顺利实施完全取决于项目涉及国家之间的合作成败，即便是欧盟委员会这样具有"超国家权威"的机构也无法对项目进行完全控制。因此，相比于对单一国家投资的基础设施项目来说，对跨境基础设施项目的投资不仅要面对不同国家的政府机构、监管机构、非政府组织、

---

① 李江春：《区域公共产品供给中的不确定性》，载樊勇明、薄思胜《区域公共产品理论与实践——解读区域合作新视点》，上海人民出版社，2011，第103页。

公众等各方对项目利益的不同诉求，同时也要面对国家间关系以及国内不同层级政府间协调可能出现的矛盾与冲突，而这些都会增加风险管理的难度。此外，从当前全球的现状来看，除了我国与周边国家的跨境基础设施项目外，大多数跨境基础设施项目都是基于区域基础设施一体化或区域基础设施网络规划而提出的，对这种项目的投资必须要面对区域一体化中复杂的利益关系及其可能带来的风险。

其二，项目利益测度带来的挑战。作为区域公共产品，跨境基础设施的外溢性令其影响范围和程度的测度一直是一个难题，即便是在跨境基础设施项目管理相对成熟的欧盟，如何判定项目给一个国家带来了正面还是负面影响及其影响程度都存在诸多争议。特别是对于被认为是遭受负面影响多于正面影响的国家，往往会要求其他国家给予补贴或其他形式的补偿，如果相关国家不认可受益范围及其数量，或是国家之间出现利益冲突，投资者就可能会遭遇因项目中止而导致的巨大经济损失。此外，由于跨境基础设施项目的投资回收期通常较长，其间面临着国家间冲突以及各国经济发展不均衡的可能性，这不仅将导致项目运营受阻，还会让各国对于项目所产生利益的看法发生转变，甚至否定本国从项目中的受益，让投资者无法继续回收成本，投资收益更无从谈起。

其三，项目跨境成本分配带来的挑战。由于跨境基础设施项目利益的测度存在很大的不确定性，要想让各国对于项目所带来的益处达成共识并且承认本国的受益并非易事，而这将导致项目成本分配存在困难，可能有的国家认为自己承担了与所得利益不相称的经济成本，有的国家则认为由于项目的建设本国自然环境受到了负面影响而不应该再承担相应的经济成本，还有的国家认为本国经济实力不足以承担相应的成本。在这种情况下，虽然区域内或者区域外的大国进行投资可以解决项目资金问题，但却可能遭致将项目"私物化"的质疑，这对于投资者来说显然是十分不利的。与此同时，即便在项目建设之初各国对成本分配方案已达成共识，但在没有超国家权力和法律的保障下，受到地缘政治、经济状况、社会稳定情况等因素的影响，项目可能会因个别国家不再承认成本分配方案而中止与他国的合作，最终导致项目流产而外国投资者也无法再收回投资。

第五节　本章小结

　　自坦赞铁路修筑以来的半个世纪里，伴随着全球区域一体化的不断深化以及与周边国家的外交关系不断向好，我国以东南亚、南亚、非洲国家为重点的对外投资跨境基础设施业务持续发展，不仅投资国家和地区逐渐增多，投资方式也日趋多样化，而进一步拓展海外基础设施建设市场、消减边境屏蔽效应、优化资源进出口方式、促进跨境贸易以及发展国家间关系是这种投资的主要动因。"一带一路"倡议提出后，由于沿线国家与我国政府进一步夯实基础设施合作基础，加之相关区域跨境基础设施开发需求不断增加，对外投资跨境基础设施项目的机会迎面而来，而我国投资者也积极行动，通过优惠贷款、公私合作、企业直接投资等方式，在跨境能源、交通运输、通信等领域取得了不俗的成绩，不仅我国与周边国家的基础设施互联互通水平得以提升，也为沿线国家和地区的基础设施条件改善和区域一体化作出了贡献。然而，由于在参与跨境基础设施供给中面对的不确定性有其独特性，因此我国企业既有的境外投资项目风险管理方式与方法并不完全适用，而我国投资者角色的转变、现有管理制度、项目利益相关者等都将给此类项目的风险管理带来不小的挑战。

第三章　全球跨境基础设施项目
风险管理实践

虽然从世界经济和社会的发展历史来看，跨境基础设施对于促进国家间贸易和经济增长的作用早已被证实，但第二次世界大战后，世界政治格局的剧烈变化和区域一体化的兴起却赋予了跨境基础设施新的历史使命和价值。尤其是冷战结束后，以世界贸易组织（WTO）和国际货币基金组织（IMF）为代表的全球性公共产品出现了被美国严重"私物化"①的倾向，区域一体化浪潮席卷而来，跨境基础设施也从此时迈入了一个新的发展阶段。然而，作为区域"俱乐部产品"，跨境基础设施相异于国内基础设施的供给方式及其所处的"无政府状态"对风险管理提出了新要求。为了确保所处区域跨境基础设施项目的顺利实施和各方利益的实现，欧盟委员会、ADB、IDB 等多边机构对跨境基础设施项目的风险管理开展了探索，而这些研究和管理实践成果为本研究提供了重要参考。为此，本章将对欧盟、大湄公河次区域和IIRSA 下的跨境基础设施项目风险管理实践进行对比分析，以便为后续研究奠定基础。

---

① 所谓"私物化"，是指霸权国将原本应该服务于整个国际社会的公共产品变成为本国谋取私利的工具。详见〔美〕托德·桑德勒《区域性公共产品的需求与制度》，张建新译，载〔西〕安东尼·埃斯特瓦多道尔、〔美〕布莱恩·弗朗兹、〔美〕谭·罗伯特·阮《区域性公共产品——从理论到实践》，张建新、黄河、杨国庆等译，上海人民出版社，2010，第23 页。

第一节　欧盟的跨境基础设施项目风险管理实践

从第一章中有关欧盟跨境基础设施供给模式的分析可以看出，凭借"超国家权威"，欧盟通过推出 TEN-E 和 TEN-T 战略完成了对本区域基础设施网络的整体规划，并且给战略实施提供了立法保障。作为两项战略的核心内容，PCIs 是典型的跨境基础设施项目，是至少涉及两个成员国并且能够产生重大的跨境影响和区域附加价值的基础设施项目。[①]欧盟当前已经在 TEN-E 和 TEN-T 的相关条例和政策中对 PCIs 的提出、选择、评估与决策机制进行了规定，同时也对一些风险管理准则进行了明确。以下就对以 PCIs 为主要内容的欧盟跨境基础设施项目概况、项目风险识别与评估以及风险防范对策进行阐述。

一　欧盟跨境基础设施项目概况

从发展进程来看，欧盟委员会、欧盟理事会和欧洲议会扮演着整个区域跨境基础设施发展方向指引者和规则制定者的角色，它们从项目选择与决策、成本和效益平衡、管理组织与监管机制、项目投融资等多个方面对如何推进 PCIs 提出了方法和路径；但它们却不是主宰者，成员国家监管当局在项目许可、关税计算、成本分担、国家间协调方面的自主权仍然得到尊重和保留，而这些对于项目的风险形成和防范措施产生了重要影响。

（一）欧盟跨境基础设施项目的组织结构

2013 年，由欧盟委员会起草、欧洲议会和欧盟理事会通过并颁布的欧盟交通和能源基础设施相关法律条例，是欧盟跨境基础设施治理的基础性和框架性文件，对跨境基础设施供给的参与者及其责任进行了规定。其中，欧

[①] The European Parliament and The Council, "Guidelines for Trans-European Energy Infrastructure," Regulation (EU) No. 347/2013, April 2013, p. 8; The European Parliament and The Council, "Union Guidelines for the Development of the Trans-European Transport Network and Repealing Decision (No. 661/2010/EU)," 11 December 2013, p. 3.

盟委员会是本区域跨境基础设施项目开发的领导者，次区域小组、运输和输送系统运营商、能源生产商等则是项目组织的重要成员。

次区域小组主要是在为所辖次区域提供战略引导和政策指导的同时，基于既有次区域合作计划提出本区域的跨境基础设施发展规划和项目，这既保留了成员国在基础设施发展上相应的自主权，也让其充分履行对项目的监管职责，令欧盟委员会能够通过非专制的形式更好地把控各次区域的互联互通进展以符合欧盟整体的发展政策要求。运输和输送系统运营商是欧盟委员会将欧洲大型基础设施建设企业和成员国公用事业公司进行垂直整合并赋予新责任和权力的跨境基础设施建设者，负责在给定区域内建设、运行和维护基础设施系统。成员国监管部门虽然失去了对国内运输和输送系统运营商的管控，但仍然是项目组织中的重要成员，并且还增强了其相对于成员国政府在关税计算、投资者激励政策制定等方面的自由裁定权。此外，欧盟还成立了诸如欧盟能源监管合作署（Agency for the Cooperation of the European Regulator，ACER）这样的机构，以消除跨境基础设施在建设和发展中出现的监管漏洞。此外，能源生产商、消费者、环境保护组织、区域内外的非政府组织、公民社区代表也将通过听证会或接受直接咨询的方式参与到项目的评估、决策和实施过程中。

（二）欧盟的跨境基础设施项目投融资方式

作为 TEN-T 和 TEN-E 战略的重要组成部分，欧盟跨境基础设施项目的投融资方式是在相关立法的基础上予以确定的，其特点可以归纳为统一的资金管理框架、专项投融资工具、区域性金融机构合作三个方面。

第一，欧盟委员会正在推动欧盟资金框架的建立，以期实现对各种融资渠道和资金来源的统一协调，并对包括跨境基础设施项目在内的项目建设资金进行统一配置，从而进一步巩固欧盟委员会在项目开发中的主导地位，使得项目的建设和运营更加符合欧盟交通、能源网络的发展需要，其具体措施包括：欧盟基础设施公私合作法规和政策完善、私人投资激励机制建立、成员国发展资金配置等。

第二，为了提高项目投融资效率并形成多元化的融资渠道，欧盟成立和整合了一些专项基金并开发了专项融资工具。从目前情况来看，欧盟跨境基础设施项目资金除了来自欧盟成员国政府预算外，还来自欧洲区域发展基金（European Regional Development Fund）、欧盟联合基金（Cohesion Fund）、欧洲社会基金（European Social Fund）、欧盟团结基金（EU Solidarity Fund）和 IPA（Pre-Accession Assistance）、联通欧洲设施基金（Connecting Europe Facility，CEF）、欧洲投资银行（European Investment Bank，EIB）等。[①] 作为关键融资工具，CEF 等主要支持交通、能源和数字服务领域高性能、可持续和高效互联的泛欧网络发展，以填补欧洲能源、交通和数字骨干网中缺失的环节。除捐赠外，CEF 等融资工具通过担保和项目债券等金融工具向项目提供融资支持，这些使欧盟预算产生了巨大的杠杆作用，由此吸引私营部门和其他公共部门向项目提供更多资金。2014～2020 年，仅 CEF 就投资约 330 亿欧元用以建设欧盟的能源、运输和数字基础设施，[②] 其中包括许多 PCIs。此外，欧盟成立了一些专门支持跨境碳减排、清洁能源利用的专项基金。例如，"地平线 2020 计划"（Horizon 2020）投资约 59 亿欧元用于支持欧盟智能能源网络建设。

第三，面对 TEN-T 和 TEN-E 战略的巨大资金需求，[③] 欧盟委员会在积极与欧洲本土金融组织合作的同时，还积极促成与其他地区金融组织的合作。例如，欧洲战略投资基金（European Foundation of Strategic Investment，EFSI）就是由 EIB 和欧盟委员会联合倡议建立的，旨在动员私人投资于对欧盟具有战略意义的项目，包括能源效率提升、可再生能源、电网和互联网络等领域。与此同时，除了与世界银行、亚洲基础设施投资银行等多边机构合作外，欧盟委员会还在积极探索与其他国家和地区的合作，通过制定相关投融资政策来吸引投资，以支撑包括跨境基础设施项目在内的泛欧

---

① 根据 https：//ec.europa.eu/regional_ policy/en/funding/erdf/所载信息整理。

② 根据 https：//ec.europa.eu/inea/en/connecting-europe-facility 所载信息整理。

③ 据欧盟委员会统计，2014～2020 年，欧盟的交通基础设施网络和能源基础设施网络建设资金预算分别为 3518 亿欧元和 2100 亿欧元。详见 https：//ec.europa.eu/regional_ policy/en/funding/available-budget/。

交通和能源网络建设，这其中亦包括与中国的"一带一路"倡议进行对接。

二　欧盟的跨境基础设施项目风险识别与评估

相比于 IIRSA 和大湄公河次区域经济合作计划，欧盟的跨境基础设施项目建设和运营都是以相关立法为保障的，其中对项目利益相关者责任、权利、利益的规定在一定程度上降低了利益相关者冲突导致风险的可能性。然而，欧盟委员会通过分析已经实施的项目情况注意到，跨境基础设施项目由多个成员国合作建设和共同管辖，并且各国需要对自身的基础设施发展规划和政策作出调整，使其更加符合欧盟基础设施政策并授予这种项目相应的优先地位，因此监管分歧、各国及各类利益相关者之间的利益平衡势必成为挑战，不论是从项目发起人、成员国政府还是国家监管机构的角度来看，欧盟的跨境基础设施项目都面对诸多风险。为此，欧盟委员会与成员国以及区域内外的相关组织合作，对欧盟的跨境基础设施项目风险进行了识别。

（一）欧盟的跨境基础设施项目风险识别研究与实践概况

随着 TEN-T 和 TEN-E 相关条例的颁布，关于 PCIs 风险管理的若干问题被以立法形式进行确认。例如，欧盟《TEN-T 指南》第 34 条规定，跨境基础设施规划实施期间，成员国和其他项目发起人应充分开展风险评估并且制定相应的措施，以充分提高设施对气候变化和环境灾害的抵御能力。[①] 欧盟《TEN-E 条例》第 13 条规定，如果项目发起人在 PCIs 的开发、建设、运营和维护方面较可比基础设施项目面对更高的风险，并且通过成本效益分析确认了项目的净积极影响，则应给予项目发起人适当的激励。[②] 虽然在相关立法中对跨境基础设施项目风险管理提出了要求，但由于没有针对具体

---

① The European Parliament and The Council, "Union Guidelines for the Development of the Trans-European Transport Network and Repealing Decision (No. 661/2010/EU)," 11 December 2013, p. 4.

② The European Parliament and The Council, "Guidelines for Trans-European Energy Infrastructure," Regulation (EU) No. 347/2013, April 2013, p. 18.

实施工作的规定，加之跨境基础设施项目对欧盟交通和能源网络发展和互操作性（interoperability）实现的巨大影响及其本身与国内基础设施的差异促使欧盟开展了一系列有关跨境基础设施项目风险识别的研究和管理实践。总的来看，这些研究和管理实践主要是从项目发起人以及投资者角度来开展的。

2013年8月，欧洲电力网络传输系统运营商集团（European Network Transmission System Operator-Electricity，ENTSO-E）通过问卷调查的方式对其成员开展了欧洲能源网络10年发展规划（Ten-Year Network Development Plan，TYNDP）中的国内项目、跨境项目、离岸项目和非规划内常规项目的风险评估。从上文的介绍可以看出，运输和输送系统运营商不仅是欧盟跨境基础设施项目的发起人，同时也可能是投资者和项目管理者，因此该项评估从项目实现和投资获益角度对监管、立法、许可、政策、技术、融资和市场七个方面的风险进行讨论，评估结果显示跨境项目和离岸项目的整体风险均大于国内项目和非规划内常规项目。2014年，为了让项目发起人能够得到相应立法中规定的投资激励，欧盟委员会对跨境电力和天然气基础设施项目的风险进行分析，将风险分为项目特定风险和系统性风险两大类。其中，项目特定风险是指与PCIs特性相关的风险，主要包括项目技术、项目投资、项目施工过程等风险，而系统性风险则与立法缺陷、监管决策、项目协调等相关。基于这种分类，该研究进一步对项目发起人所面对的风险进行识别，分析了政策与立法、规划与许可、融资与资本市场、能源市场、技术以及成本—效益跨境分配方面存在的风险，并就如何进行风险评估和对项目发起人进行投资激励提出了建议。[①]

随着交通和能源两大领域跨境基础设施项目的不断上马，欧盟逐渐发现很多跨境基础设施项目出现了延迟甚至中断的问题，而这些给投资者和欧盟基础设施网络的发展都带来了较大的负面影响。为此，欧盟委员会通

---

① European Commission, " Study on Regulatory Incentives for Investments in Electricity and Gas Infrastructure Projects（Final Report）," 2014, pp. 5-6.

过与区域内外的咨询机构合作，进一步对跨境基础设施项目风险的成因及其形成机理进行了研究。例如，欧盟委员会委托 Tractebel Engineering S. A.公司对中欧与东南欧的电力跨境基础设施项目发展情况开展分析，从项目规划、项目许可、空间布局、融资和建设等方面识别了项目存在的风险。Roland Berger 公司则受欧盟委员会委托对欧盟能源领域的跨境基础设施项目成本一效益平衡及其相关的融资风险进行了分析。除了上述着眼于项目实施和投融资方面的风险外，欧盟还就跨境交通基础设施运行中的运输安全风险、自然灾害风险、环境风险等开展了研究，有关风险识别结果将在下文中进行阐述。

（二）欧盟的跨境基础设施项目风险识别结果

通过对当前欧盟既有跨境基础设施项目风险识别和分析成果进行比较和分析可以发现，由于欧盟委员会在相关立法中强调对以 PCIs 为主的跨境基础设施项目发起人、投资者以及公众利益的保护，风险识别研究以及实践更多是基于相关法条中对风险管理的要求来开展的，识别内容主要涉及成员国立法与政策、监管机构行为、项目规划与许可、项目财务和项目技术等方面。欧盟的跨境基础设施项目风险识别结果如表 3-1 所示。

表 3-1　欧盟的跨境基础设施项目风险识别结果

风险类型	风险事件名称
政策与法律风险	·缺乏积极的政治支持 ·法律存在空白或灰色地带 ·欧盟与成员国间的司法对接延迟 ·司法裁决的不可预测性 ·政策变动
规划与许可风险	·项目规划与国家发展计划不匹配 ·过于复杂的许可证申请程序 ·项目许可证申请过程中的行政效率较低 ·公众反对 ·国家与地方政府之间的协商失败 ·空间规划中的利益冲突

续表

风险类型	风险事件名称
监管风险	· 直接干预成本回收机制 · 缺乏充分的成本回收机制 · 与 PCIs 竞争的技术补贴 · 终端用户价格封顶带来的负载限制 · 干预项目的负载分配 · 容量分配规则的变化 · 未及时确认成本 · 基于不可比的技术或项目基准来评估项目 · 跨境监管协调失败
项目财务风险	· 未能获得充足而持续的投资 · 项目发起人在维持项目资金流动性方面存在困难 · 项目贷款利率高 · 不合理或有争议的跨境成本分配方案 · 交易对手不履行合同 · 投资者投资意愿不足 · 妨碍投资者购买项目股票的法律障碍 · 欧盟资金支持不足
市场风险	· 供应链障碍 · 可替代项目的竞争 · 国家市场需求不足 · 国家间不协调的市场安排 · 原材料供给困难 · 劳动力价格上涨
技术风险	· 技术不可用（由于技术获取困难或部分国家不采用引起） · 设备故障 · 国家间技术标准差异 · 缺乏非传统技术及创新技术引入机制 · 技术使用困难 · 极端环境影响技术应用 · 技术人员缺乏

资料来源：笔者根据 European Commission，"Study on Regulatory Incentives for Investments in Electricity and Gas Infrastructure Projects（Final Report），" 2014，pp. 18–23；Roland Berger，"Cost-Effective Financing Structures for Mature Projects of Common Interest（PCIs）in Energy，" November 2016，pp. 12–15；Tractebel Engineering S. A.，"Study on Electricity Infrastructure Developments in Central and South Eastern Europe，" 2016，p. 36 整理。

除了表 3-1 中所列出的风险外，欧盟的相关研究中还重点对项目发起人面对的风险以及监管风险进行了讨论。相关研究认为，项目发起人的风险会增加项目投资回报、项目收入和投资流动性方面的不确定性，而表 3-1 中所列出的风险都将通过成本回收与收益获得两方面对项目发起人产生影响，但这些因素将在不同的项目阶段对项目产生影响，因此在开展项目风险评估时必须仔细考虑每一风险在每一阶段的存在情况，从而让发起人做出更为客观和科学的决策。例如，在项目起始阶段，虽然投资许可取得和融资困难可能令项目发起人取消项目，但这样的决定将不会让其再面对其他风险带来的损失。在项目运行阶段，如果出现设备故障，项目发起人便可能面对巨大损失甚至是项目永久性停运。

当前欧盟各成员国的交通和能源基础设施监管制度、监管标准、监管内容等不尽相同，但监管机构对项目许可获得、关税计算与确定、跨境成本分配等负有关键性责任，因此欧盟对监管风险进行了重点研究，并且认为项目发起人的风险更多地取决于监管框架的设计，它决定了项目风险如何在项目发起人和用户之间进行分担。对于项目发起人和国家监管机构来说，无论风险是否可以由项目发起人控制或采用监管激励措施以外的手段予以消减，都应该对监管框架是否能够应对风险进行判断。[①]

有研究认为，项目发起人所面对的风险并不代表所有项目投资者的风险，而所有的项目风险也并非都是项目发起人的风险。跨境协调、不利的监管决定等风险并不由某一项目利益相关者所引起，也并不完全取决于某国政府，因此从项目实施的角度来说，跨境基础设施项目的风险应分为项目风险、监管风险和国家风险三类。其中，项目风险与项目采用技术的成熟度、项目是棕地项目还是绿地项目、项目与其他项目或者国家其他基础设施的匹配情况、项目发起人和投资者的资金实力与管理能力等因素相关；监管风险主要受监管分拆程度和分拆方式、对投资者收入和成本波动的补偿、监管机

---

① ACER, "On Incentives for Projects of Common Interest and on a Common Methodology for Risk Evaluation," ACER Recommendation, No. 3, 2014.

构经验与能力、监管体制稳定性等方面的影响；而国家风险的影响因素则主要包括国家风险评级、国家资本市场发达程度、汇率风险等。欧盟成员国的政治风险大多较低，但经济风险却可能很大，例如克罗地亚、塞浦路斯、希腊和葡萄牙被评为非投资级，其他一些欧盟国家的评级仅略高于投资级门槛。[①]

三　欧盟的跨境基础设施项目风险防控

面对欧盟跨境基础设施项目中存在的风险，欧盟委员会及其合作机构认为，虽然欧盟已经从提高区域整体竞争力的角度提出了跨境基础设施发展规划，并且通过立法形式确定了跨境基础设施项目立项、跨境成本分担、风险评估与监管激励实施等方面的基本原则，但由于缺乏具体的实施细则，相关立法本身对于风险防控的作用很有限。与此同时，由于 PCIs 的物理设施通常跨越两个及以上成员国或影响范围超越一国，必将面对不同国家监管框架之间的差异，而这种差异不仅将引发监管风险，也与政策与法律风险、规划与许可风险、项目财务风险和市场风险的发生相关。监管框架的设计不仅影响项目风险水平，同时也是项目能否推进的关键，但欧盟委员会认为，花大力气来统一各国的监管框架既不必要也不现实，因为在欧盟层面协调监管框架将可能打破现有国家监管制度的平衡，从而让区域基础设施网络计划面临搁浅的可能。因此，欧盟委员会认为在现有的立法和监管体制之下，为了有效吸引投资并保障投资人利益，各国应充分结合项目的独特性来开展风险防控，并且目前已经针对降低项目发起人的风险开展了实践，主要内容包括风险分担和风险缓解两方面。

（一）风险分担

欧盟通过立法对交通和能源领域的跨境基础设施项目风险管理基本要求进行了规定，但项目技术、施工过程、融资方式等方面的项目风险已经超出

---

① Roland Berger, "Cost-Effective Financing Structures for Mature Projects of Common Interest（PCIs）in Energy," November 2016, pp. 12-15.

了公共部门的管理范围，因此欧盟委员会主要是从减少项目发起人风险的角度，对公共部门有能力控制的系统性风险应如何防范进行探索，其中一项内容就是国家监管机构和项目发起人之间的风险分担。当前欧盟委员会推荐使用和已经使用的风险分担措施如表3-2所示。

表 3-2 欧盟跨境基础设施项目风险分担措施分析

措施名称	措施描述	应对的风险
附加收益	国家监管机构在项目的加权平均资本成本基础上增加溢价，令投资者可能获得相对于其他项目更高的收益	· 监管风险：缺乏充分的成本回收机制、终端用户价格封顶带来的负载限制 · 项目财务风险：项目贷款利率高、未能获得充足而持续的投资、项目发起人在维持项目资金流动性方面存在困难、投资者投资意愿不足、欧盟资金支持不足、交易方不履行合同 · 市场风险：具有替代性项目的竞争、国家市场需求不足、原材料价格上涨、劳动力价格上涨
缩短折旧期	国家监管机构根据项目情况缩短折旧期，有利于投资者收回折旧成本	· 政策与法律风险：政策变动 · 监管风险：终端用户价格封顶带来的负载限制 · 项目财务风险：项目贷款利率高、未能获得充足而持续的投资、项目发起人在维持项目资金流动性方面存在困难、投资者投资意愿不足、欧盟资金支持不足、交易对手不履行合同 · 市场风险：具有替代性项目的竞争、国家市场需求不足、原材料价格上涨、劳动力价格上涨 · 技术风险：设备故障、极端环境影响技术应用
预期投资规则 *	国家监管机构在项目之初就向项目发起人发布预期投资的合理规则，以防止投资不足和建设滞后	· 监管风险：与PCIs形成竞争的技术补贴、容量分配规则的变化 · 项目财务风险：投资者投资意愿不足 · 市场风险：具有替代性项目的竞争、国家市场需求不足
收益豁免	国家监管机构对PCIs项目公司给予一定期限内的收益豁免，即在豁免期内，项目公司可以不达到一定的收益要求	· 监管风险：与PCIs形成竞争的技术补贴、终端用户价格封顶带来的负载限制 · 项目财务风险：项目贷款利率高、投资者投资意愿不足、欧盟资金支持不足 · 市场风险：国家市场需求不足、原材料价格上涨、劳动力价格上涨 · 技术风险：设备故障

措施名称	措施描述	应对的风险
弹性成本	国家监管机构明确 PCIs 项目投资成本或运营成本削减水平，项目公司能够达标，则监管机构会确认收益或成本；如果实际成本超出预定水平，则收益或成本由公司和客户共同承担	· 监管风险：终端用户价格封顶带来的负载限制、与 PCIs 形成竞争的技术补贴、容量分配规则的变化 · 项目财务风险：项目贷款利率高、投资者投资意愿不足、交易对手不履行合同 · 市场风险：具有替代性项目的竞争、国家市场需求不足、国家间不协调的市场安排、原材料价格上涨 · 技术风险：设备故障、极端环境影响技术应用
成本加成	国家监管机构确定项目成本，并根据一定规则支付项目发起人的收益，确保监管机构收回超额收益，并补偿项目发起人遭受的任何超额损失	· 政策与法律风险：政策变动 · 监管风险：缺乏充分的成本回收机制、直接干预成本回收机制、终端用户价格封顶带来的负载限制、与 PCIs 形成竞争的技术补贴、容量分配规则的变化 · 项目财务风险：项目贷款利率高、投资者投资意愿不足、欧盟资金支持不足、交易对手不履行合同 · 市场风险：劳动力成本上涨、原材料价格上涨、国家间不协调的市场安排 · 技术风险：设备故障

注："＊"预期投资规则是指在建设项目之前可能需要对其他项目进行投资才能让建设项目发挥实际作用。例如，在一个天然气田达到预期产量之前要建造一条与产量相匹配的管道，否则气田无法发挥实际作用。

资料来源：笔者根据 European Commission, "Study on Regulatory Incentives for Investments in Electricity and Gas Infrastructure Projects（Final Report），" 2014, pp. 18 - 23；Roland Berger, "Cost-Effective Financing Structures for Mature Projects of Common Interest（PCIs）in Energy," November 2016, pp. 12-15 整理。

如表 3-2 所示，为了能够有效地激励投资者，欧盟委员会及其合作的咨询机构主要是对如何在国家监管机构和项目发起人及投资者之间进行跨境基础设施项目风险分担进行研究，并且从项目成本确认与分担以及利润保障两方面提出了具体措施。但从实践来看，虽然项目利益相关者认为预期投资规则、缩短折旧期、附加收益等措施是十分有效且必要的，但大部分的欧盟成员国监管机构却对这些措施的必要性持保留意见，只有意大利、斯洛文尼亚、卢森堡、比利时、克罗地亚、奥地利的监管机构实施了一部分风险分担措施，其中实施最多的措施是成本加成和附加收益，而部分国家的监管机构还在对具体实施细则进行研究。①

（二）风险缓解

相比于风险分担，风险缓解主要是以保护投资者利益和吸引投资者为出发点，对国家监管机构能够为项目发起人和投资者减轻风险做出哪些努力进行探讨。从当前研究和实践的情况来看，风险缓解措施主要包括延长监管期、稳定性安排、监管豁免、早期确认成本四类，具体内容如表 3-3 所示。

表 3-3　欧盟跨境基础设施项目风险缓解措施分析

措施名称	具体措施	应对的风险
延长监管期	国家监管机构根据项目情况延长监管期，以确保项目发起人能够按照预期价格收回成本和获得利润	·政策与法律风险：政策变化、缺乏积极的政治支持、司法裁决的不可预测性、法律存在空白或灰色地带 ·项目财务风险：未能获得充足而持续的投资、投资者投资意愿不足
稳定性安排	国家监管机构确保监管安排在一定时间段内的稳定性（主要包括：使用固定监管条款、分阶段实施监管变更、监管调整期内的管理灵活性等）	·政策与法律风险：政策变化、缺乏积极的政治支持、司法裁决的不可预测性、法律存在空白或灰色地带 ·监管风险：直接干预成本回收机制、与 PCIs 形成竞争的技术补贴、终端用户价格封顶带来的负载限制、容量分配规则的变化 ·项目财务风险：未能获得充足而持续的投资、投资者投资意愿不足、交易对手不履行合同 ·市场风险：具有替代性项目的竞争、国家间不协调的市场安排、国家市场需求不足
监管豁免	国家监管机构根据项目情况在一定期限内消除对项目发起人和建设者的特定义务和要求。例如，项目可以获得特别豁免，不必在建设和一定的运营期内向其他市场参与者提供第三方准入	·政策与法律风险：缺乏积极的政治支持、司法裁决的不可预测性 ·项目财务风险：未能获得充足而持续的投资、投资者投资意愿不足 ·市场风险：国家间不协调的市场安排、供应链障碍

---

① European Commission, "Study on Regulatory Incentives for Investments in Electricity and Gas Infrastructure Projects (Final Report)," 2014, pp. 88-90.

措施名称	具体措施	应对的风险
早期确认成本	在项目基础设施资产尚未投入使用之前的给定时点确认项目的成本	· 政策与法律风险：政策变化、缺乏积极的政治支持 · 规划与许可风险：过于复杂的许可证申请程序、公众反对 · 监管风险：终端用户价格封顶带来的负载限制 · 项目财务风险：项目发起人在维持项目资金流动性方面存在困难、投资者投资意愿不足 · 市场风险：具有可替代性项目的竞争、国家市场需求不足、供应链障碍、劳动力价格上涨、原材料价格上涨 · 技术风险：极端环境影响技术应用

资料来源：笔者根据 European Commission，"Study on Regulatory Incentives for Investments in Electricity and Gas Infrastructure Projects（Final Report），" 2014，pp. 18–23；Roland Berger，"Cost-Effective Financing Structures for Mature Projects of Common Interest（PCIs）in Energy，" November 2016，pp. 12–15 整理。

如表 3-3 所示，当前的风险缓解措施主要涉及投资回收期、监管政策、成本回收和豁免权获得等方面，早期确认成本和延长监管期被项目利益相关者认为十分有效和必要，并且大部分国家监管机构也认为延长监管期是有效且可行的。[①] 然而，由于国家内部基础设施发展计划的相异性和各国相关机构的利益冲突，当前将这些措施付诸实践的国家和项目还十分有限。此外，从表 3-2 和表 3-3 的分析中可以看出，现有的风险分担和风险缓解措施并不能实现对所有已识别风险的防控，仍然缺乏对规划和许可等方面风险的有效防控。

第二节　IIRSA 下的跨境基础设施项目风险管理实践

从第一章的阐述中可以发现，虽然 IIRSA 的提出晚于欧盟基础设施网络发展计划，但从历史上来看，南美洲的跨境基础设施建设和发展却已断断续

---

① European Commission，"Study on Regulatory Incentives for Investments in Electricity and Gas Infrastructure Projects（Final Report），" 2014，pp. 88–90.

续地持续百年有余。由于国际时局的变动，南美洲跨境基础设施项目的主导者、路径和方式在不断变化，IDB、COSIPLAN 等机构结合区域特点、项目规划和项目管理实践经验对跨境基础设施项目的风险识别和防控开展了研究并提出了相应的管理建议。本节就将主要对 IIRSA 下的跨境基础设施项目概况、风险识别和风险防控相关内容进行阐述。

一　IIRSA 下的跨境基础设施项目概况

近一个世纪前，美国在南美洲主导了泛美公路的开发，虽然项目并没有完工，但南美洲各国借此积累了一定的跨境基础设施项目开发和合作经验。当 IIRSA 提出后，南美洲十二国首脑便基于历史经验和区域发展目标明确了区域跨境基础设施发展目标，并且以"一体化和发展中心"[①] 为核心来制定整个区域的基础设施发展规划，依此选择和设计的跨境基础设施项目不但符合各国家的发展需求，也能够在项目的推进过程中更好地实现各个层面的跨境合作，推动本地区的区域一体化。为了推动具体项目的建设，相应的项目组织和项目投融资框架在南美洲十二国首脑以及 IDB 等机构的合力推进下得以成立和构建，而这些对项目的风险管理产生了重要影响。

（一）IIRSA 下的跨境基础设施项目组织结构

在提出 IIRSA 之初，围绕倡议行动计划成立了三个组织来负责项目的推动，即行政指导委员会、技术协调委员会和行政技术团队。其中，行政指导委员会（西班牙语缩写为 CDE）作为最高级别的组织，集合了 12 个参与国的部级代表，其负责向倡议的技术实施实体发布一体化以及各发展中心、部门一体化进程工作的指令并授权开展倡议的其他行政管理工作。技术协调委员会（西班牙语缩写为 CCT）则由 IDB、CAF 和 FONPLATA 组

---

① "一体化和发展中心"是一个涉及特定自然资源、人类居住区、生产区和物流服务的多国领土空间，通过交通、能源和通信基础设施的连接，可以促进空间范围内国家间及与世界其他地区的货物、服务、人员和信息的流动。详见 South American Infrastructure and Planning Council，"Integration Priority Project Agenda，" 2017，p. 166。

成，负责给倡议的各级运营协调和项目开发提供技术支持，同时负责与各参与国政府的技术负责部门开展沟通，并向外界披露参与项目的私营企业、社会组织和公众的情况。行政技术团队是由 CCT 负责协调的由参与国技术官员构成的组织，负责"一体化和发展中心"的具体技术工作。[①] 2000~2008 年，上述三个组织与十二国政府开展了卓有成效的合作，合作成果包括开发了项目选择方法论、建立了基础设施部门的工作网络、设立了跟踪倡议推进情况的经理人团队，并且确定了由 300 余个项目组成的 IIRSA 项目组合。

2008 年，在既有组织和工作成果的基础上，COSIPLAN 成立并成为倡议中跨境基础设施项目的主要规划者和管理者，包括 API 项目在内的所有 IIRSA 项目均在其主导下开展。截至 2019 年，COSIPLAN 的组织结构中，成员国部长委员会（Ministers Council）由参与国家的基础设施与规划部长组成，委员会每年召开一次会议，分析倡议的年度实施成果并制定下一年度的工作计划。成员国部长委员会下设协调委员会、IIRSA 技术论坛和工作组。其中，协调委员会（Coordinating Committee）是 COSIPLAN 的执行分支机构，主要任务是对所有战略行动进行规划和监管。IIRSA 技术论坛（IIRSA Technical Forum）是向南美洲地区基础设施互联互通规划提供技术支持的部门，其下设执行技术组（The Executive Technical Groups）、技术协调委员会和技术协调委员会秘书处三个机构，其工作除了分析年度行动计划的实施进展外，还会协同 CCT 的地区发展机构，对倡议所有工作进行跟踪和研究。COSIPLAN 工作组（Working Groups）是非技术性工作小组，旨在为推进一体化获得政策层面的支持，下设铁路一体化、电信一体化、融资机制与担保以及地理信息系统四个小组。

（二）IIRSA 下的跨境基础设施项目投融资方式

跨境基础设施作为 API 的重要组成部分，其建设资金的获得在很大程

---

① 〔美〕尤安·何塞·塔昆：《南美洲地区基础设施一体化倡议：可持续发展的战略选择》，汪晓风译，载〔西〕安东尼·埃斯特瓦多道尔、〔美〕布莱恩·弗朗兹、〔美〕谭·罗伯特·阮《区域性公共产品——从理论到实践》，张建新、黄河、杨国庆等译，上海人民出版社，2010，第 305 页。

度上依赖于 API 的融资方案。从现实情况来看，API 中的项目资金来源主要包括私营银行、IDB、双边合作基金、CAF、FOCEM、FONPLATA、外国政府及投资者、成员国国家财政和地方财政。IDB 作为 API 的主要多边机构投资者，除了以无偿贷款、合作基金、与政府联合投资等多种形式向项目提供贷款外，还对项目的联合融资提供担保。CAF 则通过与 IDB、欧洲投资银行联合投资和直接贷款的形式对部分项目进行投资。FONPLATA 和 FOCEM 则主要是通过与国家政府合作开展联合投资，特别是对项目的可行性研究和执行阶段进行投资。值得一提的是，中国政府通过拉美地区基础设施专项贷款、单方面出资设立的基金以及企业投资等方式也对 API 的项目进行了投资。具体投融资方式及代表性项目如表 3-4 所示。

表 3-4　IIRSA 下的跨境基础设施项目主要投融资方式及代表性项目

投融资方式	典型项目名称	涉及国家	主要投资方
国际金融机构联合投资	Itaipu-Asunción-Yacyretá 500 千伏跨境输电线路	巴拉圭、巴西	IDB、CAF、EIB、欧盟、巴拉圭国家电力管理局配套资金
公私合作	哥伦比亚—委内瑞拉跨境互联系统（Tienditas 跨境项目）	哥伦比亚、委内瑞拉	哥伦比亚政府部门、私人部门（哥伦比亚与委内瑞拉各负责项目 50% 的投资）
国际金融机构与国家政府联合投资	Desaguadero 双边边境服务中心（CEBAF）	玻利维亚、秘鲁	IDB 与秘鲁政府（通过 SUNAT 和 Public Treasury）
国际金融机构独立投资	玻利维亚 11 号公路（连接玻利维亚 Villamontes 与双边边境服务区）	玻利维亚、巴拉圭	CAF
多国政府联合贷款	两洋铁路通道（玻利维亚路段）	巴拉圭、玻利维亚、秘鲁、乌拉圭、巴西	德国与瑞士政府

资料来源：根据 http：//www.cosiplan.org 所载相关信息整理。

从具体的项目内容来看，API 中的大多数跨境基础设施项目都分为国内和跨境部分，国内部分的项目融资多由相关国家政府组织开展，或由国际金融机构来为项目提供建设资金，而跨境部分的建设资金则多由 IDB、CAF 等国际金融机构提供。由于南美洲十二国中的部分国家面临着局势不稳、政权更迭、经济衰退等问题，可用于基础设施的投资减少，很多国际投资机构对这些地区的投资热情降低，因此当前的投融资方式在实行中遇到了一定的障碍。

二　IIRSA 下的跨境基础设施项目风险识别

虽然南美洲的跨境基础设施发展已有百年历史，但由于国际和区域政治环境、项目主导者和发展目的不同，真正服务于本区域一体化且由南美洲国家自主领导的跨境基础设施发展始于 IIRSA。鉴于这一倡议在项目提出与选择、项目投融资方式和组织结构方面的特点，COSIPLAN 联合 IDB 等多边机构对包括跨境基础设施项目在内的南美洲基础设施项目风险进行了分析，并且部分研究成果已用于指导整个区域基础设施开发和建设的风险管理工作。以下就将基于现有的研究和项目管理实践，对 IIRSA 下的跨境基础设施项目风险识别与实践情况进行阐述。

（一）南美洲的跨境基础设施项目风险识别研究与实践概况

为了能够顺利推进 IIRSA 中的跨境基础设施实践，COSIPLAN、世界银行、IDB 等多边机构对南美洲跨境基础设施项目的风险进行了研究，并且部分研究成果已经运用到了实际的项目管理中，以下就对具有代表性的研究成果以及实践情况进行总结归纳。

由于全球气候变化和环境破坏问题日益凸显，南美洲各国频繁遭受各类自然灾害侵袭，基础设施也不断遭到破坏，给区域的经济和社会发展带来重大负面影响。2013 年推出的基础设施灾害风险管理方法（Methodology to Incorporate Disaster Risk Managements in Infrastructure）被纳入 COSIPLAN-IIRSA 区域一体化基础设施项目管理方法（第一版），其主要目的在于防止或减少自然灾害对南美洲基础设施的影响，并指导连通性公共基础设施恢复计划的制定。该方法主要包括项目筛选、风险识别与分析、风险管理三部分内容，其中对于风险的识别主要是通过定义风险表征、确定风险危害程度来完成，主要涉及的自然灾害类型包括地震、海啸、洪水和火山爆发等。[①] 目前，该方法已被应用于 API 中所列出的跨境基础设施项目风险管理。

除了自然灾害风险的识别外，基于过去 40 年拉丁美洲和加勒比地区 200 个基础设施项目的实施情况，IDB 对基础设施项目建设和运行中的冲突风险进行了分类分析，其包括由环境、社会、公共治理和经济因素所引发的冲突风险。虽然该研究结果并非专门针对跨境基础设施项目，但却明确地指出了该区域基础设施项目风险的产生原因与机理，对清晰地识别跨境基础设施项目风险提供了强有力的指导。

此外，世界银行和 ADB 也对南美洲发展跨境基础设施面临的挑战和风险进行了分析，其研究主要集中在项目中的政治合作与政治互信、环境保护、项目融资与公私合作伙伴关系发展等方面，其对于风险的具体识别结果将在下文中进行呈现。

（二）IIRSA 下的跨境基础设施项目风险识别

从泛美公路到伊泰普水电站[②]，再到 IIRSA 下的 API 项目，南美洲的跨境基础设施项目发展已经持续百年之久，而地缘政治、国家政局、社会冲突等因素引发的风险也始终挥之不去，以下就基于相关研究成果对风险类型及其表现进行阐述（见表 3-5）。

表 3-5　南美洲跨境基础设施项目风险识别结果

风险类型	风险名称	风险表现
政治风险	一体化中的人治色彩风险	项目主要由"总统外交"支撑和推动，开发和决策取决于国家最高领导人的政治关系与政治立场，缺乏有效的法律保障机制
	国家主权与领土争议风险	现存在领土与边界划定争议，如伯利兹与危地马拉的领土争议、秘鲁与厄瓜多尔的边界问题

① 详细信息可参见 http：//www.cosiplan.org/Page/Detail？menuItemId=77。
② 项目具体信息详见韩琦《拉美基础设施建设中的国际合作精神：以伊泰普水电站为例》，《拉丁美洲研究》2016 年第 6 期，第 6~19+154 页。

风险类型	风险名称	风险表现
	国家间互信不足风险	担心大国会利用基础设施发展来主导或影响区域和他国发展,因此互信不足
	缺乏积极的政治支持风险	未能给予项目充分的政治承诺,如在秘鲁与厄瓜多尔跨境电网项目中,秘鲁没有给予足够的政治支持
	国家保护主义风险	不愿意为项目做出必要的改革和政策调整,过分强调本国利益
	国家政策不稳定性风险	与项目有关的国家政策缺乏持续性和一贯性,并且国家政府不能对政策变化带来的后果进行处理
社会风险	国际与国内组织反对风险	国际组织或国内组织对项目提出反对意见,甚至举行游行等抗议活动
	跨境犯罪增加风险	由于项目建设和运营,贩毒、走私、人口买卖等跨国犯罪活动增加,项目的社会效益降低
	少数民族聚居区与民族文化破坏风险	由于项目建设和运营,少数民族被强制搬离聚居区、民族文化被破坏,项目的社会效益降低
	不公平就业安排风险	在项目建设和运营中未能给予相关国家公平的就业机会,并且在薪资、工作条件方面存在不公平现象
	人权侵害风险	在项目建设和运营中出现性别歧视、种族歧视、国籍歧视等
环境风险	自然灾害风险	遭遇地震、海啸、洪水和火山爆发等自然灾害
	土壤退化风险	由于项目建设和运营,项目所在地及周边区域土壤退化,农业生产出现困难
	污染风险	由于项目建设和运营,项目所在地及周边区域的空气、水和土壤受到污染
	森林破坏风险	由于项目建设和运营,项目所在地及周边区域的森林被砍伐、焚烧,并且难以恢复
	水资源风险	由于项目建设和运营,项目所在地及周边区域水资源匮乏或国家间出现水资源争端
	气候变化风险	由于项目建设和运营,项目所在地及周边区域气候变化,极端天气增多
经济风险	市场需求风险	由于国内需求不足,项目建成后不能被充分利用,投资者难以回收成本和获利
	资本市场风险	由于国内资本市场发育不健全,缺少项目投融资平台和充足的资金来源
	基础设施服务价格风险	由于各国基础设施服务价格定价和价格管控机制不同,未能按照预期收取服务费用,项目成本难以回收

续表

风险类型	风险名称	风险表现
	国内基础设施配套不足风险	由于缺少必备的配套设施,项目未能正常投入使用进而出现亏损或终止(如跨境水电站运营所需的跨境输电网)
	具有替代性项目的竞争风险	由于出现具有替代性的项目,项目成本回收困难或项目终止(例如国内水电站与跨境水电站之间的竞争)
项目管理风险	项目管理透明度风险	项目所在区域内各国以及国际社会对项目管理透明度提出质疑,并干扰项目实施
	公众咨询风险	在开展公众咨询过程中,公众对项目提出反对意见,并干扰项目决策和项目实施
	腐败风险	项目内部以及与项目相关部门出现腐败事件,项目遭到国内外谴责
	项目公司声誉风险	项目公司遭到国内外媒体、社会组织等诋毁、污蔑,项目公司声誉受损,被迫中止项目

资料来源:根据张锐《拉美能源一体化的发展困境:以电力一体化为例》,《拉丁美洲研究》2018 年第 6 期,第 109～123 页;IDB, "Lessons from Four Decades of Infrastructure Project-Related Conflicts in Latin America and the Caribbean," 2017; Raúl Zibechi, "Interconnection without Integration in South America: 15 Years of IIRSA," http://upsidedownworld. org/archives/international/interconnection-without-integration-in-south-america-15-years-of-iirsa/, 2015-10-08; IDB, "Infrastructure: Engine for Growth and Economic Integration of the Americas," 2018, pp. 11-12; Marianne Fay, Mary Morrison, "Infrastructure in Latin America and the Caribbean, Recent Developments and Key Challenges," The World Bank, 2007 分析整理。

由于相关研究在角度、出发点和主要内容上有所不同,加之南美洲没有像欧盟委员会这样具有"超国家权威"的机构,目前并没有形成具有系统性且公认的南美洲跨境基础设施项目风险识别结果。目前,IIRSA 中的跨境基础设施项目并没有通过立法的方式获得优先地位并确认项目利益相关者角色、责任和利益,加之南美洲国家在经济发展程度、国家政府治理能力和清廉程度、社会稳定水平等方面与欧盟成员国相比存在差距,项目所面对的风险与欧盟的同类项目相比也有其独特性。

三　IIRSA 下的跨境基础设施项目风险防控

从当前的实践来看,虽然已经在 API 中将基础设施灾害风险管理作为项目风险防控的必备内容，但这还远远不能实现跨境基础设施项目风险的全面管理。以 IDB 为代表的南美洲基础设施发展支持者和投资者针对该区域基础设施项目所开展的冲突风险防控和 PPP 项目风险防控研究和管理实践为完善本区域跨境基础设施项目的风险管理提供了重要参考。

（一）冲突风险防控

通过对 1977～2016 年拉丁美洲和加勒比地区的基础设施项目进行分析，IDB 将项目冲突分为四类，即由环境因素导致的冲突、由社会因素导致的冲突、由治理导致的冲突和由经济因素导致的冲突，这些冲突都将在不同程度上形成项目冲突风险，进而导致项目滞后、成本超支、项目设计变更、项目中止、项目重新选址、投资者撤资等不良后果。为此，IDB 根据基础设施项目利益相关者的基本构成，从国家政府、项目开发商和承包商、贷款人和投资者的角度提出了防控冲突风险的措施。虽然这些建议并非完全针对跨境基础设施项目，但其中依然有部分措施具有较高的参考价值，具体内容如表 3-6 所示。

表 3-6　IIRSA 下的跨境基础设施项目冲突风险防范措施列表

实施主体	风险防范措施	措施具体内容
国家政府	确保国家法律的全面性和普遍性	以提高各国生活质量与发展经济为初衷,各国政府应确保项目符合所有相关国家的法律,对于与项目开发不匹配的法规可以进行修改和调整,并予以公开
	发展遏制冲突的体制能力	国家和地方政府要加强主动管理冲突的机构能力,并与区域发展机构合作,制定适当的环境和社会管理标准与冲突风险预警体系
	从区域层面进行规划	有效协调国家发展计划和区域发展目标,从帮助区域减轻贫困和不平等、保护环境和促进社区发展等方面开展项目规划
	执行严格的环境和社会监管	与国际机构和他国政府合作,采用具有更高认可度的环境和社会监管标准,实施更为严格的环境和社会监管措施

续表

实施主体	风险防范措施	措施具体内容
国家政府	设计公平的项目利益分配制度	与国际机构及他国政府合作,建立跨国成本—效益分担机制,同时设计和建立项目利益分配制度,有效平衡各国、各类利益相关者之间的利益(特别是不同的社区)
	建立有效和透明的社区参与机制	建立多种社区沟通渠道,以系统和透明的方式收集、分析和反馈社区提供的信息和提出的诉求,以建立长期的信任和互利关系
项目开发商与承包商	开发可持续项目	有效平衡环境保护和经济利益,开发有利于或可实现资源节约、环境保护和生态系统维护的可持续项目
	发展冲突风险应对能力	开展全面系统的环境和社会影响评估,建立具有冲突风险适应性的风险管理计划并将冲突风险评估纳入风险管理
	主动帮助社区解决就业和提高就业技能	区域发展机构、国家政府与地方政府合作,全面评估社区需求,解决社区就业需求并通过培训提高当地社区居民的技能(重点为少数民族)
	清晰和及时地披露项目信息	对媒体、相关社区以及公众及时披露项目信息(决策过程、招投标信息、项目承包商信息等)
贷款人和投资者	在筹资机制中对冲突管理提供激励	对实施冲突管理的项目实施激励,鼓励项目管理者进行冲突管理,尽可能减少冲突风险给投资者和贷款人带来的风险
	实施对项目全过程的监控	与国际金融机构合作,对包括可行性和规划阶段在内的项目全过程进行冲突风险的分析、评估和监控,并根据风险情况分阶段放款

资料来源:根据 IDB,"Lessons from Four Decades of Infrastructure Project-Related Conflicts in Latin America and the Caribbean," 2017, pp. 34-38 整理。

从表 3-6 来看,虽然其核心在于对冲突风险的防控,但其中的一些措施也有效地防范了表 3-5 中所列出的部分风险。例如,"从区域层面进行规划"这一措施就能在一定程度上防范"一体化中的人治色彩风险";"执行严格的环境和社会监管"这一措施不仅有利于防范环境风险,而且对缓解"国际与国内组织反对风险"也有一定效果;而"主动帮助社区解决就业和提高就业技能"则不仅能够有效防范"不公平就业安排风险",也有利于实现项目促进就业的社会效益。然而，由于南美洲特殊的历史背景和政治环境，以及 API 中跨境基础设施的独特性，冲突风险管理本身对于跨境基础设施项目的风险防范作用还十分有限。

（二）PPP 模式下的跨境基础设施项目风险防控

面对巨额的资金需求，拉丁美洲和加勒比地区的基础设施发展不仅面临提高社会和经济效益的挑战，也需要更有效地管理和利用私人投资以及开发新的资金来源来进行基础设施建设。① 因此，为了能够吸引区域内外更多的私人投资者，南美洲各国政府和 COSIPLAN 都不遗余力地围绕推广和应用 PPP 模式来进行跨境基础设施项目投融资政策改革，其中也包括对缓解政府和投资者风险的讨论。

从当前的研究和实践来看，南美洲各国政府以及 IDB 等多边机构认为，对 PPP 项目风险的管理应贯穿于项目全过程，政治决策应该能够反映出或有负债（Contingent Liabilities，CLs）的真实成本。② 于是，来自 IDB 的 Demaestri 等人③基于 PPP 项目中国家政府或有负债这一核心问题，结合既有的国家实践，提出了适用于拉丁美洲和加勒比地区的 PPP 基础设施项目风险识别、衡量、监控和缓解方法。研究认为，对于采用 PPP 模式进行开发的项目来说，大多数风险都会通过或有负债来给国家政府和投资者带来不利影响，为了有效地防控风险，风险缓解应该作为 PPP 项目规划、设计和执行过程中的重要工作。其中，在项目规划阶段，一旦确定了项目具体建设内容，就应该选择最佳的融资工具，例如在担保和直接负债两者中做出选择。在项目设计阶段，一旦选定了融资工具，就应该采取适当的激励

① Fay M., Morrison M., "Infrastructure in Latin America and the Caribbean, Recent Developments and Key Challenges," The World Bank, 2007, p. 53.
② Demaestri E., Moskovits C., Jimena C., "Management of Fiscal and Financial Risks Generated by PPPs, Conceptual Issues and Country Experiences," Inter-American Development Bank Discussion Paper, No. IDB-DP-628, December 2018, p. 33.
③ 主要研究成果为 Demaestri E., Moskovits C., "Toolkit for the Identification, Measurement, Monitoring, and Risk Management of Contingent Sovereign Liabilities," Inter-American Development Bank Technical Note, No. IDB-TN-912, 2015。

和风险分担方式，并设计出项目的风险管理体系。在进入项目执行阶段后，应基于融资方案和风险管理的执行情况对或有负债进行适时的评估、报告和监控。

实践方面，南美洲很多国家通过将 PPP 项目纳入公共投资管理框架、采取更加严格的项目报告方式、通过更具竞争性的过程来改进项目选择方式、强化 PPP 项目的财务规定、开展债务可持续性分析等来控制和消减风险带来的不良或有负债增加。[①]

IDB 的相关研究还指出，对于南美洲采用 PPP 模式进行开发的基础设施项目来说，除了国家和地方政府的努力外，多边机构由于在信贷市场中具有优势地位、对政治和信贷风险有较强的研判能力，加之其承担特定风险的特殊能力以及在地区发展中的"光环效应"和技术援助实力，最适合为项目提供担保来缓解项目风险。[②] 目前已有一些多边机构通过建立专门的实体机构和开展资产负债表外贷款来为南美洲的 PPP 项目提供担保。[③]

第三节　大湄公河次区域的跨境基础设施项目 风险管理实践

经过近三十年的发展，在 ADB 作为主导者的情况下，大湄公河次区域的跨境基础设施建设取得了举世公认的成果，并且整个次区域的贸易也因项目的建设和运营而取得了长足进步，而风险管理功不可没。考虑到该区域在

---

① Demaestri E., Moskovits C., Jimena C., "Management of Fiscal and Financial Risks Generated by PPPs, Conceptual Issues and Country Experiences," Inter-American Development Bank Discussion Paper, No. IDB-DP-628, December 2018, p. 15.

② Demaestri E., Moskovits C., Jimena C., "Management of Fiscal and Financial Risks Generated by PPPs, Conceptual Issues and Country Experiences," Inter-American Development Bank Discussion Paper, No. IDB-DP-628, December 2018, p. 29.

③ 具体内容可参见 Pablo P., Matthew K., "Multilateral Development Banks' Risk Mitigation Instruments for Infrastructure Investment," Inter-American Development Bank Technical Note, No. IDB-TN-1358, 2018。

政治环境、社会环境、经济发展水平等方面的特殊性，ADB 在次区域跨境基础设施发展计划提出时便已意识到项目可能面对诸多的不确定性，并随着项目的推进对风险展开了分析，不断制定风险防范措施。以下就将对大湄公河次区域跨境基础设施项目概况、项目风险识别结果以及风险防范措施进行阐述。

一　大湄公河次区域的跨境基础设施项目概况

跨境基础设施是大湄公河次区域经济合作计划中基础设施领域发展的主要内容，其涉及跨境公路、跨境通信网络、跨境铁路及跨境电力设施。由于整个次区域经济合作计划的主导者性质以及国家间的合作方式不同于欧盟和南美洲，跨境基础设施项目的组织结构和投融资方式方面都具有特殊性，这也对项目风险管理提出了新要求。

（一）大湄公河次区域的跨境基础设施项目组织结构

在借鉴了欧盟的发展经验后，ADB 在大湄公河次区域经济合作项目推动的过程中牵头识别了多条跨境经济走廊作为次区域发展的支柱，跨境公路是其核心工程。然而，这种核心工程的选择极具弹性和实用主义色彩[①]，ADB 也并没有包揽所有的项目组织工作，而是围绕着这些项目建立了维持合作所需的制度，主要包括：在区域和国家政治层面举行的次区域国家领导人峰会，由 ADB 高级官员组织召开的部长级会议，在项目计划和运作层面举行的行业论坛和工作组会议。其中，每年一度的部长级会议是项目的最高决策机构，各国每一次都会派一位负责国家经济发展事务的部长级官员出席会议，而与会部长通常会配有一位作为部门代表的高级官员，这些高级官员组成部门工作组开展所属部门的次区域项目合作，同时向部长级会议汇报工作进展。在最初的几年里，大湄公河次区域项目的最高决策机

---

① 坂井和、谭·罗伯特·阮：《区域性公共产品供给的协调：大湄公河次区域项目》，徐长春译，载〔西〕安东尼·埃斯特瓦多道尔、〔美〕布莱恩·弗朗兹、〔美〕谭·罗伯特·阮《区域性公共产品——从理论到实践》，张建新、黄河、杨国庆等译，上海人民出版社，2010，第 385 页。

构是每年一度的部长会议，六国部长在部门研究基础上筛选和确定核心工程，优先考虑改进、维护或复原工程而并非新建工程，而考虑的关键因素是资金筹集。由于纳入核心工程的项目能够得到 ADB 的贷款或技术援助，各国之间就项目选择开展的工作更多的是对项目效益和必要性的判断。然而，这种判断也并非需要"全票通过"，因为项目的实施主要由项目东道国决定，并不要求次区域全体成员国一致同意。例如，对于一个涉及三个国家的跨境公路项目，只要其中有两个成员国决定启动所辖部分的工作，那么这条公路就可以开工。

从具体的组织设置来看，大湄公河次区域秘书处可谓是整个经济合作项目的中枢组织。该组织除了来自 ADB 总部的高级官员外，还包括次区域六国的国家秘书处，其负责向整个项目提供全面的秘书工作支持。此外，ADB 在跨境基础设施的规划和建设方面还扮演着项目知识和信息提供者、资金筹措者和供给者的角色，不仅向各成员国提供跨境基础设施项目在计划、实施、运营和多边合作方面的技术支撑，也承担了成员国培育治理能力与构建基本机制的成本，使成员国能够持续地开展跨境基础设施合作。

（二）大湄公河次区域跨境基础设施项目投融资方式

作为大湄公河次区域经济合作项目的主导者，ADB 在项目早期解决了大部分的跨境基础设施项目投融资问题，随着项目的推进，ADB 也在拓宽项目融资渠道和建立次区域间项目合作关系方面进行了积极探索。1992～2012 年，大湄公河次区域经济合作项目共筹集了 150 多亿美元的资金，主要用于为跨境交通和能源项目提供贷款，同时也通过技术援助等方式向项目提供关键支持，其中直接贷款为 152.75 亿美元，技术援助为 2.861 亿美元。[①] 资金构成为：ADB 直接出资 52.075 亿美元，政府出资 43.316 亿美元，联合融资 57.36 亿美元，其他出资者情况如表 3-7 所示。

---

① ADB，"The Greater Subregion at 20：Progress and Prospects，" Manila：ADB，2012，p. 9.

表 3-7　1992~2012 年大湄公河次区域跨境基础设施共同出资者情况

出资者类别	主要出资者
国家性金融机构	澳大利亚国际开发署(AusAID)、瑞典国际开发署(Sida)、日本国际合作银行(JBIC)、日本国际协力机构(JICA)、法国开发署(AFD)
国家政府	中国政府、芬兰政府、德国政府、韩国政府
国际性金融机构	OPEC 基金、世界银行、EIB、Nordic 发展基金
国际性组织	欧盟委员会、UNDP(联合国开发计划署)

资料来源：根据 https://aric.adb.org/initiative/greater-mekong-subregion-program 所载信息整理。

事实上，除了通过直接贷款的方式给予大湄公河次区域经济合作计划中的跨境基础设施项目支持外，ADB 还与表 3-7 中的机构在项目计划制定、项目融资、项目技术应用等方面建立了长期稳定的合作伙伴关系，这无疑为项目提供了资金、技术和管理方面的保障。例如，世界银行于 1999 年参与了大湄公河次区域电力贸易战略的区域研究，并为次区域多个跨境输电项目的融资和可行性研究提供了资金和技术支持。为了帮助大湄公河次区域的各成员国提高发展能力和实现可持续发展，AFD 和 Sida 等机构通过与 ADB 联合开展技术援助，促进了跨境基础设施项目建设和运营方面的管理能力提升和人力资源开发，并通过对次区域部分跨境交通和能源基础设施进行战略环境评估，资助制定了可再生能源和替代能源开发的区域发展战略计划，进一步提升了区域和各国实现绿色发展的能力。

二　大湄公河次区域的跨境基础设施项目风险识别

从大湄公河次区域的跨境基础设施项目选择、项目投融资和项目管理组织来看，ADB 不仅是整个区域跨境基础设施项目的提出者和规划者，同时也是项目投资者和国家间的协调者。即便项目本身具有良好的社会和经济效益，跨境基础设施实施过程中各国也能够为合作计划的落实而努力，并具有较强的责任与权利意识，但如何获得足够的资金来建设项目，并且让次区域各国能够有效、公平地获得项目带来的正面效益仍然是值得关心的问题。为此，ADB 从政治、经济与融资、技术与空间、社会与环境和制度与组织等方面对跨境基础设施项目的风险进行分析，以开展有效的风险管理，确保项目成功。

（一）大湄公河次区域的跨境基础设施项目风险识别研究与实践概况

作为亚洲区域内最早的跨境基础设施开发的主导者，ADB 自 20 世纪 90 年代起陆续在大湄公河次区域经济合作项目中规划和资助了跨境公路、跨境铁路、跨境电力设施等一系列的跨境基础设施项目。在经过多年实践后，ADB 认为相较于国内基础设施，跨境基础设施项目涉及来自多个国家和拥有不同政治背景、行政体制和经济条件的行为者，这增加了项目的复杂性和风险。[①] 为此，ADB 的专家通过分析和总结大湄公河次区域既有跨境基础设施项目的实施情况和管理经验，结合欧盟的管理经验，从外国投资者吸引、成本与收益平衡、项目利益相关者治理等多个方面对跨境基础设施项目的风险进行了分析，形成了诸如《跨境基础设施工具包》（Cross-Border Infrastructure Toolkit）这样的研究成果。

从具体内容来看，ADB 的专家认为，跨境基础设施项目风险主要包括政治风险、经济与融资风险、技术与空间风险、社会与环境风险、制度与组织风险五大类。其中，由于跨境基础设施项目的建设通常需要多国家、多层级政府的支持与合作，对于项目可能带来的区域性利益的政治共识是项目实施的基础，而可能影响这种共识的因素是项目政治风险的主要来源。与此同时，所处区域内各国的基础设施质量和市场需求以及各国间的地理经济联系和社会文化相互认同水平都将是跨境基础设施项目的风险影响因素。

（二）大湄公河次区域的跨境基础设施项目风险识别

通过多年的摸索，ADB 认为，跨境基础设施项目与国内基础设施项目相比，面临着国家和项目两个层面的风险，并且由于缺乏唯一的管辖

---

① Manabu Fujimura, "Cross-Border Transport Infrastructure, Regional Integration and Development," ADB Institute Discussion Paper, No. 16, November 2004, p. 9.

权，风险更具复杂性。其中，国家层面的风险除了与单个国家的国内政治、经济和法律环境相关外，还涉及地缘政治、国家间互信、政治承诺、监管框架等诸多因素；而项目层面的风险不仅包括普通工程项目也有的成本、时间、施工安全、不可抗力等方面的风险，还包括由技术利用、空间规划、区域环境保护和社区发展等引起的风险。具体风险识别结果如表 3-8 所示。

表 3-8　ADB 的跨境基础设施项目风险识别结果

风险类别	风险名称	具体表现
政治风险	地缘政治风险	国家间关系对跨境基础设施项目建设、发展政策或计划所产生的阻碍或促进作用
	国家间互信不足风险	参与项目的国家之间没有充分的政治互信
	政府协调风险	国家之间或国家与地方政府没有就项目实施进行充分协调或协调不成功
	政治承诺风险	参与项目的国家及地方政府没有给予项目充分的政治承诺
经济与资金风险	成本—收益分配不均风险	项目不同利益相关者之间的成本和收益分配不均，成本—收益分配机制存在缺陷
	资金不足风险	项目没有持续、可靠且充足的资金来源
	资本市场风险	由于相关国家资本市场发育不良，无法向项目提供充足、多样且适用的融资渠道
	国内市场需求风险	相关国家对跨境基础设施的市场需求与项目规模不匹配
	国内基础设施发展不良风险	相关国家的基础设施发展情况与跨境基础设施不匹配
	货币风险	货币贬值
法律风险	法律变更风险	与项目相关的各国法律、法规和政策变动引起的风险
	司法裁决风险	与项目相关的司法裁决引起的风险
	监管风险	与项目相关的监管框架、体系、机制等变化引起的风险
技术与空间风险	技术利用风险	国家间技术标准差异、技术创新政策等导致的项目相关技术利用困难
	空间规划风险	项目在空间规划中存在的缺陷

风险类别	风险名称	具体表现
社会风险	传染病跨境传染风险	项目的修建和运营导致传染病跨境传染风险增加
	社会结构侵蚀风险	项目的修建和运营导致相关社区的社会结构发生变化、社区或民族文化受到破坏以及发生社会冲突
环境风险	污染物跨境流动风险	项目建设和运营导致污染物跨境流动
	区域生态环境破坏风险	项目建设运营导致项目覆盖的区域生态环境遭到破坏

资料来源：根据 ADB，PPIAF，"Cross-border Infrastructure Tool Kit," 2007 分析整理。

如表 3-8 所示，跨境基础设施项目作为区域公共产品，更需要从区域的角度来考虑风险问题，而在大湄公河次区域跨境基础设施项目的开发和建设中，ADB 和次区域内的相关国家正是基于这样的风险认识和识别结果来建设和管理项目的。与此同时，ADB 也强调，在跨境基础设施项目开发的过程中，不论是国家政府、地方政府、贷款人、项目发起人还是项目管理公司，都应该进行认真和严格的风险评估。

三　大湄公河次区域的跨境基础设施项目风险防范

跨境基础设施作为大湄公河次区域经济合作计划的"灵魂"，它的发展质量决定着整个次区域的一体化水平。因此，在 ADB 担任"中间人"的情况下，次区域各国政府就跨境基础设施项目的实施开展了积极合作，其中也包括多层次协调机制构建和资金支持两方面的风险防范措施。

（一）多层次协调机制构建

作为次区域跨境基础设施发展的主导者，ADB 清楚地认识到，由于跨境基础设施是处于"无政府状态"下的区域"俱乐部产品"，必须要让包括国家政府、地方政府、投资者、区域内公众等在内的所有项目利益相关者了解其可能从项目中获得的利益，进而促使各方开展合作。因此，从项目提出、建成到投入运营，ADB 都积极听取各方的利益诉求，并且通过技术援助的方式帮助各国分析和了解项目能够带来的利益，进而通过论坛等形式协调各方利益，从而让各国领导人能够对项目达成共识，增进各国间的政治互信并确保项目所需的优先地位。与此同时，ADB 认为，通过建立国家间的对话平台和协调机制，能够让各国领导人在充分了解项目利益的基础上，为了项目的实施而积极与国内各级政府以及公众协调，以提高国内的政治稳定性。

除了构建国家政府间的协调机制以防范部分政治风险外，ADB 还基于其在次区域国家中的良好信誉积极构建次区域内外相关行业、私人投资者和公众之间的协调机制，从行业发展、公私合作、公众参与及社区发展等方面让项目利益相关方展开对话，并且从中立的角度对各方的利益诉求进行分析和协调，有效地降低了社会风险、环境风险、技术风险。例如，位于老挝境内 Nam Theun 河上的 Theun-Hinboun 水电站项目[①]是典型的跨境能源基础设施项目，其主要目标是通过水电站的建设向泰国输出电力，从而促进老挝发展经济。该项目是老挝首个政府与私营部门合作建设的能源基础设施项目。为了促成项目各方的合作，ADB 积极促成了泰国和老挝国家政府、老挝政府和私人部门间的协商，通过签订谅解备忘录的形式明确了项目所必需的政治承诺。此外，为了能够让项目周边村民分享项目带来的经济效益并减少项目产生的环境影响，ADB 与老挝政府合作，基于 ADB 的非自愿移民安置方法，针对当地环境和农业生产特点帮助村民利用现有的基础设施条件积极发展水果种植、养蚕业等；同时也对非政府组织等关于项目环境影响的质疑进行积极回应和协调，有效地降低了项目的社会和环境风险，保障了项目的实施和投资者的利益。

（二）资金支持

对于跨境基础设施项目来说，高昂的交易成本、巨大的沉没成本、国家间关系的不确定性以及跨境成本—效益分配可能存在的争议都可能令来自私营部门的投资者望而却步，但由于国家经济实力有限，完全由政府出资来修

---

① 项目详细信息可参见 ADB，"Project Completion Report on the Theun-Hinboun Hydropower Project in the Lao's Democratic Republic（Loan 1329-LAO［SF］），" December 2000。

建跨境基础设施对于柬埔寨、老挝等这样的不发达国家来说是极不现实的。面对这样的两难境地，ADB 在积极促成次区域国家政府间开展跨境基础设施政治合作的同时，通过多种融资方式向区域内外国家性金融机构、国家政府、国际性金融机构和国际性组织争取资金支持。为了降低投资者的风险水平，ADB 通过技术援助等形式协助相关国家完善相关立法和监管体系。例如，在上述的 Theun-Hinboun 水电站项目实施过程中，ADB 通过向老挝政府提供技术援助完成了项目所需的立法工作，有效地降低了项目投资者的法律风险，并且增进了泰老两国的政治互信。

除了技术援助形式的资金支持外，ADB 还就跨境成本—效益分配中存在的问题展开针对性的投资，以缓解成本—效益分配不均可能带来的风险。例如，作为大湄公河次区域南北走廊的重要组成部分，昆明—曼谷公路项目除了利用 ADB 的贷款外，还得到了中国和泰国政府为各自境内道路修建提供的资金支持，但作为过境国的老挝却无法负担公路修建的经济成本。为此，ADB 在为老挝路段提供建设资金的同时，也积极协调中泰两国为老挝提供贷款或赠款来作为跨境成本—效益分配的一种形式，以防范因建设资金短缺而可能出现的项目中止。

第四节　本章小结

冷战结束后，跨境基础设施随着全球区域一体化的深入被赋予了新的历史责任与价值。欧盟的 TEN-E 和 TEN-T 战略、南美洲的 IIRSA、大湄公河次区域经济合作计划等都将跨境基础设施列为核心内容，关于其风险管理的研究和实践也逐渐兴起。

虽然欧盟以立法的形式对以 PCIs 为核心的跨境基础设施项目提出、选择、评估、决策和风险管理准则进行了规定，但由于成员国监管当局在项目许可、关税计算、成本分担、国家间协调方面的自主权仍然受到尊重和保留，"无政府状态"所带来的风险并没有完全消除，主要表现为政策与法律风险、规划与许可风险、监管风险、项目财务风险、市场风险和技术风险，而风险分担和风险缓解是当前欧盟为应对这些风险主要采取的方式。

IIRSA 提出后，南美洲十二国首脑和 IDB 等多边机构一道推出了区域性基础设施发展规划——API，以"一体化和发展中心"为核心来实现十二国基础设施的互联互通，而跨境基础设施是其中的关键内容。尽管各国已对 API 给出了政治承诺并且也成立了 COSIPLAN 等专门机构，但南美洲的跨境基础设施项目仍然面临政治、社会、环境、经济和项目管理等方面的各种挑战，而冲突风险和公私合作模式中的风险则是当前的防控重点。

跨境基础设施是大湄公河次区域经济合作计划中基础设施领域发展的主要内容。作为项目的主导者以及跨境基础设施发展路线图的制定者，ADB 针对该区域在政治局势、社会文化、经济发展水平、国家治理能力等方面的特点，识别出了政治、经济与资金、法律、技术与空间、社会和环境六大类跨境基础设施项目风险，并且通过构建多层次协调机制、提供资金支持来开展风险防控。

第四章　跨境基础设施项目风险分析与识别模式设计

随着共建"一带一路"逐步推进，我国投资者迎来更多对外投资跨境基础设施项目的机会，而这种投资对拓展海外基础设施建设市场、消减边境屏蔽效应、优化资源进出口方式、促进跨境贸易和发展与其他国家关系起到积极作用。然而，我国在以"合作但不主导，投资但不占有"为核心的创新模式参与沿线国家跨境基础设施项目的过程中，面临着诸多风险，这将对我国投资者的项目风险管理带来全新的挑战。为此，本章将基于前文的研究结果，通过开展项目利益相关者分析和风险成因的讨论，设计中国对外投资跨境基础设施项目风险识别模式。

第一节　跨境基础设施项目利益相关者分析

项目风险是指由于项目及其所处环境和条件的不确定性和项目相关利益主体主观上不能准确预见或控制影响因素，从而使项目最终结果与项目相关利益主体的期望产生背离，并由此给项目相关利益主体带来损失或获得收益的可能性。[1] 从这一定义来看，项目风险的本质是项目利益相关者遭受损失和获得收益的可能性。因此，对于中国投资者来说，弄清项目利益相关者及其利益诉求是开展我国对外投资跨境基础设施项目风险管理的基础。

---

[1]　戚安邦主编《项目风险管理》，南开大学出版社，2010，第2页。

一　跨境基础设施项目利益相关者分类

跨境基础设施项目的建设与运营能够有效缩小国内与外部市场的经济距离从而通过更广大的市场形成规模经济，同时还能增加外国直接投资的流入并扩大国家间贸易规模，这些对提高一国的竞争力和促进经济增长都有巨大的积极影响。[1] 然而，跨境基础设施项目的建设和运营绝不仅是国家政府间的功能性合作能够实现的，特别是对于经济实力较弱的发展中国家来说，来自区域内外的投资必不可少。同时，为了让项目所产生的经济效益和社会效益能够为各东道国所共享，多边机构、整个地区的社会力量和区域内外的私营部门也将以不同的角色参与到项目中。以下就将基于 Benjamin[2] 和 Kuroda 等人[3]的研究结果，对跨境基础设施项目利益相关者进行分类分析。

（一）东道国政府

从第一章对跨境基础设施属性及供给的分析来看，作为区域"俱乐部产品"，跨境基础设施项目的提出和实施受参与项目的东道国政治体制和政府决策的影响巨大，这不仅体现为对项目表达的政治合作意愿，也体现为对本国基础设施发展规划的调整、提供财政资金和政策支持、协调国内各级政府和监管部门等。

为了能够让项目顺利建成并给国家带来应有的利益，跨境基础设施项目所涉及的各东道国政府要将跨境基础设施项目计划与本国的国家战略发展计划相对接，并且充分与本国各级地方政府的基础设施发展计划相融合，这一方面表达了参与项目的政治意愿，另一方面也为跨境基础设施项目获得国家许可和优先权奠定了政策基础。当然，这种区域性和国家基础设施发展计划的对接和融合是以政治互信为基础的，各国之间既有的伙伴关系将十分有利

[1] Haruhiko Kuroda, Masahiro Kawai, Rita Nangia, "Infrastructure and Regional Cooperation," ADB Institute Discussion Paper, No. 76, ADB, September 2007, p. 2.

[2] Benjamin K. Sovacool, "A Critical Stakeholder Analysis of the Trans-ASEAN Gas Pipeline (TAGP) Network," *Land Use Policy*, 2010, 27 (3), pp. 788-797.

[3] Haruhiko Kuroda, Masahiro Kawai, Rita Nangia, "Infrastructure and Regional Cooperation," ADB Institute Discussion Paper, No. 76, ADB, September 2007.

于各国之间通过协商来就项目目标和开发内容达成共识。

由于跨境基础设施项目所涉及的东道国在政治体制、经济发展水平、基础设施监管体系等方面存在差异，为了能够让项目得以顺利实施，各东道国政府应该基于明确的项目目标，确定基本的合作方式并对国内相关的法律法规和监管政策进行调整或补充，以形成相应的项目监督、项目协调和项目风险分担机制，进而根据本国相关领域的技术和监管部门设置情况任命项目代表或负责部门。从第一章中对欧盟、南美洲和大湄公河次区域跨境基础设施发展的分析来看，跨境基础设施项目作为实现区域一体化的重要组成部分，各国之间就区域一体化所达成的共识对项目中的政治合作有重要作用，而通过立法或非立法形式予以确定的区域协调制度也对项目管理制度的形成有关键影响。

作为区域"俱乐部产品"，跨境基础设施项目所涉及的各国政府应该为项目的建设提供相应的资金并且开展集体性的融资活动。由于在跨境基础设施项目前期需要花费相当长的时间来进行各国之间的协商并提出项目实施方案，加之项目本身面对着沉没成本高昂和经济效益回收期长的问题，融资是跨境基础设施发展的关键问题之一。对于经济实力较弱的国家来说，在难于提供充足的直接和间接财政资金支持的情况下，更需要考虑如何利用自身优势与其他国家合作来解决跨境基础设施的资金问题，这种努力不仅在于发掘自身的资源优势来为项目提供非资金的支持并分担成本，也包括对国家进行必要的改革，改善政策和监管环境以及基础设施治理能力，与其他国家一起努力争取获得多边机构和国际金融机构的资金支持。此外，限于政府投资能力，建立可信、稳定和具有可持续性的政策来激励私营部门参与跨境基础设施的开发也被认为是国家政府的重要职责。

（二）多边机构

跨境基础设施具有高度外部性且从中受益的国家数目是相对确定的，但由于没有一个国家能够超越主权来管辖这一产品，需要多边机构通过正式或非正式机制来协调不同国家的利益，以降低交易成本并减少冲突发生的可能性。从欧盟、南美洲和大湄公河次区域的实践来看，多边机构既包括欧盟委员会这样具有超国家权威的组织，也包括诸如 ADB、IDB 这样的区域性开发银行，其主要作用有以下几个方面。

其一，为跨境基础设施项目提供资金支持。由于具有中立的政治立场和相对强大的资金实力，多边机构提供的资金不仅有助于跨境基础设施克服"搭便车"的问题，同时也让经济实力较弱的国家不至于因资金困难而不得不放弃巨大的发展机会。例如，在大湄公河次区域的跨境基础设施项目实施中，ADB 通过技术援助的方式向柬埔寨、老挝等国家提供资金支持，令跨境公路得以建成，给区域内各国带来了极大的经济利益。在欧盟的交通和能源跨境基础设施项目实施中，基于欧盟委员会设计的跨境基础设施投融资规则，欧洲投资银行在为跨境基础设施提供资金方面发挥了重要作用。除了提供贷款之外，多边机构还可以帮助参与项目的东道国发展国际伙伴关系，通过担保等手段将跨国公司、区域外金融机构等纳入融资对象范围，有效扩展资金来源。

其二，促进相关国家就项目达成共识。需要多边机构扮演"中间人"的角色，提供一个沟通和进行重复博弈的场所，促进各方就项目建设内容和目标进行讨论，以便各国能够清晰地表达参与项目和开展合作的意愿并给出相应承诺，同时就相关政策与协定达成共识。另外，为了促成跨境基础设施项目，诸如 IDB 这样的多边机构通过向相关国家提供用于经济、社会、环境效益方面评估的资金和技术，令各国对项目产生的效益有清晰的了解，为达成政治共识和确定项目目标奠定基础。

其三，帮助提升合作能力。跨境基础设施的供给水平取决于"最弱环节"，而多边机构能够帮助处于这些环节的弱小经济体更有效地参与合作，并提高整体供给水平。基于自身的社会公信力以及在管理技术、专家队伍方面的优势，多边机构能够针对项目为这些国家提供专家咨询意见，帮助其做出更为科学的决策；同时也能够对国家能力展开评价，找出其在相关制度和体制、政府行为、治理水平方面的不足，并通过给予资金和知识上的支持来帮助国家进行改革，从而实现基础设施治理和对外合作的能力提升。

（三）区域内的社会公众

从跨境基础设施的属性来看，包括项目所涉及东道国的普通民众、非政府组织、原住民社区等在内的社会公众不仅是项目所产生的公共产品的实际消费者，同时也将可能成为项目物理工程的建设者和国家间开展合作的动力来源，他们的需求和支持在很大程度上决定了项目经济利益和社会效益的实现。社会公众十分关注项目能否给自身带来与之付出相称的利益，因此他们能够对政策制定、政府决策、公共部门行为等方面起到监督作用，在让受到项目不利影响的群体发声的同时，促使形成一种确保不同利益相关者之间公平分配成本和利益的透明化管理机制，为减少项目的负外部性提供条件。

与此同时，由于跨境基础设施项目涉及多个国家的多个社区，社会公众不仅会关注项目是否真正给自己带来好处，同时也会特别关注项目环境和社会成本在不同群体和社区之间的分配情况，特别是对于很多边境社区、跨境民族社区来说，他们将以非官方的途径来对不同国家间的成本和利益分配进行比较，进而对不同国家或不同社区间的不公平分配情况进行控诉，这对于项目的规划、设计、建设和运行都将形成一种监控，促进国家间和各级政府间就利益成本分配问题进行协调。

（四）区域内外的企业

从当前欧盟、南美洲、大湄公河次区域的跨境基础设施开发经验和我国参与跨境基础设施项目的情况来看，区域内外的企业不仅在工程建设、原材料供给、管理咨询、运营管理等方面扮演着重要的角色，同时还从以下两方面对项目起到关键作用，是项目中不可或缺的利益相关者。

第一，如第三章所述，为了减轻政府的资金负担，让更多的企业参与到基础设施发展中来已经成为很多国家的共识。对于跨境基础设施项目的建设和运营来说，通过公私伙伴关系来让企业加入项目不仅可以引入资金，也将引入先进的管理理念和技术，而企业可以通过参与项目获得跨境经营的机会和相应的资源，在实现市场拓展的同时，也有助于发展区域内不同层次的伙伴关系。当然，由于投资回收期长并且政治依赖性强，与政府间互信关系的建立和维护以及自身的管理能力将是区域内外企业面临的最大挑战。

第二，由于企业希望通过项目来获得尽可能大的商业利润，在项目实施前势必针对项目开展完善而详尽的社会和市场调查，在确认项目有相应的市场需求和社会接受程度的基础上还将对国家政府所提出的伙伴关系建立条件及其稳定性进行考量，进而对项目的财务可行性进行判断。这一系列的活动不仅是企业开展投资的先决条件，同时也能够为国家客观衡量项目风险提供关键参考。在接受风险的情况下，为了尽可能保证投资收益的获得，企业往往会通过商业途径联合其他发展伙伴一道来参与项目，而这不仅可以为项目带来更广泛的资源和通过商业手段解决分歧，同时也为政府提供了更多的风险分担者和分担方式。

二 跨境基础设施项目利益相关者关系

通过上文的分析可以看出，相比于国内基础设施项目或对单一国家投资的基础设施项目，多边机构和社会公众对跨境基础设施项目的影响力和作用不容小觑，甚至将直接决定项目的成败。对于任何一个投资者来说，仅重视与各东道国政府开展合作的做法是不可行的，这样不仅可能会招致其他利益相关者的诟病，也可能会导致利益冲突而使投资机会丧失，甚至导致投资失败。那么，在对外投资的跨境基础设施项目中，同时扮演着项目投资者和建设者角色的中国企业与东道国政府、社会公众和多边机构之间是怎样一种利益关系，各自又有着怎样的利益诉求？基于第二章中对中国对外投资跨境基础设施项目现状的分析，本研究认为对外投资跨境基础设施项目中的中国企业与其他利益相关者的关系可以归纳为如图4-1所示。

在对外投资跨境基础设施项目中，中国企业通常以独立项目投资人或联合投资人的身份对项目进行投资，并且与其他企业通过商业合作来以工程承包商的身份承担全部或部分项目建设任务；项目相关东道国政府、多边机构、区域内的社会公众也都将对项目进行不同投入以实现自身的利益诉求，各方利益相关者的投入、利益获取以及相互关系如下。

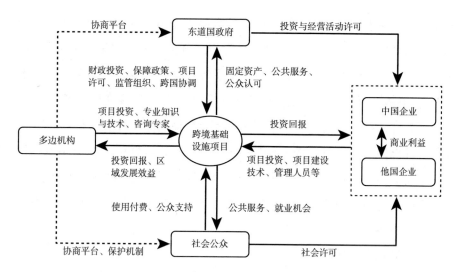

图 4-1 中国对外投资跨境基础设施项目利益相关者关系示意

资料来源：笔者自制。

（一）中国企业与他国企业

国际投资者一般是指从事跨国投资经营的个人和组织，通常包括依照东道国法律在东道国从事投资经营活动的外国自然人、公司、企业或其他经济组织。它们是国际投资法律关系的主体，依法享有一定的权利和待遇并承担义务。① 基于这一定义，本研究中的对外投资跨境基础设施项目的中国投资者是指中国内地依照项目东道国法律从事跨境基础设施项目投资经营活动的自然人、法人和其他经济组织，从投资项目现状的分析来看，中国企业是最主要的投资者。本研究也将主要对中国企业对外投资的跨境基础设施项目进行研究。

从中国对外投资跨境基础设施项目现状来看，中国企业在对外投资的跨境基础设施项目中往往具备项目投资人和工程承包商的双重身份，不仅向项目投入资金，也投入了技术、人员和相关管理经验。特别是对于采用 BOT、TOT 等公私合作模式来进行开发的项目来说，为了在特许经营期内尽快收回

---

① 梁咏：《中国投资者海外投资法律保障与风险防范》，法律出版社，2010，第 7 页。

成本并获得最大利润，中国企业往往还会投入先进技术和相应的管理人员，相对于这些显性投入，相关管理人员的管理知识、施工经验等将是隐性投入。与此同时，作为海外投资者，中国投资者获得东道国政府授予的投资和经营活动许可以及社会公众给予的社会许可是开展一切投资和工程建设活动的前提条件。相对于通过官方程序和行政手续来获得的国家投资与经营活动许可，社会许可是来自项目影响范围内社区和其他相关利益主体的持续性接受和支持，① 由于没有固定的获取方式和流程，并且受到文化、国家间关系、国际舆论等方面的影响，它的获取往往需要外国投资者和工程承包商付出很大的努力。

（二）东道国政府

虽然全球的区域一体化势不可当，但由于历史原因，很多发展中国家的政府并不具备相应的经济实力来承担跨境基础设施项目所需的巨额投资。为此，国家及地方政府通过出台一系列海外投资者权益保障政策来吸引区域内外的投资者对项目进行投资。此外，由于跨境基础设施除了具备一般基础设施的长期性和不可贸易性外，还具备责权利匹配性、需求偏好辅助性和对国内基础设施的补充性，参与项目的东道国政府除了基于国内基础设施发展情况和管理制度通过开展国内协调来给出项目许可外，还应该通过国家间协商来形成监管组织和跨国协调机制，以便能够在持续性的政治保障和一致性的监管标准之下建设和运营项目，并且各国之间能够就项目中遇到的问题开展积极有效的跨国协调。从收益方面来看，通过项目建设所形成的固定资产以及运营所提供的公共服务是东道国政府从跨境基础设施中获得的直接利益，而这些所带来的公共服务改善可以有助于提高公众对政府的认可程度，同时也将成为加深邻国间合作、维持或改善国家间关系的重要推动力。

（三）多边机构

如第一章所述，跨境基础设施的供给以满足"俱乐部"成员国的共同

---

① Parsons R., Moffat K., "Constructing the Meaning of Social License, Social Epistemology: A Journal of Knowledge," *Culture and Policy*, 2014, 28 (3-4), p. 341.

偏好为前提，因此需要诸如 ADB、IDB 这样的多边机构来搭建协商平台实现重复博弈，以促进各国就项目的目标和开发内容达成共识。与此同时，由于受到经济发展水平的影响，很多发展中国家虽然表达了强烈的合作意愿并且给出了相应的政治承诺，但无力承担跨境基础设施项目的高额经济成本。在这种情况下，多边机构提供的项目贷款不仅能够让这些不发达国家在不背负沉重债务的情况下尽快加入项目合作，同时也能够避免一些由国家间借贷引起的政治问题。此外，除了资金问题外，多边机构凭借其在基础设施管理领域的知识与技术积累，可以为跨境基础设施项目相关的国家政府提供有关提升国家治理水平的建议和帮助，同时也为项目管理者提供来自行业专家的支持。当然，多边机构也需要从项目中取得相应的投资回报以及区域发展效益，这种效益通常反映为项目对区域贸易发展、消除贫困、文化交流等的促进作用。

（四）区域内的社会公众

作为跨境基础设施项目所提供的公共服务的使用者，公众要对使用公共设施和享受公共服务进行付费，尽管付费形式是多样化的，但这都将成为投资者获取经济回报的基础。然而，这种付费并不是必然，如果有可供选择的替代品，或者由于无法接受项目带来的负面影响，公众可以"用脚投票"，选择放弃使用相关服务并拒绝付费。因此，公众对项目建设和运行的支持是其付费的前提。在项目建设和运营过程中，区域内的公众将获得诸多临时性或长期性的就业机会，还有可能得到技术培训的机会，有利于提高自身工作技能，在改善个人及家庭生活条件的同时也有助于推动国家经济发展。此外，受制于一些国家政府对于公众异见和诉求处理与管理方式的缺陷，需要多边机构以"中间人"的身份为项目建设跨国的公众协商平台，并且在必要时为维护公众合法权益建立保护和申诉机制，以确保公众成为真正的项目受益者。

三　跨境基础设施项目利益相关者的利益实现

从上述对项目利益相关者关系的分析可以看出，东道国政府、多边机构和区域内的社会公众对跨境基础设施项目的投入和利益诉求并不完全一致，但其对项目的投入和自身利益的实现是项目实施的基础，若其中任何一方对自身获取的利益不满，便有可能终止投入，导致项目无法继续甚至彻底失败，中国投资者也就无法通过项目来获取经济利益。然而，由于处在"无政府状态"下，没有"超国家权威"来对跨境基础设施项目各方利益相关者的投入和利益分配进行安排，也不可能完全在某一国的现行基础设施管理制度下来实现利益安排，包括中国企业在内的所有项目利益相关者的利益实现都有赖于项目利益实现机制的建立、利益实现条件的提供和利益实现行为的实施。其中，利益实现机制是指实现项目目标——利益相关者利益平衡结果的利益相关者结构关系和利益分配方式，利益实现条件是指为了实现项目目标利益相关者所进行的投入，而利益实现行为则指是为了实现项目目标利益相关者所实施的行为。

从欧盟、南美洲十二国和大湄公河次区域的跨境基础设施项目开发经验来看，虽然不同的跨境基础设施项目有不同的政治背景和客观条件，但跨境成本分配、跨境利益协调和项目组织管理三方面的机制都是项目利益实现机制的核心，国家间合作、项目优先地位以及项目建设与运营条件则是必备的利益实现条件，而由于角色、责任和权力的不同，不同利益相关者的利益实现行为则有所差别。对于中国企业来说，对外投资跨境基础设施项目中的利益实现影响因素如图4-2所示。

利益实现机制主要是指确保中国投资者实现投资目的和获取投资利益的利益相关者结构与关系以及成本和收益平衡的方式，其关键在于不同东道国政府、社会公众、多边机构和参与企业间的利益平衡。利益实现条件则主要是指项目建设、运营和获取预期收益的客观条件，主要取决于东道国间的合作、对项目的授权以及国家的经济社会发展状况。利益实现行为则是指中国企业为获得投资收益而实施的各种行为，主要包括投资行为、工程建设行为和项目运行管理行为等。以下就这三方面对中国投资者利益实现的影响机制和构成因素进行分析。

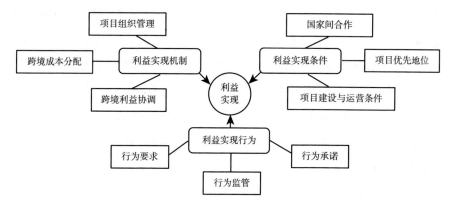

图 4-2　中国投资者在对外投资跨境基础设施项目中的利益实现影响因素示意

资料来源：笔者自制。

（一）利益实现机制

任何项目的成功都离不开项目治理，因为它通过平衡组织目标与利益相关者以实现项目目标与组织战略的一致性，通过减少不同利益相关者群体之间可能对绩效产生负面影响的冲突，为不同组织层次的不同利益相关者创造利益。[①] 虽然跨境基础设施项目的最终目标是为包括东道国政府在内的项目组织和社会创造价值，但在这一目标之下，不仅各类利益相关者的利益诉求不一致，而且由于项目涉及不同的主权国家，国家间的利益分配和平衡也成为一种必须。从中国投资者的角度来看，跨境基础设施投资利益实现机制建立与运行的本质便是项目治理，因为它能够平衡不同国家不同利益相关者的利益，减少不同国家不同利益相关者之间可能对项目绩效产生负面影响的冲突，为整个区域内的不同利益相关者创造利益，从而令中国企业也获得相应的投资利益，其关键内容包括项目组织管理、跨境成本分配和跨境利益协调三个方面。

其中，项目组织管理的核心是对项目建设和运营、组织和个人责任与权利的安排，特别是对于扮演投资者和工程承包人双重角色的中国企业来说，

---

① Biesenthal C., Wilden R., "Multi-level Project Governance: Trends and Opportunities," *International Journal of Project Management*, 2014, 32 (8), p. 1291.

这种安排直接决定了预期投资回报是否能够实现。由于跨境基础设施项目的外溢性，其所产生的效益已超越国界，而项目成本不仅包括项目物理设施的建设成本，也包括为处理环境和社会负面效益而产生的成本。因此如何在合理评估项目为各国带来的正负影响的基础上开展跨境成本分配便成为项目利益各方平衡投入与收益的关键，特别是对于跨越我国国境的跨境基础设施项目来说，这种跨境成本分配不仅是项目目标达成的前提，也事关投资收益的取得以及与周边国家的外交关系。由于不同国家不同利益相关者的利益诉求存在差异，并且在受到国内外各类客观因素的影响下利益诉求将会不断发生变化，必须开展跨境利益协调来解决可能出现的利益冲突，以便于能够形成利益相关者能够接受的项目目标，让项目最终能够建成并投入运行，中国投资者也能够获得预期的投资回报。

（二）利益实现条件

跨境基础设施项目的提出和实施不仅有赖于国家政府间的合作也与国内各级政府间协作有密切关系，并且由于与国内基础设施之间是一种单方面的补充关系，项目作用的发挥和效益的实现与国内基础设施发展水平和发展环境有密切关系。然而，对于处于"无政府状态"下的跨境基础设施项目来说，参与项目的任何一个国家都不可能通过向其他国家发号施令来促成项目合作并在短时间内改变国内状况，只能基于自身条件来为项目提供力所能及的建设与运营条件，而这种实施条件也是中国投资者的利益实现条件。

国家政府间围绕项目开展的合作是项目得以实施的基础条件之一，而这不仅取决于资源禀赋等因素，也与本地区的国家间关系、区域一体化进程有密切关系。然而，国家政府间的合作并不代表项目一定能够获得东道国国内公众和地方政府的持续支持，因此在借鉴欧盟跨境能源基础设施发展经验的基础上①，本研究认为项目优先地位的获得是投资者利益实现的第二个必备

---

① 此处主要参考了欧盟泛欧能源基础设施指南中关于共同利益项目优先地位（"Priority Status"of Project of Common Interest）的规定。详见 The European Parliament and The Council,"Guidelines for Trans-European Energy Infrastructure," Regulation（EU）No 347/2013, April 2013。

条件。这种优先地位是指东道国的各级政府应尽可能地将项目与国家和地方发展规划相结合，并且通过立法或非立法方式对相关政策和管理制度进行必要的调整，以便能够让项目在不违反国家法律与政策的情况下尽快获得项目建设和运行许可，让项目实施中的跨境管理活动具备合法性。此外，包括替代性设施发展情况、基础设施建设与管理水平、跨境基础设施市场需求、海关与出入境管理等在内的东道国基础设施发展水平与管理状况也是利益实现的重要条件。例如，对于一个跨境水电站项目来说，东道国国内其他电源的发展情况和电价直接决定了项目投资回报的获取，国内电网的建设水平决定了是否能够让当地建设企业来参与建设，管理水平则关系到电力是否能够高效上网为投资者带来收益，而国内电网的先进程度不仅决定了项目的建设标准，也通过输电稳定性和效率影响着投资者能获得的收益。

（三）利益实现行为

对于任何一个投资者来说，开展投资的最主要目的是追求利润最大化。[①] 但正所谓"君子爱财，取之有道"，投资者在获得利益的同时，其行为也将受到约束和规范。值得注意的是，从对中国对外投资跨境基础设施项目现状的分析来看，开展投资的中国企业越来越多地扮演着项目投资者和工程承包商的双重角色，这也将让利益实现行为受到更为复杂和多样的法律法规、伦理道德规范约束，投资者不得不履行合规义务，而这种合规义务的影响因素包括利益实现行为要求、行为承诺与行为监管。

对于同时进行对外投资和承建跨境基础设施项目的中国企业来说，利益实现行为通常包括投资行为、项目工程建设行为及项目运营管理行为。这些行为首先将受到东道国国家政府、地方政府、行业组织、社区所制定的法规和要求的强制性约束，形成利益实现行为要求。如果不能达到这种要求就会受到来自东道国监管机构的制裁和处罚以及其他利益相关者的诟病与谴责。然而，在激烈的竞争中，除了遵守作为基本行为要求或社会对行为的最低容忍标准的法律法规外，为了赢得东道国各级政府、社会公众、多边机构的认

---

① 梁咏：《中国投资者海外投资法律保障与风险防范》，法律出版社，2010，第11页。

可进而获得投资和承建机会，投资者和承包商都将作出行为承诺，这种行为承诺除了基于伦理道德标准作出的承诺外还包括对提供产品或服务行为的承诺。虽然违背这种承诺并不会遭到法律制裁，但可能会让承诺者背负上恶名进而遭受各种形式的损失。虽然行为要求和行为承诺都对投资者的利益实现行为形成了约束，但这并不代表行为人就一定会完全按照要求和承诺行事，因此，行为监管是另一项影响投资人利益实现行为的因素，主要包括东道国监管部门及国际社会对投资者和承包商行为的监管。

第二节　跨境基础设施项目风险成因分析

如第一章所述，跨境基础设施作为区域"俱乐部产品"，项目东道国对供给安排的认可以及采取积极合作行动是实现有效供给的关键之所在，但由于产品供给存在于"无政府状态"下，即国家之上没有更高一级的集中权威来督促和维持合作，各国可以自行决定是否与他国开展合作以及如何与他国开展合作，加之各国在政治局势、经济发展状况、社会文化等方面存在较大差异，令我国对外投资跨境基础设施项目面临着巨大的风险，以下就将对风险来源和风险成因进行分析。

一　跨境基础设施项目风险来源

从项目风险的定义来看，项目风险来源于客观环境和条件的不确定性以及人们对项目发展与变化的认识不足，而区域公共产品供给中的跨境基础设施项目面对来源于国家间合作关系、东道国的客观环境以及项目组织内部的风险，具体内容如下。

（一）国家间合作关系

如第一章所述，跨境基础设施的供给有赖于各国之间的合作，即便是在欧盟这样具有"超国家权威"的区域，成员国仍然保留着是否就某一项目或某一议题与其他国家合作的决策权。对于跨境基础设施项目来说，这意味着任何一个参与项目的国家都可能因共同偏好的分歧、项目利益冲突或对于项目预期的变化而违反承诺并退出合作。对于退出国家来说，由于不会受到来自更高一级权力的惩罚，当面临其他议题存在冲突而导致国家间关系破裂或退出能够带来更大利益时，项目合作便可能终止，而项目投资者也可能会面临无可挽回的巨大损失。

与此同时，由于无法对各国的合作行为以统一的规则进行约束，各国会依据客观环境的变化以及对项目利益的诉求和认知来开展重复博弈，虽然这种博弈可能因其他议题的冲突而大大降低或完全消除合作的可能性，但也有可能在博弈中形成更多的共同目标，令各国通过约束自身行为和开展合作获得更多的利益。从欧盟、南美洲十二国和大湄公河次区域的跨境基础设施发展经验来看，除了物理设施建设外，环境保护、就业促进、地区减贫、区域安全维护等也将被纳入项目实施内容，经济效益和社会效益等也可能不同程度地通过跨境基础设施的发展得以实现，而这对于中国企业来说既可能是机遇，也可能会带来风险。

（二）东道国的客观环境

如上所述，对于处于"无政府状态"下的跨境基础设施项目来说，因各国之间围绕项目而建立的合作关系实际上是一种基于利益相关性和利益期望所建立的关系，如果各国不需要与其他国家合作也能实现同等利益或不能从项目中获得期望利益，便会退出合作，而这不仅取决于国家合作意愿的表达，同时也与国家的客观环境有直接关系。换句话说，如果一国认为其他合作国家的既有条件和发展形势不能满足项目产出预期效益的要求或不足以维持项目运转，那么就可能会对合作存疑甚至直接退出合作。当然，这也并不意味着实力较弱的国家就没有机会参与跨境基础设施项目的开发并从中获得利益，如果其具有诸如特殊资源、国土接壤这样不可替代的条件，那么其他国家仍然会通过经济援助、补偿等多种形式推动跨境基础设施的开发。

从第一章中对跨境基础设施特性的分析来看，跨境基础设施项目的实施不仅是政府间的合作，也将深入影响各国社会内部，而社会内部就此产生的博弈结果将有可能影响决策，甚至令合作无法达成。受到历史、文化、经济等因素的影响，各国社会内部存在巨大的不确定性，跨境基础设施项目的投资者必将持续地面临国内博弈带来的风险。

（三）项目组织内部

不论是以立法形式确立了项目组织结构和治理方式的欧盟，还是以ADB项目管理方法为指导进行了项目组织构建和协调的大湄公河次区域国家，跨境基础设施项目的目标达成并非能由来自单一国家的单一组织或机构实现，而是东道国国家政府、监管机构、区域内外投资者、项目建设者、公众、多边机构等组织合作的结果。因此，相较于国内基础设施项目或对单一国家投资的基础设施项目来说，跨境基础设施项目将更多地面临由国家文化、管理标准、行为方式差异所带来的风险。

首先，跨境基础设施项目的建设与运营并非由单一国家决策，因此对其开展的管理活动也无法完全按照某一国的既有管理制度来进行，需要项目组织根据项目实际情况制定相应的管理制度，但不同项目组织成员间存在的矛盾可能导致管理制度难于形成，使得项目迟迟不能开工，也会因东道国国内相关政策和制度的变化、国际社会舆论压力等令已确定的制度无法继续执行，而这两种情况都将会对投资者造成不利影响。

其次，在跨境基础设施项目的建设和运营过程中，项目组织由来自不同国家和不同文化背景的人员组成，其个人理念和行为方式会存在较大差异，即便在已经确认的管理制度下，依然可能出现无法按照计划完成工作、沟通不畅甚至成员间发生冲突的情况，而这无疑将导致项目实施受到影响。

最后，项目组织并非一个封闭性组织，国家间的冲突与争端、国内或他国的公众质疑、国内与国际舆论压力、所属企业的机构调整及人事变动等都将不同程度地影响到项目组织成员的行动，而这也可能会引发一系列的风险事件。

二　跨境基础设施项目风险的形成原因

风险来源并不等于风险，它是能够带来风险的人、物或事件。项目风险是项目利益相关者遭受损失或获得收益的可能性，其核心要素之一便是利益的失去或得到，而国家间合作关系、东道国的客观环境和项目组织中的不确定性将通过对利益实现机制、利益实现条件和利益实现行为的影响给对外投资跨境基础设施项目中的中国企业带来不同的风险，具体影响情况如图 4-3 所示。

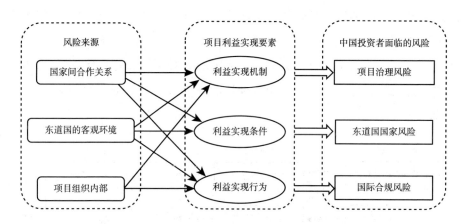

图 4-3 中国对外投资跨境基础设施项目风险成因示意

资料来源：笔者自制。

如图 4-3 所示，中国投资者面临的风险来源于国家间合作关系、东道国的客观环境和项目组织内部，由此形成了项目治理风险、东道国国家风险和国际合规风险。其中，项目治理风险源于国家间合作关系、东道国的客观环境以及项目组织内部三方面不确定性对项目利益实现机制的影响，东道国国家风险源于国家间合作关系和东道国的客观环境两方面不确定性对利益实现条件的影响，而国际合规风险则源于国家间合作关系、东道国的客观环境和项目组织内部三方面不确定性对利益实现行为的影响。三类风险的具体成因如下。

（一）跨境基础设施项目治理风险的形成原因

如前所述，投资者在对外投资跨境基础设施项目中的利益实现有赖于利益实现机制的建立和运行，其目的在于平衡不同国家不同利益相关者的利益、减少不同国家不同利益相关者之间可能对项目绩效产生负面影响的冲突以及为不同组织层次的不同利益相关者创造利益，而项目治理是其核心。其中，跨境成本分配、跨境利益协调旨在通过实现东道国在项目中成本和收益的平衡和动态调整，令政府和社会"组织战略"与项目目标保持一致，而项目组织管理则是关于项目利益产生过程中各方责权利的安排，其重在平衡项目组织内部人员和团队之间的利益，这三方面从不同层面确保项目目标的实现，以便为整个区域创造相应的经济效益和社会效益。然而，源于国家间合作关系、东道国的客观环境和项目组织内部的不确定性会引起利益冲突，进而导致项目治理失败。具体形成原因如图4-4所示。

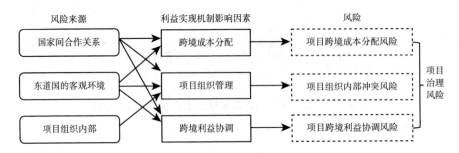

图4-4 中国对外投资的跨境基础设施项目的项目治理风险形成原因示意

资料来源：笔者自制。

项目治理风险作为因项目而生的风险，主要与项目利益相关者的责权利安排有关，并且将伴随项目始终。在中国对外投资的跨境基础设施项目中，项目治理风险主要包括项目跨境成本分配风险、项目组织内部冲突风险和项目跨境利益协调风险。其中，项目跨境成本分配风险主要是指因项目受益国家不愿意或不能承担项目成本而导致项目治理失败的可能性；项目跨境利益协调风险则是指因跨境利益协调机制难以建立和运行失败而导致项目治理失败的可能性；项目组织内部冲突风险则是因项目组织中文化差异、劳资关系、沟通障碍而导致的项目组织内部治理失败的可能性。

作为平衡项目各东道国成本与收益的关键，跨境成本分配将受到国家间合作关系和东道国的客观环境两方面不确定性的影响。由于跨境成本分配的基础是对项目效益公平、公正和公开的评估，若是东道国之间对评估结果存疑，那么势必会难以接受成本分配方案，即便在项目开始时勉强接受，也可能会在项目实施过程中对项目效益产生分歧，进而引发成本分配矛盾。与此同时，国家间合作关系取决于国家间在多个议题和多个层次上的合作态度和行为，当其他议题的合作出现冲突并且令国家间关系受到影响时，也会导致相关国家拒绝接受或继续执行成本分配方案。此外，跨境成本分配方案的持续执行是以各国经济实力的保持为前提的，当东道国因政治局势动荡、经济危机等而财政资金吃紧，国家政府承担成本的意愿和能力均会降低，甚至出现拒绝承担项目成本而完全退出项目的现象。

受到国家间合作关系、东道国的客观环境两方面不确定性的影响，跨境基础设施项目中东道国政府和社会公众的利益诉求可能随项目的推进而发生变化，而新的利益诉求可能会带来利益冲突。为了确保项目的持续推进，就必须协调各方项目利益相关者的利益，以保持或形成新的利益平衡状态。例如，邻国间就边境安全合作关系的变化可能会令东道国政府对跨境公路项目产生新的利益诉求，两国必须要就此开展利益协调，通过增加边境安全合作的内容来让项目得以继续，如果协调不成功，项目便有可能搁浅。再如，由于东道国国家环保要求的调整或公众环保意识的增强，跨境水电项目中利益相关者对于项目的环境利益诉求将会变化，此时必须在东道国的国家政府和公众间开展利益协调，通过新技术的投入或环保措施的调整来消除各方之间的环境利益冲突，达成新的环境效益共识。

项目组织管理的核心是对项目建设和运营组织与个人责权利的安排与调整，而对于跨境基础设施项目来说，这不仅受到各国基础设施管理标准与监管体系的约束，同时也将受到不同国家文化、行为方式、劳动法规等方面的影响，而这些都有可能引发组织内部冲突，进而导致项目治理失败。其中，项目组织成员可能在自身文化背景、所采用的项目管理标准和管理方式的影响下产生矛盾与冲突，不同国家现行的基础设施监管体系与方法则将对项目组织管理机制和制度产生关键性影响。此外，东道国为区域一体化所建立的其他议题和多层次的合作关系也对项目组织管理有所影响，若项目在相应的合作框架下提出，那么项目组织管理将可能被要求按相应的约定和协议来开展。例如，根据区域合作协定中有关促进就业的相关要求和原则进行项目社区本地劳动力招聘。

（二）跨境基础设施项目东道国国家风险形成原因

如前所述，除了利益实现机制外，投资者在对外投资跨境基础设施项目中的利益实现对项目外部环境及条件有特殊要求，国家政府间稳定和持续的政治合作、项目优先地位的获取以及东道国所具备的项目建设与运营条件是利益实现条件的主要因素，而它们将受到源于国家间合作关系和东道国的客观环境两方面不确定性的影响进而形成东道国国家风险，具体内容如图 4-5 所示。对于企业来说，相比于上述的项目治理风险，东道国国家风险是一类更为客观的风险，主要取决于国家政府的政治局势、国家治理能力、经济发展水平、国内基础设施条件等，而这些都难以通过项目投资者和管理者的努力而在短时间内发生改变。

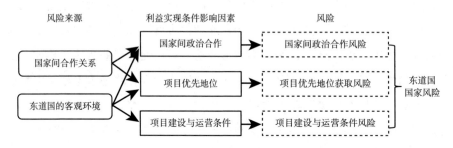

图 4-5 中国对外投资的跨境基础设施项目的东道国国家风险形成原因示意
资料来源：笔者自制。

对于投资者来说，跨境基础设施项目中的东道国国家风险主要包括国家间政治合作风险、项目优先地位获取风险和项目建设与运营条件风险，这些风险的具体成因如下。

如前所述，国家政府间围绕项目开展的政治合作是跨境基础设施项目得以付诸实践的基础条件之一，政治合作的不充分、不连续和不稳定将令项目时刻面临中断的可能。然而，由于受到来自国家间合作关系和东道国的客观环境两方面不确定性的影响，东道国间要想围绕项目开展充分的政治合作并非易事。首先，国家间合作关系与本地区的国家间关系、区域一体化进程、区域内霸权竞争情况等密切相关，而这些都将给就项目开展的国家间合作带来不确定性，参与项目的各国政府均有可能因与他国在其他议题方面的合作问题或冲突而中断项目合作，让项目陷入长期停滞，甚至直接撕毁协议退出项目。与此同时，东道国的外交战略、政治局势、经济发展是动态变化的且不会完全受制于国家间的合作关系，因此国内的政权更迭、内战与革命、社会冲突等均可能令国家政府间无法就项目开展充分的政治合作。

从前文对项目优先地位的解释可以看出，跨境基础设施项目并非存在于单一国家的法律框架和发展计划之下，其不仅受制于东道国国内法律与监管体系，也受到国家间在基础设施领域合作关系的影响。由于各国在基础设施管理的相关法律和监管体系方面存在差异，为了能够让跨境基础设施项目的建设和运营具有公认的合法性，各国均需要通过立法或非立法方式对相关政策和管理制度进行必要的调整，而这可能令国内相关部门和组织间因利益和权力变动而出现矛盾，导致项目不能按期获得优先地位。除了国内的调整外，国家间就项目监管开展的协调也对项目优先地位的获取起到关键作用，国家间在基础设施领域既有的合作关系和平台将大大提高协调效率，反之可能因国家间监管机构难于开展合作和统一监管框架而让项目无法或长时间不能获得优先地位。

从前文对项目建设与运营条件的阐述可以看出，东道国基础设施建设与管理水平、基础设施先进程度、国内替代性设施发展情况将对跨境基础设施项目的建设内容和建设标准、建设成本和设施利用效率、项目投资回收与利润获取产生影响。然而，由于各国在经济发展水平、基础设施发展基础、工程建设行业标准和管理等方面存在差异，对于中国投资者来说，项目所依托的基础设施条件存在诸多不确定性，并且投资者或承包商对此无法做出调整。

（三）跨境基础设施项目国际合规风险形成原因

如前所述，虽然企业通过投资和承包工程在跨境基础设施项目中获得了实现利益的权力，但也承担着相应的合规义务，而源自国家间合作关系、东道国的客观环境和项目组织内部的不确定性将对投资者和承建商的行为承诺、行为要求和行为监管产生影响，从而令其合规义务的履行出现障碍并形成合规承诺风险、合规要求风险和合规监管风险，具体形成原因如图 4-6 所示。

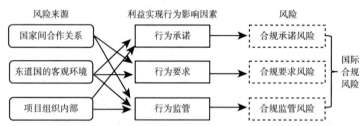

图 4-6　中国对外投资的跨境基础设施项目的国际合规风险成因示意

资料来源：笔者自制。

对于企业来说，由于在对外投资的跨境基础设施项目中不仅扮演着投资者的角色，还可能同时成为项目工程建设者，投资行为和工程建设行为都将受到不同东道国各类法律和法规的强制性约束，这种约束形成了利益实现行为要求，违反要求将会招致来自东道国监管机构的处罚。然而，由于每个东道国有关外商投资管理、基础设施投资、工程项目建设等方面的法律体系及其健全程度存在差异，加之东道国对相关法律法规的制定和修改并不会受到中国企业和项目的影响，这两方面都将造成中国企业面对具有不确定性甚至是矛盾的行为要求，从而形成合规要求风险。与此同时，外国投资者和任何一个国家都无法对其他国家的法律法规做出调整，因此要减少国家间行为要求差异所导致的不确定性就需要项目东道国间开展合规要求的合作，形成一套公认的行为要求体系。然而，这种合作不仅与国家现行的法律法规相关，也与诸多监管部门和国内外企业的利益息息相关，因此其中也存在诸多不确定性。

　　如前所述，跨境基础设施项目对区域发展和国家间关系有着巨大影响，加之当前的国际工程承包市场竞争激烈，在对其投资和承建的过程中，仅仅遵守代表社会对行为最低容忍标准的法律法规往往不足以让投资者和承建者赢得东道国各级政府、社会公众、多边机构等利益相关者的认可，基于伦理道德标准和项目产品与服务做出的行为承诺已然成为中国企业实现合规的必备条件。然而，跨境基础设施项目参与东道国有着固有的伦理道德标准，并且受到国家经济发展水平、民族文化、国家发展方式等方面的影响，将对项目产品或服务有着不同的要求，因此如何做出行为承诺以及履行承诺对于我国投资者和承包商来说都是巨大的挑战，一旦不能完全兑现承诺，便会遭受不合规的指责并导致投资失败和名誉损伤。与此同时，跨境基础设施项目组织内部来自不同国家和具有不同文化背景的成员对于伦理道德标准有着不同看法，在履行承诺的过程中可能会出现个别成员违反合规承诺的现象，而这不仅可能导致组织内部冲突，也会让企业背上不守承诺违背道德的恶名。

　　虽然合规要求和合规承诺是对企业经营行为的约束，但这并不代表每一个企业每一个员工都会自觉遵守或是完全不发生行为偏差，因此行为监管对于确保企业合规经营是十分必要的。然而，受到国家政治局势、社会治理水平、经济发展程度等因素的影响，不同国家在外国投资者、工程承包商行为监管体系上存在差异，监管行为本身也存在不严谨、不透明、不公平等现象，这让企业面临着被不合理监管的可能性。面对这种情况，项目相关东道国之间如果能够就合规监管开展合作以形成统一监管标准并且建立完善的监管体系当然有利于企业，但由于每个国家的合规监管体系调整涉及诸多国内外机构，即便是做出了调整也可能会因国内外各种机构合作中的不确定性而导致合规监管标准和方式的变化，从而无法完全消除行为监管中的不确定性。此外，为了能够最大限度地让项目组织内部成员的行为符合合规要求和合规承诺，项目往往需要建立内部合规监管机制，但监管人和被监管人对于道德伦理理解的差异不仅可能造成监管不力和监管漏洞，甚至可能导致组织内部冲突，给项目的实施造成障碍。

基于上述对跨境基础设施项目治理风险、东道国国家风险和国际合规风险成因和主要风险的讨论，本研究将在后文中对三类风险的风险因素、风险发生机制、风险征兆以及风险预警指标进行详细论述。

第三节　跨境基础设施项目的风险识别模式设计

对于企业来说，跨境基础设施项目风险是由国家间合作关系、东道国的客观环境以及项目组织内部的不确定性对利益实现机制、利益实现条件和利益实现行为的影响而造成的，项目治理风险、东道国国家风险和国际合规风险不仅可能让企业的投资获利目标无法实现，也可能让企业的名誉受损，甚至对国家间的关系产生影响。风险识别作为风险管理的重要环节，其结果是开展风险预警、风险防控的基础。那么，企业应该如何开展对外投资跨境基础设施项目的风险识别呢？以下就将基于欧盟、IIRSA 以及大湄公河次区域的跨境基础设施项目风险管理经验，对项目风险识别模式进行探讨。

一　跨境基础设施项目风险识别的内涵

项目风险识别作为项目风险管理的初始环节，识别结果的全面性、完整性和系统性直接决定着项目风险管理的成败。项目风险识别作为一种认识、分析项目存在的风险的风险管理工作，主要任务是识别出项目风险事件以及风险事件征兆、形成原因、发生过程以及可能的后果。然而，由于跨境基础设施项目在利益相关者构成、风险来源和风险成因方面的独特性，国内基础设施与对单一国家投资的基础设施项目的风险识别模式和方法并不完全适用，以下就将首先从识别目标和对象、识别主体和识别范围三个方面对这种项目的风险识别内涵进行分析，以便为后续建立识别模式和开展风险分析奠定基础。

（一）风险识别的目标和对象

项目风险管理的目的是"趋利避害"，[①] 即最大限度地确保项目目标的

---

①　戚安邦主编《项目风险管理》，南开大学出版社，2010，第 7 页。

实现并且尽可能减少损失发生的可能性，因此在开展项目风险识别时首先应该明确识别对象的特征，即项目目标、项目特征、项目产出物等，进而根据项目具体情况确定项目风险识别工作的目标。对于跨境基础设施项目来说，除了用普通工程项目成本、进度和质量目标来衡量项目的成功外，对于打破边界屏蔽效应、促进跨国和区域贸易、发展国家间关系等方面的贡献也是重要的项目目标。因此，对于进行对外投资跨境基础设施项目的企业来说，项目风险识别目标就是找出是否存在引起项目目标无法实现的风险。

跨境基础设施项目的项目类型、项目涉及的国家与区域、企业在项目中扮演的角色、项目的投融资方式等将对项目风险识别产生重要影响。从前文对风险来源与风险成因的阐述可以看出，参与项目东道国国家的政治局势、法律体系、监管体制、经济实力、社会文化、伦理道德标准以及所处区域的一体化程度、地区稳定与安全情况、区域内的大国势力等都将对跨境基础设施项目产生深刻影响，尽管区域公共产品的外溢性导致项目影响范围的确定仍然是一个难题，但尽可能明确项目涉及的国家与区域是项目风险识别时的必要环节，而这不仅与项目的物理设施空间分布有关，也与项目的建设方式、产品产出方式以及各国的利益分配方案有关。当前，越来越多的中国基建企业以 BOT、PPP 等方式成为海外跨境基础设施项目的投资者和建设者，这种双重身份让企业面临更为复杂的利益相关者关系和更多的不确定性，因此在开展项目风险识别时，务必要基于项目所采用的投融资方式以及企业所扮演的角色，以往工程承包中所建立的风险管理体系以及风险管理经验并不能完全满足作为投资者的风险管理要求。

（二）项目风险识别的主体

作为开展有效风险防控的基础，项目风险识别的结果需要系统、全面和客观地反映项目风险状况，因此风险识别主体的立场、视野、方法、经验对开展风险识别工作而言至关重要。相比于国内基础设施项目或对单一国家投资的基础设施项目来说，由于跨境基础设施项目风险识别涉及对多个国家的分析，除了项目业主、项目经理、项目管理团队、项目施工组织的项目风险管理人员外，来自多边机构的项目管理专家、项目影响区域的公众代表、项目产品或服务的中间商和最终用户等也是风险识别的必要参与者，他们的加入不仅可以令识别结果更为全面也可以增加其客观性。

然而，由于文化背景、受教育程度、个人经验等方面的差异，在保障风险识别者独立性的同时，如何能够让其充分参与风险识别工作，并且科学地利用识别结果是另外两个必须解决的问题。从欧盟和大湄公河次区域的跨境基础设施项目开发经验来看，由于项目为具有"超国家权威"的组织和多边机构主导，因此在项目开发的过程中基于既有的项目管理制度和信息平台建立了较为完整的公众参与、公众质询、信息披露和跨境公共协商机制，为区域内的社会公众、企业、政府等持续、公开、客观地参与项目风险识别提供了渠道和保障，而多边机构对公众意见与看法的分析和评估也能够为项目管理者提供重要的风险识别依据。虽然从当前的项目实施情况来看，跨境基础设施项目并非都由多边机构主导，但通过与多边机构合作来建立项目公众参与机制仍然十分重要，这不仅可以为各类项目利益相关者参与项目风险管理提供充分的机会和稳定的渠道，同时也能帮助中国企业获得社会许可并减少遭受直接攻击和不合理要求的可能性。

（三）风险识别范围

任何一个项目都是由一系列相互关联的项目要素所构成，任何一个项目目标的达成都是以一系列相互关联的项目活动的完成和项目可交付成果的实现为基础的，因此系统性是项目风险识别的基本原则之一，即在找出风险的同时也需要关注风险之间的关系。与此同时，项目受到内外部诸多因素的影响，不能忽略任何一项风险要素可能引发的任何一项风险，而这就是项目风险识别的全面性原则。为了开展具备全面性和系统性的项目风险工作，明确项目风险识别范围就显得十分重要。对于中国投资者来说，对外投资跨境基础设施项目的风险识别需要从时间、空间和项目效益三个维度来确定识别范围。

项目风险识别工作的主要目标就是要识别出究竟有哪些项目风险、这些项目风险的特征是什么以及可能会影响到项目的哪些方面。[①] 随着项目的推进，不论是项目外部环境、项目组织内部还是项目实施的内容都将发生变化，因此项目风险识别是一项贯穿项目全过程的风险管理工作，应该在项目各个阶段中不断进行。对于对外投资跨境基础设施项目来说，中国企业应当基于自身角色和项目投融资方式，弄清哪些项目阶段中的哪些项目活动与自身的利益实现相关，并且制定科学可行的风险识别时间计划，通过定期和不定期的识别工作实现对项目风险的动态识别。与此同时，由于跨境基础设施项目的建设和运营将随着时间的变化而对不同国家和区域产生影响，企业在开展风险识别的过程中应当基于对项目涉及国家或区域的分析，充分考虑识别时项目所处国家、社区的变化以及所在地的具体情况。另外，由于项目利益相关者对项目的看法和自身的利益诉求可能随着项目进程而发生变化，在开展风险识别时，必须对项目所产生的效益进行分析，当发现项目效益与利益诉求间出现不匹配或冲突的端倪时，要找出引发的原因以及所产生的风险。

二　跨境基础设施项目风险识别的内容

项目风险识别的本质是对风险事件的分析，而每一个风险事件必将有其产生的原因、出现的征兆、发生的过程以及产生的后果，而对于中国对外投资的跨境基础设施项目来说，要得到全面的风险识别结果，也必须开展这四个方面的识别工作。其中，风险事件产生原因的识别主要是从国家间合作关系、东道国的客观环境和项目组织内部三方面入手；风险征兆作为风险可能出现的表现或迹象，其影响因素包括风险征兆来源、征兆类型、征兆出现时点和出现地点；对于项目风险发生过程的识别是对风险事件从出现到产生结果这一过程的认识和分析，包括对风险所处阶段、发展情况、发生时点和发生地点的识别；而风险后果的识别则是对风险事件产生的后果的种类、性质

---

① 戚安邦主编《项目风险管理》，南开大学出版社，2010，第98页。

和影响范围的分析。只有掌握了以上四方面的项目风险属性，才能全面了解项目究竟面临哪些风险，并为后续的风险防控提供支撑。风险识别的具体内容如图 4-7 所示。

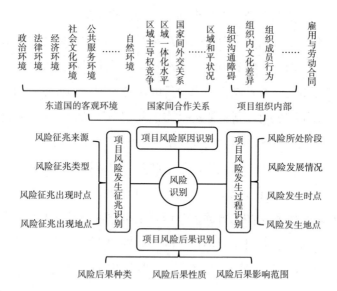

图 4-7　中国对外投资跨境基础设施项目风险识别内容示意

资料来源：笔者自制。

（一）项目风险原因识别

如前所述，对于进行对外投资跨境基础设施项目的企业来说，国家间合作关系、东道国的客观环境以及项目组织内部的不确定性是项目风险的主要来源，因此在开展项目风险原因识别时也主要从这三方面来展开。需要注意的是，一些风险的产生并非由单一原因导致，在开展风险原因识别的过程中不仅要识别出有哪些原因，同时也需要分析这些原因之间是否存在关联关系。

从国家间合作关系来看，由于国家间的合作关系不仅取决于国家自身的情况也与国家间在其他议题上的合作有关，在缺少高于主权国家权威的情况下，任何会对国家间合作关系产生负面影响的因素都应被纳入风险原因的分析范畴，主要包括区域内的霸权竞争、区域一体化水平、国家间外交关系、地区军事冲突、邻国间的边境冲突等。

由于跨境基础设施项目的建设与运营不仅需要参与东道国国家政府间的政治合作，同时也需要东道国各级政府和社会公众予以充分的支持，否则，项目可能面临中止，企业也将面临巨大的损失。因此，东道国国内政治、法律、社会文化、经济、公共服务、自然环境等方面出现的对这种支持产生负面影响的因素都不应被忽视。

虽然在项目建设与运营过程中通过国家间的协调和多边机构的协助，跨境基础设施项目将建立跨境利益协调、跨境成本分配和项目组织管理机制，实现项目治理，但这些机制不可能尽善尽美，加之项目组织内部人员在受到自身行为习惯、民族文化、道德伦理标准以及外部环境变化的影响之下，难免产生沟通障碍、文化冲突、行为失当、劳资纠纷等问题，进而导致项目受阻。因此任何可能引起项目组织内部冲突的因素也将可能成为项目的风险成因。

（二）项目风险发生征兆识别

项目风险发生征兆作为风险事件即将出现的迹象和表现，可以说是实现有效防控风险的关键依据，只有全面掌握各类风险征兆，才能从根本上了解和掌握项目风险的发生和发展情况，提前采取具有针对性的风险防控措施，尽可能降低风险损失出现的概率。鉴于跨境基础设施项目的独特性，本研究认为应该从征兆来源、征兆类型、征兆出现时点和征兆出现地点四个方面来开展风险征兆的识别。

可靠的信息是人们做出正确决策的前提，可靠的风险征兆是确定风险事件的关键证据，因此风险征兆来源是否可信可靠对于风险征兆的识别来说十分重要。在对外投资跨境基础设施项目中，虽然中国企业可以凭借自身多年从事对外工程承包的经验来确定一些风险征兆，但由于投资者和工程承包者角色的不同，并且对该领域的研究仍处于起步阶段，有必要参考诸如 WB、ADB、IDB 等机构发布的投资风险相关报告和指南来寻找风险征兆。例如，根据经济与和平研究所（Institute for Economics & Peace）发布的 GPI，当项目所处地区或国家的和平指数下调时，说明项目所处区域和国家的局势可能陷入不稳，项目遭遇军事冲突等干扰的可能性增大。

风险征兆是确定项目风险事件是否存在的关键证据，而风险征兆出现的持续性是确定风险事件是否真的存在以及风险进程的一个重要维度，因此在开展风险征兆的识别时需要对征兆的类型进行分析，即判断项目风险征兆是持续性还是非持续性的。如果不弄清这一点，那么有可能出现"狼来了"或"错失战机"的现象，不仅可能造成资源浪费的现象，也可能会因没有识别出风险而导致严重后果。例如，当观察到承诺承担项目部分成本的某国政府连年出现财政危机，这可能意味着该国承担经济成本的意愿和能力都有所下降，那么项目既有的跨境成本分配方案可能无法继续实施，进而影响到项目进程和投资者的利益。但也不能仅凭项目东道国出现一次财政赤字就判断其经济实力不足，进而反应过度，甚至为了规避风险而放弃合作。

虽然上述关于风险征兆来源和类型的识别分别从征兆可信度和征兆持续性两个维度对风险征兆进行了描述，但这仍不足以全面识别风险征兆，因为征兆出现的时点和地点的差异同样会对风险识别结果产生影响。其中，风险征兆出现的时点是指风险征兆出现在什么项目阶段，征兆出现地点则是指出现征兆的国家以及征兆出现的项目活动实施空间位置。例如，在全球金融危机的影响下，1个或多个项目东道国可能在不同时点出现经济衰退，进而威胁到各国政府履行既有跨境成本方案的能力，最终可能导致项目因资金不足而中止。在这种情况下，对财政危机这一征兆出现国家数量以及出现时间的分析将对防控措施的规模以及投入有重要影响。

（三）项目风险发生过程识别

虽然风险发生征兆是风险事件即将出现的迹象和表现，但这并不意味着只要风险征兆一出现风险事件就会出现或产生后果，所有的项目风险发生过程都分为风险潜在、风险发生和风险后果三个阶段，[①] 而对于这种风险发生过程的识别将让我们清晰地掌握风险的发展态势，从而为开展有针对性的风

---

① 戚安邦主编《项目风险管理》，南开大学出版社，2010，第168页。

险防控提供依据。为了对项目风险发生过程进行全面识别,本研究认为风险所处阶段、风险发展情况、风险发生时点以及发生地点是其中的关键。

风险所处阶段是判断风险危害以及制定应对措施的重要依据。对于处在潜在阶段的风险来说,风险事件尚未真正发生,并不会对项目利益相关者的利益获取产生直接影响,但这并不意味着可以对风险放任不管,而是应该基于利益相关者的风险容忍度和项目管理组织的风险管理能力,针对风险的特点做出恰当的应对,以防止风险事件发生。但需要注意的是,由于判断风险是否处于潜在阶段的关键在于风险征兆,而有的风险事件的发生是突然性的,难于观察其征兆,当发现这种风险时往往已处于风险发生阶段甚至是结果产生阶段,此时便只能针对减弱风险影响程度的应对措施,而无法完全避免风险事件的发生。

虽然我们可以基于对风险所处阶段的识别结果实施相应的风险防控措施,但限于项目管理者主观判断能力的局限性、外部环境变化的客观性以及防控实施支撑条件的限制性,风险防控措施并不一定能够取得预期的效果,因此对风险发展情况的识别不仅是判断风险防控措施有效性的依据,也是动态调整风险防控措施的需要,对于已经施加了风险应对与控制措施的风险来说,风险发生阶段的变化可能意味着原有措施已经失效或无效,需要选择新的风险应对和控制措施。

虽然在跨境基础设施项目建设和运营的过程中,风险时刻存在,但由于每个项目阶段的项目活动不同,所需的资源投入水平也不同,同样的风险发生在不同的项目阶段可能带来不同的结果。在开展风险识别的过程中必须要对风险事件发生的时点进行分析。例如,对于在项目定义阶段突然发生的邻国间军事冲突可能让项目投资者直接选择放弃项目来规避风险,这样将可以避免今后遭受更大规模的投资损失;而如果这种军事冲突出现在项目试运行阶段,那么投资者将会根据自身购买保险的情况,让保险公司进行补偿,以减少投资损失。

如前所述,由于跨境基础设施项目将受到项目东道国以及区域客观环境的影响,而不同国家在政治体制、经济发展水平、法律体系等方面存在差异，在开展项目风险识别过程中，还应该对风险发生地点进行识别，以便在了解风险发生地点的政治、社会、法律等方面的具体情况后制定出具有针对性和适用性的风险应对和控制计划；当风险被识别将出现在多个国家，并且风险各自处于不同的阶段时，项目管理者就将面临巨大的风险管理挑战。

（四）项目风险结果识别

为了对项目风险有全面的认识，除了要了解项目风险事件产生的原因、出现的迹象和预兆以及发生的过程外，风险事件产生的后果是另一项重要的识别内容，它不仅是评估项目风险严重性的基础，也是开展风险防控的关键依据。本研究认为，对外投资跨境基础设施项目的风险后果识别内容至少包括风险后果性质、风险后果种类和风险后果影响范围三个方面。

根据项目风险的定义，项目风险后果的性质有两种，一种是项目风险所带来的利益损失或损害，另一种是项目风险所带来的收益或获益机会，而所有项目风险所带来的有利后果都属于项目风险收益或获益机会的范畴，所有项目风险带来的不利后果都属于项目风险损失或损害的范畴。[1] 项目风险管理的目的便在于努力减少项目风险所带来的损失以及增加风险所带来的收益。在对外投资的跨境基础设施项目中，虽然源自项目东道国间合作关系、东道国的客观环境以及项目组织内部的不确定性将为投资者带来损失的可能，但同时也伴随着获益的机会。例如，由于东道国合规监管体系不健全，企业可能面对不明确的合规要求，但如果企业能够严格按照国际要求进行合规管理，并且实现与东道国监管机构和公众的积极沟通与协调，那么也可能由此带来良好的声誉和新的市场机会。

相对于项目后果性质，项目风险后果的种类有多种分类方式，但不论采用何种分类，对后果种类的识别有助于清晰地认识风险究竟带来哪方面损失或收益。从前文对项目特点以及风险成因的分析来看，跨境基础设施项目风险后果种类主要可以分为经济后果、环境后果等。需要注意的是，项目风险

---

① 戚安邦主编《项目风险管理》，南开大学出版社，2010，第 156 页。

并不一定只产生单一种类的后果，项目风险事件一旦发生往往造成多种类型的风险后果。例如，在一个跨境水电站建设项目中，如果施工过程中出现了水体污染事件，不仅项目承包商将遭受责罚，受污染的国家也可能因公众的抗议而中止合作，投资者将无法回收投资，若是污染发生在跨境河流上，还可能引发国家间冲突。

在识别了项目风险后果的性质与种类后，在对外投资的跨境基础设施项目中还必须对风险后果的影响范围进行识别，这种识别除了涉及对风险后果对其他项目活动的影响范围外，还涉及对国家或区域和合作关系影响范围的分析。例如，当跨境公路项目中的两个邻国发生边境冲突，跨境运输活动中止，这可能影响整个区域的公路跨境运输，而投资者的投资回收也将受到负面影响。

三　跨境基础设施项目的风险识别模式

通过上述对项目风险识别目标和对象、识别主体、识别范围以及识别内容的分析可以看出，相比于国内基础设施项目和对一国投资的基础设施项目，对外投资跨境基础设施项目的风险识别更为复杂，因为需要同时考虑项目中的多个东道国和多类风险。为了实现有效、全面、系统的项目风险识别，本研究认为对外投资的跨境基础设施项目风险识别应有相应的风险预警指标体系作为支撑，并且基于风险预警结果开展风险识别，具体模式如图4-8所示。

跨境基础设施项目风险识别的开展需要以对外投资跨境基础设施项目风险预警指标体系的建立为前提（图4-8中虚线框所示的内容），这一部分内容将在后文进行详细阐述。在开展具体项目的风险识别过程中，首先应当按照项目风险识别的系统性原则对项目特征进行分析，进而开展项目风险预警，根据国别和整体的风险预警结果，对项目风险具体原因、发生过程和后果进行识别，最终汇总形成项目整体风险情况。

项目特征分析中的项目类型、项目影响的国家与区域、企业角色、项目投融资方式分析将分别给出项目的物理设施特点、地理空间范围、企业在项目中的责权利安排、项目过程等，而这些不仅是对项目风险识别对象的描述，同时也是对识别范围的划定，一旦这些项目特征发生变化，项目识别工作都将作出相应的调整。

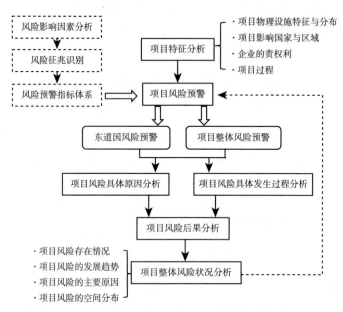

图 4-8 中国对外投资跨境基础设施项目风险识别模式示意

资料来源：笔者自制。

作为具体项目风险识别的支撑，对外投资跨境基础设施项目风险预警指标体系的构建将基于上文中风险成因的分析来开展，通过开展风险影响因素识别，找出相应的风险征兆，进而构建风险预警指标体系。通过利用风险预警指标体系，某一具体项目的风险可能发生的水平将按东道国和风险大类给出，在此基础上企业的风险管理者应进一步对项目风险的具体原因和发生过程进行分析，对每一类风险结果进行识别。

在完成了项目具体风险分析的基础上，为了展现项目整体的风险状况并为形成集成性的风险应对计划和统筹安排风险应对资源，还需要进一步形成项目整体风险状况分析结果，其主要内容包括项目风险存在以及可能发生的水平、风险发展趋势、风险产生原因以及风险分布状况四个方面，并从项目风险数量、项目风险的阶段分布、项目风险产生的主要原因、项目风险的空间分布、项目风险结果的分类分布、项目风险应对与控制的效果等方面展现项目风险的整体情况。需要注意的是，由于项目内外部环境在时刻变化，为了确保风险识别的及时性、科学性和可靠性，风险识别工作将需要在项目推进过程中开展多轮。

第四节　本章小结

在跨境基础设施供给的过程中，东道国政府、多边机构、区域内的社会公众以及区域内外的企业是项目的利益相关者，而所有项目利益相关者的利益实现都有赖于项目利益实现机制的建立、利益实现条件的提供和利益实现行为的实施。对于中国企业来说，这三方面的利益实现要素在受到来自项目东道国国家间合作关系、东道国的客观环境和项目组织内部三方面不确定性的影响下，将分别产生项目治理风险、东道国国家风险和国际合规风险。其中，项目治理风险包括跨境成本分配风险、跨境利益协调风险和项目组织内部冲突风险；东道国国家风险包括国家间政治合作风险、项目优先地位获取风险和项目建设与运营条件风险；国际合规风险则包括合规承诺风险、合规要求风险和合规监管风险。

以系统性、全面性和科学性为原则，在开展中国对外投资跨境基础设施项目风险识别的过程中，应当联合多边机构的项目管理专家、项目影响区域的公众代表、项目产品或服务的中间商和最终用户一同开展风险识别工作，并且基于对上述三类风险发生征兆的识别构建能够实现分国家预警的跨境基础设施项目风险预警指标体系，进而在具体项目中针对项目特征开展风险原因、发生过程和后果的识别，最终形成项目整体风险情况报告，为全面应对项目风险提供充分有力的依据。

第五章　跨境基础设施项目风险
预警与防控体系构建

"凡事欲则立，不预则废。"对于任何项目来说，基于项目风险识别结果来开展有效的风险预警，进而实施有针对性和适用性的风险防控是取得项目成功、令项目投资者获得期望收益的重要保障。若不能及时且准确地开展风险预警并构建风险防控体系，项目风险将可能持续发展和蔓延，即便之后采取补救措施，也可能最终导致项目目标无法实现，给投资者带来严重损失。然而，由于企业在开展海外跨境基础设施项目投资中面临着根源于"无政府状态"带来的风险，既有的国内基础设施项目和对单一国家投资的基础设施项目风险预警和防控体系不能完全适用，本章将基于前文关于对外投资跨境基础设施项目风险成因及分类的研究结果，借鉴欧盟、南美洲和大湄公河次区域的跨境基础设施项目风险管理经验，构建对外投资跨境基础设施项目风险预警与防控体系。

第一节　跨境基础设施项目风险预警体系设计

根据《辞海》中的解释，"预警"是指预先警告，即事发之前觉察可能发生某种情况的警示征兆。在《牛津英语词典》中，预警（early-warning）是指事先知晓有严重或危险的事情要发生。从这两条预警的定义不难看出，预警的关键在于事先对危害或损失征兆的掌握，而风险预警的目的则在于通过对系统外部环境和内部条件变化的识别和分析，对风险进行预测并发出警报，为有效防范和控制风险提供准确信息，以避免或减少造成损失的风险事件的发生。由此来看，对外投资跨境基础设施项目风险预警是指基于风险识别结果，通过运用科学分析方法预先估计和推测项目各项风险的发展趋势，并向投资者发出确切的风险警示信息，使其能够提前了解风险的发展状态，为防控风险提供关键依据。以下将从预警原理与实施过程、项目单项风险预警和项目综合风险预警三方面就对外投资跨境基础设施项目风险预警体系的构建进行阐述。

一　跨境基础设施项目风险预警原理与实施过程

作为全面风险管理的关键要素，风险预警包括生成和有效利用即将发生的风险的先兆信息，[①] 也就是说风险预警不仅要找出风险事件即将出现的征兆，并且要对这种征兆进行分析，从而对风险所发生的时空范围和危害程度进行预报。从这一点来看，在开展对外投资跨境基础设施项目风险预警的过程中，需要基于全面风险识别的结果来找出风险的先兆信息，并且对风险发生的国家、影响的地理区域范围和项目活动范围、危害程度进行分析和预报，以便为风险的防范和控制提供依据。

（一）项目风险预警原理

从前文对项目风险成因的分析不难看出，对外投资跨境基础设施项目风险来源于国家间合作关系、东道国的客观环境和项目组织内部，不论从风险因素还是从风险的空间分布来说，既有的国内基础设施项目和对单一国家投资的基础设施项目风险预警体系都不能完全适用。因此，为了能够开展有效、准确和及时的预警，作为构建风险预警体系的基础，本研究首先就对外投资跨境基础设施项目风险预警原理进行阐述，具体内容如图5-1所示。

作为开展风险预警的关键因素之一，对外投资跨境基础设施项目的风险预警指标选择将基于风险征兆的识别结果来开展，而风险发生征兆的分析将

---

① Second International Conference on Early Warning, "Effective Early Warning to Reduce Disasters: The Need for More Coherent International Action," 16 – 18 October 2003, Born Germany, https://www.unisdr.org/2006/ppew/info-resources/docs/ewcii-ew-programme.pdf.

基于项目风险影响因素的识别与分析来完成。在选择风险预警指标的过程中，为了尽量减少主观判断的影响，本研究将着重从国内外研究机构发布的相关数据库中选择相应指标。为了能够同时展现项目单项风险和整体风险发生的可能性，本研究将分别讨论项目单项风险预警模型的构建以及项目综合风险预警的实现。

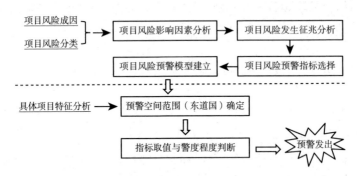

图 5-1　对外投资跨境基础设施项目风险预警原理示意

注：图中虚线以上为风险预警模型建立阶段，虚线以下为预警模型应用阶段。
资料来源：笔者自制。

如图 5-1 所示，在完成了项目风险预警指标体系构建之后，在开展具体项目的风险预警过程中，由于跨境基础设施项目受到两个及以上国家间合作关系和国内形势的影响，应该基于具体项目特征分析结果，首先确定预警的空间范围，即项目涉及的东道国和对应地理区域，进而基于风险预警指标体系进行指标取值与警度程度判断。需要说明的是，由于跨境基础设施项目的建设和运营时间通常长达数年甚至数十年，其间不论是东道国还是东道国之间的合作都充满不确定性，为了尽可能及时地掌握风险发生的可能性并采取有效防控措施，风险预警将在项目实施过程中以定期或不定期的方式开展多次，尤其是当项目所处区域和国家发生重大政治事件、经济发展受重挫、社会冲突加剧，应当开展应急性风险预警。风险预警的作用不仅在于让项目投资者和管理者能够及时预判风险发生的可能性，也在于可以通过每一次预警结果的比较对风险的发展趋势以及防控措施的效果进行分析。然而，为了能够制定具有针对性的风险防控计划并且顺利实施具体的风险防控措施，还必须基于风险预警结果就风险产生的具体原因、发展情况以及结果进行分析。

（二）项目风险预警实施过程

项目风险预警是为了向项目管理者发出警示并提供开展项目风险防控的依据。那么，从投资者的角度来说，应该如何实现对外投资跨境基础设施项目单项风险和综合风险的预警，风险预警和风险防控工作又是什么样的关系呢？本研究认为，中国对外投资跨境基础设施项目风险预警过程可以总结为如图5-2所示。

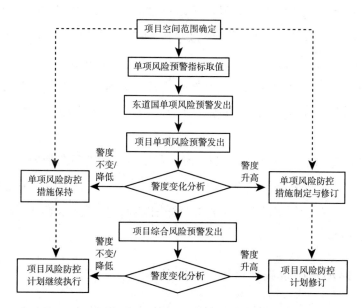

图5-2　对外投资跨境基础设施项目风险预警过程示意

资料来源：笔者自制。

在开展项目风险预警过程中，首先需要以具体项目特征分析的结果为主要依据，确定项目影响的空间范围，然后根据已经设立的风险预警指标体系进行单项风险预警指标的取值和东道国单项风险的警度计算，进而发出项目单项风险预警。在发出每一次单项风险预警后，都应开展警度变化分析，这一方面是为细化单一风险识别结果奠定基础，另一方面也是为判断当前风险防控措施的有效性提供依据。对于同一国家的同一单项风险来说，如果相比前一次预警，警度出现了不变或降低的情况，说明可以维持单项风险防控措施不变或是减少不必要的措施；如果相比前一次预警，警度出现了升高的情况，说明当前既有的风险防控措施可能已经不能适用于风险状况的改变，需要结合风险识别的具体结果进一步调整风险防控措施。

在完成单项风险预警后，为了掌握整个项目的风险情况，就需要基于综合风险预警模型对项目整体风险预警情况进行分析和判定。同样地，如果相比前一次预警，项目综合警度出现了不变或降低的情况，说明可以继续实施已有的风险防控计划，甚至可以针对前期实施的状况削减不必要的具体措施和投入；如果相比前一次预警，项目综合警度出现了升高的情况，说明既有的风险防控计划可能已经不能够对当前的风险进行有效防控，需要结合单个项目风险防控措施的变化情况调整项目整体的风险防控计划，并且通过配置相应的资源最终形成具有可行性和针对性的新风险防控计划。

需要注意的是，作为向风险防控提供关键性依据的风险管理工作，项目风险预警的开展同样需要制定相应的工作计划，除了对预警时间和流程的安排外，还需要对所需资源、人员也进行详细安排，以便实现客观、科学和及时的风险预警。

二 跨境基础设施项目单项风险预警

从上述对外投资跨境基础设施项目风险预警原理和实施过程的分析不难看出，单项风险警度的计算与判定是实现项目综合风险预警的基础，而单项风险防控措施的制定和选择则是拟定项目风险防控计划的依据。因此，为了实现对外投资跨境基础设施项目风险的有效预警，以下将对项目单项风险预警指标体系构建、预警方法以及预警实施流程进行阐述。

（一）项目单项风险预警指标体系构建

由前文关于风险成因的分析可知，在对外投资跨境基础设施项目中，由于企业在项目中的利益实现机制、利益实现条件和利益实现行为受到来自国家间合作关系、东道国的客观环境和项目组织内部三方面不确定性的共同影响，分别产生了项目治理风险、东道国国家风险和国际合规风险三大类风险，每大类风险又分别包括三小类不同的具体风险，风险分类结果如表5-1所示。

表5-1　对外投资跨境基础设施项目风险分类结果汇总

风险大类名称	风险小类名称
项目治理风险（R_1）	项目跨境成本分配风险（R_{11}）
	项目组织内部冲突风险（R_{12}）
	项目跨境利益协调风险（R_{13}）
东道国国家风险（R_2）	国家间政治合作风险（R_{21}）
	项目优先地位获取风险（R_{22}）
	项目建设与运营条件风险（R_{23}）
国际合规风险（R_3）	反腐败合规风险（R_{31}）
	合规信息披露风险（R_{32}）
	东道国合规监管风险（R_{33}）

资料来源：笔者自制。

从前文的研究可知，对外投资跨境基础设施项目的项目治理风险、东道国国家风险和国际合规风险产生的机制不尽相同，本研究中的项目单项风险预警是对这三大类风险进行的预警，并且在后文中也按此分类进行风险防控路径的讨论。

根据上文所述的风险预警原理，在开展项目单项风险预警的过程中，将首先基于对风险小类中所包含各个风险影响因素的分析和发生征兆的识别，选择相应的风险预警指标，进而形成单项风险预警指标体系，其基本形成过程如图5-3所示（以项目治理风险为例）。

在形成单项风险预警指标体系的过程中，将根据前文的风险分类，进一步开展每一风险小类之下具体风险的识别，并且对风险影响因素及其相关的风险发生征兆进行分析，从而基于国内外相关数据库选取或制定若干风险预

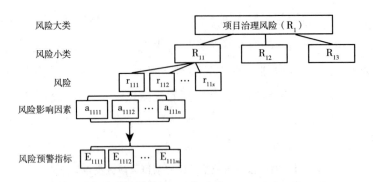

**图 5-3 对外投资跨境基础设施项目单项风险预警指标体系
构建过程 （以项目治理风险为例）**

资料来源：笔者自制。

警指标，并且风险预警指标数量大于或等于风险影响因素数量 （即图 5-3
中的 $m \geq n$），最终形成单项风险预警指标体系。根据这一过程，本研究将
在后文中对项目治理风险、东道国国家风险和国际合规风险预警指标的选择
和指标体系进行研究。

（二）项目单项风险预警方法

从项目风险成因的分析来看，中国对外投资跨境基础设施项目作为一个
开放的动态系统，在受到源于国家间合作关系、东道国的客观环境和项目组
织内部三方面不确定性影响之下，系统的稳定程度将时刻发生变化，导致企
业损失的项目风险可能突然出现，并且在得不到有效且及时控制的情况下发
生突变，从风险演化模式突变为事故演化模式，而事故发生后系统状态将不
可逆，给投资者带来利益损失。为此，本研究选择基于突变级数法来开展项
目单项风险预警，具体方法如下。

突变理论是法国数学家 Thom 在 1972 年提出的用于研究不连续变化和
突变现象的理论。根据突变理论，某系统或过程所处的状态可由其势函数来
描述，势函数由状态变量和控制变量来确定。[①] 其中，状态变量表示系统的
行为状态，控制变量表示影响状态的各种因素。假设中国对外投资跨境基础

---

① Thom R., *Structural Stability and Morphogenesis*, New York：Benjamin Press，1972.

设施项目单项风险警度势函数为 $f(x, c)$，其中 x 为状态变量，代表项目某单项风险警度，c 为控制变量，代表多项风险预警因素，它们共同作用决定风险警度。因此项目警度状态及判断标准为：

$$\frac{dV(x)}{dx} = \frac{\partial f(x,c)}{\partial x} = 0 \tag{5.1}$$

$$\Delta = \begin{cases} \dfrac{\partial f(x,c)}{\partial x} = 0 \\[2mm] \dfrac{\partial^2 f(x,c)}{\partial x^2} = 0 \end{cases} \tag{5.2}$$

其中，式（5.1）为对外投资跨境基础设施项目风险在状态空间的平衡曲面，该曲面表示项目自身所受风险因素作用达到了平衡；式（5.2）是分歧点集方程，可以判断项目风险是否处于稳定状态。当 $\Delta < 0$ 时，表示项目风险处于不稳定状态；当 $\Delta = 0$ 时，表示项目风险处于临界稳定状态，此时即使微小的干扰也可能造成项目风险的突变；当 $\Delta > 0$ 时，表示项目风险处于稳定状态。

根据突变理论，对于任何动态系统来说，如果控制变量的数量不多于 4个，那么经过拓扑等价变换，系统势函数最多只有 7 种突变形式，即折叠型、尖点型、燕尾型、蝴蝶型、双曲型、椭圆型和抛物型。但经过研究，突变模型得到了高维应用的拓展，不必采用递阶降维度的方法也可以将突变模型应用于高维的系统情况，控制变量维数为任意维的突变模型势函数的一般表达式[①]：

$$f(x,c) = \frac{1}{n+2}x^{n+2} + \frac{1}{n}c_1 x^n + \frac{1}{n-1}c_2 x^{n-1} + \frac{1}{n-2}c_3 x^{n-2} + \cdots + c_n x \tag{5.3}$$

其中，n 为正整数，c_n 为 n 维的控制参数。相应得出的归一化公式为：

$$x_1 = c_1^{\frac{1}{2}}, x_2 = c_2^{\frac{1}{3}}, \cdots, x_n = c_n^{\frac{1}{n+1}} \tag{5.4}$$

---

① 李祚泳、张国丽、党媛：《推广的高维突变模型势函数及用于地下水水质评价》，《系统工程》2010 年第 4 期，第 101~105 页。

根据上述原理，通过确定指标体系中各个指标的突变系统类型，根据式（5.3）的突变模型势函数一般表达式和式（5.4）的突变模型归一化公式，便可确定评价中的突变类型与归一化公式，突变级数法中常用突变模型如表5-2所示。

表5-2 突变级数法中常用突变模型

突变模型	控制变量维数(c)	势函数	归一化公式
折叠突变	1(u)	$f(x)=x^3+ux$	$x_u=u^{1/2}$
尖点突变	2(u,v)	$f(x)=x^4+ux^2+vx$	$x_u=u^{1/2}$, $x_v=v^{1/3}$
燕尾突变	3(u,v,s)	$f(x)=x^5+ux^3+vx^2+sx$	$x_u=u^{1/2}$, $x_v=v^{1/3}$, $x_s=s^{1/4}$
蝴蝶突变	4(u,v,s,t)	$f(x)=x^6+ux^4+vx^3+sx^2+tx$	$x_u=u^{1/2}$, $x_v=v^{1/3}$, $x_s=s^{1/4}$, $x_t=t^{1/5}$
抛物突变	5(u,v,s,t,l)	$f(x)=x^7+ux^5+vx^4+sx^3+tx^2+lx$	$x_u=u^{1/2}$, $x_v=v^{1/3}$, $x_s=s^{1/4}$, $x_t=t^{1/5}$, $x_l=l^{1/6}$

资料来源：张浩、邱斌、唐孟娇等：《基于改进突变级数法的农产品冷链物流风险评估模型》，《系统工程学报》2018年第3期，第412~421页；李晶、李宝德、王爽：《基于突变理论的海上运输关键节点脆弱性度量》，《系统管理学报》2018年第1期，第32~39页。

在确定了各层次预警指标的突变模型后，便可求出各控制变量的突变级数值。对同一评价对象系统中各控制变量，如果它们之间不存在明显的相互关联作用，则称各控制变量为"非互补型"，对应的x按照"大中取小"的原则取值；若控制变量之间存在明显的相互关联，则称各控制变量为"互补型"，对应的x按平均值法取值。

突变级数法最大的特点就在于避免了其他评价方法中指标权重的确定，而考虑了评价指标的相对重要程度，[①] 但从既有的研究成果来看，在确定指标重要程度的过程中很多研究都采用了专家打分法、问卷调查法等主观性较

---

① 陈晓红、杨立：《基于突变级数法的障碍诊断模型及其在中小企业中的应用》，《系统工程理论与实践》2013年第6期，第1479~1485页。

强的方法，增加了人为主观判断对评价结果的影响，令评估结果的科学性和客观性不足。为此，本研究参考张浩等①的研究成果，采用离差最大化法来解决突变级数法中多指标重要性的排序问题。离差最大化的基本原理是通过计算指标体系中第 k 个指标的总离差与全部指标总离差的比值来体现该指标的重要性。该比值越大重要性越高，该比值越小则重要性越低②。该方法的基本思路如下。

首先根据各指标类型的不同，采用极差变换法对底层指标进行无量纲化处理得到标准化处理后的 z_{ij} 用以构造规范化矩阵。依据离差最大化法的基本原理得出最优的加权向量 $W^* = (w_1^*, w_2^*, \cdots, w_m^*)$。设各指标的权重向量为 $W = (w_1, w_2, \cdots, w_m)$，记标准化处理后的决策矩阵 $Z = (z_{ij})_{n \times m}$③，则可以求得加权后的规范化决策矩阵为：

$$D = \begin{bmatrix} w_1 z_{11} & \cdots & w_m z_{1m} \\ \vdots & \ddots & \vdots \\ w_1 z_{n1} & \cdots & w_m z_{nm} \end{bmatrix} \qquad (5.5)$$

对于指标 k，设 $H_{ij}(w)$ 为其某一方案 i 的指标值与其他所有方案指标值的离差和，则总离差为：

$$H_j(w) = \sum_{i=1}^{n} H_{ij}(w) = \sum_{i=1}^{n} \sum_{k=1}^{n} |z_{ij} - z_{kj}| w_j, \quad j = 1, 2, \cdots, m \qquad (5.6)$$

由式（5.6）可以构造如下目标函数：

$$H(w) = \sum_{j=1}^{m} \sum_{i=1}^{n} H_j(w) = \sum_{j=1}^{m} \sum_{i=1}^{n} \sum_{k=1}^{n} |z_{ij} - z_{kj}| w_j \qquad (5.7)$$

通过上述分析，结合相关条件可以构造一个离差最优化模型：

---

① 张浩、邱斌、唐孟娇等：《基于改进突变级数法的农产品冷链物流风险评估模型》，《系统工程学报》2018 年第 3 期，第 412~421 页。

② 郭清娥、苏兵：《离差最大化时基于交叉评价的多属性决策方法》，《运筹与管理》2015 年第 5 期，第 75~81 页。

③ 注：此处的 m 和 n 与图 5-3 中的 m 和 n 所代表的意义不同。

$$\begin{cases} \mathrm{Max}H(w) = \sum_{j=1}^{m} \sum_{i=1}^{n} \sum_{k=1}^{n} |z_{ij} - z_{kj}| w_j \\ s.t. \quad \sum_{j=1}^{m} w_j^2 = 1, w_j \geqslant 0 \end{cases} \qquad (5.8)$$

解该离差最优化模型，并结合归一化处理过程可得最优参数：

$$w_j^* = \frac{\sum_{i=1}^{n} \sum_{k=1}^{n} |z_{ij} - z_{kj}|}{\sqrt{\sum_{j=1}^{m} \left(\sum_{i=1}^{n} \sum_{k=1}^{n} |z_{ij} - z_{kj}| \right)^2}} \qquad (5.9)$$

$W^* = (w_1^*, w_2^*, \cdots, w_m^*)$ 为所求，依据权重向量中w_j^*的大小即可对各指标进行重要性排序。

（三）项目单项风险预警实施流程

基于上述关于预警方法的阐述，中国对外投资跨境基础设施项目单项风险预警流程如图5-4所示。

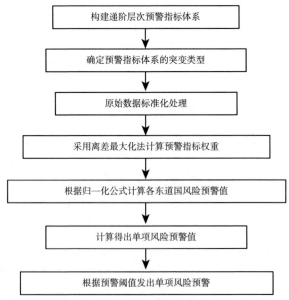

图5-4 中国对外投资跨境基础设施项目单项风险预警流程

资料来源：笔者自制。

如图 5-4 所示,在开展对外投资跨境基础设施项目单项风险预警过程中,首先根据图 5-3 所示的方法构建预警指标体系,进而根据突变级数法原理,按照控制维数的多少确定预警指标体系中不同层级的突变模型类别。评价指标的原始数据在取值方式和量纲上的不同将导致指标之间缺乏公度性,因此需要采用极差变换法对指标进行无量纲化处理,从而形成规范化数据。其中,对于正向指标,即数值越大则风险预警值越大的指标,其规范化处理公式为式(5.10);对于逆向指标,即数值越小则风险预警值越大的指标,其规范化处理公式为式(5.11)。[①]

$$y = \frac{x - \mathrm{Min}\ x}{\mathrm{Max}\ x - \mathrm{Min}\ x} \tag{5.10}$$

$$y = \frac{\mathrm{Max}\ x - x}{\mathrm{Max}\ x - \mathrm{Min}\ x} \tag{5.11}$$

式中,y 为指标标准值,x 为指标原始值。

在完成了指标原始数据的标准化处理后,将基于上述的离差最大化法计算获得指标的重要性排序,进而根据突变模型和归一化公式,计算得到各级指标的突变级数值,即警度,最后再根据预警阈值发出单项风险预警,而有关预警阈值的讨论将在项目综合风险预警中进一步讨论。

三 跨境基础设施项目综合风险预警

在完成了项目单项风险预警的基础上,为了全面展现项目的风险情况并且为制定具有综合性和集成性的风险防控计划提供依据,本研究将基于雷达图法就对外投资跨境基础设施项目综合风险预警的方法和实施流程进行探讨。

(一)项目综合风险预警的方法

如前所述,由于对外投资跨境基础设施项目中的项目治理风险、东道国

---

① 朱乐群、吕靖、李晶:《基于高维突变模型的海上通道安全预警研究》,《运筹与管理》 2016 年第 3 期,第 261~266 页。

国家风险和国际合规风险在风险形成机制上不同，每项风险所采取的风险防控措施也将存在差异。然而，为了全面而科学地开展风险防控，企业不仅需要了解单项风险水平并制定相应的单项风险防控措施，同时也应在掌握项目风险整体状况的基础上开展风险防控的资源配置并形成完整的风险防控行动计划。为此，本研究将采用雷达图原理来开展项目综合风险预警，基本形式如图5-5所示。

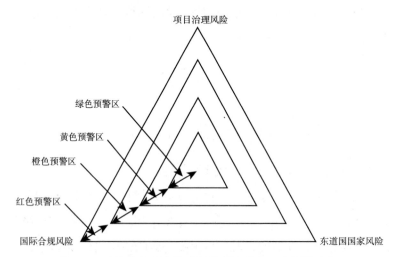

图5-5 对外投资跨境基础设施项目综合风险预警示意

资料来源：笔者自制。

对外投资跨境基础设施项目综合风险预警分为绿色、黄色、橙色和红色四个预警级别，其中绿色预警表示警度最低，红色预警表示警度最高。为了更为科学地确定项目风险预警的警度区间，本研究在借鉴唐明等①研究成果的基础上提出了以下风险预警区间确定方法。

首先，根据三个单项风险预警指标体系分别计算最底层控制变量为 $\{0, 0.25, 0.5, 0.75, 1\}$ 的顶层突变评价值 r_{ij}（$i=0, 1, \cdots, 4$；$j=$项目治理风险、东道国国家风险、国际合规风险），并将同一控制变量的三个单项

---

① 唐明、邵东国、姚成林等：《改进的突变评价法在旱灾风险评价中的应用》，《水利学报》2009年第7期，第858~863页。

风险评价值的平均值作为综合风险预警中刻画突变评价值的等级刻度，不同等级对应的区间为 (r_i, r_{i+1})，其中 $i = 0, 1, 2, 3, 4$。具体对应关系如表 5-3 所示。

表 5-3　对外投资跨境基础设施项目综合风险预警区间

预警警度	绿色预警	黄色预警	橙色预警	红色预警
区间	$[0, r_1]$	$(r_1, r_2]$	$(r_2, r_3]$	$(r_3, r_4]$

资料来源：笔者自制。

在确定了风险预警区间后，每一次开展项目风险预警工作时，便可以将计算得到的单项风险预警值通过描点的方式绘入图 5-5 的综合风险预警图中，这样不仅可以直观地看出不同项目东道国单项风险的警度，同时也可以看出三个单项风险的整体警度以及其中易发生风险的东道国，从而体现项目整体的风险预警情况。与此同时，通过比较不同时间点的预警图，还可以观察到不同国家不同项目单项和综合风险警度的变化情况，为项目风险防控提供科学的依据。

（二）项目综合风险预警结果的应用

面对瞬息万变的项目内外部环境，对外投资跨境基础设施项目中不同国家不同项目风险的预警情况也将随着项目的推进而发生变化，这意味着项目投资者和项目管理者需要结合自身的风险容忍度和风险管理能力来制定与项目风险预警级别相匹配的风险防控基本原则。这一原则将指导企业和项目团队根据风险预警情况制定不同的风险防控行动计划并实施具体的风险防控活动，而项目综合风险预警结果将直观地为这一原则的制定提供依据。以下将以图 5-6 中的示例来说明具体应用方式。

如图 5-6 所示，对外投资跨境基础设施项目风险综合预警结果将同时体现不同项目东道国不同项目单项风险的警度，因此项目投资者和项目管理者可以对不同的预警区间采取不同的防控策略。例如，将黄色和绿色预警区间视为"安全区间"，此时若不同项目东道国的三项单项风险

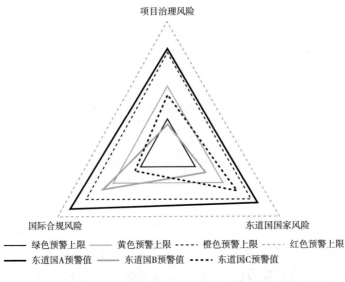

图 5-6 对外投资跨境基础设施项目综合风险预警结果示例

资料来源：笔者自制。

预警值均落在这两个区间内，企业则考虑主要采取"保守型"的风险防控策略，更多的是继续观察风险变化情况，夯实风险防控基础，完善风险防控体系，而不投入过多资源去处理风险。当某一项目东道国或多个项目东道国的单项风险预警值超出了这个"安全区间"时，就需要弄清风险的具体成因、发展过程、所处阶段以及东道国具体状况，制定并实施相应的单项风险防控行动计划，以尽可能减小风险发生的可能性及其给投资者带来的损失。当某一个或多个项目东道国的各项单项风险预警值均已超出了"安全区间"，那么中国投资者就需要慎重考虑是否继续实施项目，以及是否能够通过全方位的风险防控行动计划来杜绝风险事件的大规模发生。

第二节 跨境基础设施项目风险防控体系设计

基于风险防控的基本概念，本研究认为对外投资跨境基础设施项目的风险防控包括风险防范和风险控制两方面内容。风险防范是指根据风险预警结果通过一系列管理活动来尽可能降低风险事件发生的可能性并且避免风险损失，而风险控制是指依据风险预警结果和风险防范效果来采取措施降低风险事件发生的可能性并且减少风险发生后对中国投资者利益的损害程度。由此来看，虽然加入的多边投资协定和双边投资协定能够在诸多方面为对外投资跨境基础设施项目的风险防控提供法律保障，东道国出台的相关政策也能够在一定程度上对投资者的行为形成有效监管和保护，但法律条款和政策本身并不意味着企业就能够实现有效的风险防控，其有赖于一系列具有针对性和适用性的风险防控行动的开展，而风险防控体系是防控行动计划提出并得以付诸实际行动的关键。为此，以下将结合欧盟、ADB 以及南美洲的跨境基础设施项目风险防控经验，开展对外投资跨境基础设施项目的风险防控体系设计，并且重点对其中项目风险防控行动体系的运行机制进行阐述。

一 跨境基础设施项目风险防控体系的构成

对于任何一个项目的风险防控来说，其核心都是科学和客观地制定出具有针对性、适用性、有效性的风险防控行动方案，并且通过行动方案的实施来实现对风险的全面防控，而行动方案的实施有赖于行动体系的建立以及相应资源、制度、组织的支撑，这对于对外投资跨境基础设施项目来说亦不例外。因此，本研究认为对外投资跨境基础设施项目风险防控体系的构成要素及其关系可归纳为如图 5-7 所示的内容。

对外投资跨境基础设施项目风险防控体系以风险防控行动体系为核心，而其中又以风险防控行动决策体系为中心，风险防控行动执行体系、保障体系和监控体系将依据防控行动决策体系输出的防控目标来开展具体的风险防控行动。然而，对于任何一个项目来说，风险防控行动的实施必将受到项目内外部条件和环境的影响和约束，项目风险防控行动体系的运转受到项目风险防控制度体系、资源体系和组织体系构建和运行情况的约束，而这三个体系的建设、运行与完善则受到项目风险防控法律保障的约束，因为法律保障

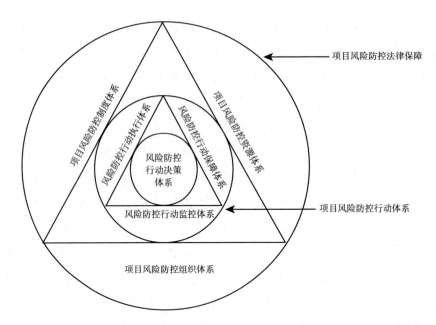

图 5-7 中国对外投资跨境基础设施项目风险防控体系

资料来源：笔者自制。

是项目风险防控体系与具体行动合法性和有效性的决定性因素。基于前文有关项目利益相关者、风险成因的讨论，本研究认为对外投资跨境基础设施项目的风险防控制度体系、资源体系和组织体系的构成如表 5-4 所示；而风险防控法律保障将在下文进行详细论述。

表 5-4 对外投资跨境基础设施项目风险防控制度体系、资源体系和组织体系要素

体系名称	企业	国内	东道国	区域与国际社会
项目风险防控制度体系	·企业风险管理制度 ·企业投资管理制度 ·企业海外应急管理制度 ·企业财务管理制度 ·企业内项目管理制度	·国内海外投资管理制度 ·国内劳动保障制度 ·国内企业经营监管制度	·外商投资管理制度 ·基础设施项目管理制度 ·劳动制度 ·外商经营监管制度	·国际通行的外商利益保护制度 ·国际通行的外商行为监管制度 ·外商行为国际标准

体系名称	企业	国内	东道国	区域与国际社会
项目风险防控资源体系	·企业既有风险防控经验 ·企业风险防控资金准备 ·企业风险防控的外部智力支持	·国内可提供的保险等风险转移工具 ·国内政府及其他机构提供的东道国信息、风险研究成果及专家智力支持	·东道国智库及专业研究机构提供的数据、研究成果及专家智力支持 ·东道国金融市场可提供的风险防控工具 ·东道国民间机构和组织提供的信息	·多边机构的专家智力支持 ·国际智库及专业研究机构提供的数据、研究成果及专家智力支持 ·多边机构提供的风险转移工具 ·国际金融市场可提供的风险防控工具
项目风险防控组织体系	·项目管理团队 ·企业风险管理部门 ·企业风险管理专家 ·企业风险管理顾问	·驻东道国中国大使馆 ·商务部等国家机构 ·国内相关智库与研究机构	·东道国各级政府 ·东道国基础设施监管机构 ·东道国智库 ·东道国中国商会 ·东道国社会组织 ·东道国原住民社区组织 ·东道国公众代表	·多边机构 ·国际性非政府组织 ·国际智库及专业研究机构

资料来源：笔者自制。

　　如表5-4所示，对外投资跨境基础设施项目风险防控制度体系、资源体系和组织体系分别由来自企业、国内、东道国以及区域与国际社会四个层次的不同要素构成。其中，项目风险防控制度体系主要包括企业现行的与项目投资和管理相关的内部制度、境外投资管理与企业合规管理和监管相关制度、东道国外商投资与经营管理制度、国际通行的外商保护和行为标准等；而企业的项目风险管理制度以及能力发展是构建项目风险防控制度体系的关键，因为其他三方面既是该体系建设的支撑也是约束，唯有企业对自身制度进行调整和优化才能建立符合外部制度约束和项目特点的风险防控制度体系。项目风险防控资源体系主要包括信息资源、资金资源、智力资源、避险工具资源四类，而企业、国内及东道国政府机构、国内及东道国的智库和研究机构、国内及东道国的保险机构、多边机构等将分别向项目提供这些风险防控资源，而资源体系的形成一方面与企业获取和利用资源的能力有关，另一方面也与各类机构提供的资源丰富程度有关。如前所述，企业在开展海外跨境基础设施项目投资和建设的过程中，多边机构、东道国政府及监管机构、项目区域内的社会公众都是重要的项目利益相关者，而它们为了获取利益也将承担相应的风险防控责任。除此之外，我国商务部等国家机构以及驻东道国大使馆、国内外相关学术研究机构与智库等也将成为项目风险防控组织体系的主要组成部分，为项目的风险防控提供重要的行动指导。

各单项风险成因和风险形成机制不同，本研究将在下文分别对中国对外投资跨境基础设施项目治理风险、东道国国家风险和国家合规风险的防控路径进行分别讨论，而其中也将对上述三个体系中不同要素在风险防控的作用及其相互关系进行详细阐述。但需要指出的是，由于三个体系中的要素将在项目过程中不断发生变化，企业在基于此开展风险防控行动的过程中必须要实现动态调整以适应这种变化。

二　跨境基础设施项目风险防控行动体系的构成

如上所述，在对外投资跨境基础设施项目风险防控制度体系、资源体系和组织体系的支撑和保障之下，不同风险将有不同的防控路径，这些防控路径为风险防控行动提供了方向和道路，但防控目标的最终实现有赖于风险防控行动的落实。因此，以下将首先就对外投资跨境基础设施项目风险防控行动体系的构成进行阐述，进而再对该体系的运行机制进行分析。

（一）跨境基础设施项目风险防控行动决策体系的构成

作为对外投资跨境基础设施项目风险防控行动体系的核心，风险防控行动决策体系的主要功能是根据项目单项和综合风险预警情况制定风险防控行动目标以及选择风险防控路径，而如图 5-8 所示的决策依据、决策组织、决策过程和决策规范对这种功能的实现而言缺一不可。

对外投资跨境基础设施项目风险防控行动决策体系的构成要素包括风险防控行动决策过程、决策依据、决策组织和决策规范四个方面。其中，风险

图 5-8　对外投资跨境基础设施项目风险防控行动决策体系构成要素

资料来源：作者自制。

防控行动决策过程从时间维度对风险防控行动目标的提出和防控路径的选择过程进行规定。为了向风险防控行动决策过程中的每一步骤提供充分、科学和客观的决策支撑，风险防控决策依据主要包括决策方法、防控行动条件和防控行动能力三个部分。决策方法将为整个决策过程提供理论和方法指导，防控行动条件主要是为实现防控行动目标所应具备的客观条件，防控行动能力则主要是指项目管理组织所具备的实施有效风险防控行动的综合素质，后两项都有赖于上述的风险防控组织体系、制度体系和资源体系的构建与完善。风险防控行动决策组织作为实施防控行动决策的主体，其构成除了项目经理、项目风险管理小组外，还应该包括来自东道国政府、多边机构、区域社会公众等的代表，这些代表的意见将作为决策的关键性依据。为了令决策过程和行为受到约束，风险防控行动决策规范将对参与每一项决策工作的每一个主体的行为进行规定，以确保决策结果的科学性和客观性，而风险防控行动监控体系也将参考这种规定对决策行为进行监督和控制，而这一规范的制定与风险防控组织体系和制度体系关系密切。

（二）跨境基础设施项目风险防控行动执行体系的构成

在风险防控行动中，风险防控行动执行体系将把风险防控行动决策体系输出的防控行动目标和选择的防控路径进一步细化和具体化，在提出具体风险防控行动方案之后，开展具体的风险防控行动。在这一过程中，风险防控行动执行的组织、资源、规范和过程缺一不可。

在风险防控行动执行体系中，行动执行组织是开展风险防控行动的主

图 5-9　对外投资跨境基础设施项目风险防控行动执行体系构成要素

资料来源：笔者自制。

体，它将依据风险防控行动目标和防控路径制定具体的风险防控行动方案、进行具体的风险防控行动分工并执行具体的风险防控行动计划，主要由来自项目管理团队中的成员构成，来自项目所属企业和外部的专家将以顾问的形式对具体行动的执行提供支持与指导。为了让行动执行组织能够及时、科学和有效地执行防控行动计划，风险防控行动执行资源将基于风险防控资源体系为各项风险防控行动的执行提供所需的资源，风险防控行动执行规范则会基于执行组织中成员责权利的安排给出不同分工或岗位的行动规范，而这种行动规范也是开展项目风险防控行动监控的主要依据。由于在防控行动执行过程中，需要在执行行动计划的同时开展项目组织内外部人员和资源的协调和配合，需要制定风险防控行动执行流程，以便让执行组织的行动能够有章可循。

（三）跨境基础设施项目风险防控行动保障体系的构成

　　相比于国内基础设施项目和对单一国家投资的基础设施项目，企业在开展对外投资跨境基础设施项目风险防控的过程中，不仅需要面对资金问题，还需要面对项目组织成员文化背景多样化可能带来的文化冲突以及项目外部各国监管制度、民俗文化、政治风气等对风险防控行动执行可能形成的不利影响，因此风险防控的有效开展必须有完善和稳定的保障体系作为支撑，而该保障体系的构建和运行则需要项目风险防控制度体系、资源体系和组织体系作为支撑。中国对外投资跨境基础设施项目风险防控行动保障体系构成要素如图 5-10所示。

图 5-10 中国对外投资跨境基础设施项目风险防控保障体系构成要素

资料来源：笔者自制。

由于不论是向国内外保险机构投保，还是聘请专家开展风险防控咨询，再或是实施日常的风险跟踪和信息收集工作，都需要有充足的资金作为保障，若是风险防控行动资金不充足，那么便会影响到风险防控行动的执行，所做的风险防控行动决策可能沦为"纸上谈兵"。资金固然是行动执行的关键保障，但由于信息的不完备性是风险产生的根源之一，[①] 尽可能地掌握项目相关信息以缩小信息缺口不仅是风险防控行动执行的必要条件，也是整个项目风险管理成功的关键。因此，项目管理组织有必要基于风险防控资源体系来发展能够及时收集和传递各层次各类风险信息的信息平台，为包括风险防控行动在内的所有风险管理活动提供充足的信息保障。项目风险防控行动的有效开展离不开项目防控行动执行团队的努力，该团队中不仅有来自中国企业的项目风险管理人员，也会包括来自多边机构的专家代表、东道国政府与监管机构代表、国内外智库和研究机构专家、非政府组织代表、公众代表等，有充足、合适的人选参加防控行动并形成团队是风险防控行动的组织保障，而这种保障在很大程度上取决于项目风险防控组织体系的构建。为了能够让风险防控行动团队成员有序地开展合作并实现风险防控行动目标，就需要有相应的制度来保障其有获得资源并实施一系列活动的权力，而这与项目风险防控组织体系和制度体系有密切关系。

（四）跨境基础设施项目风险防控行动监控体系的构成

如上所述，在开展风险防控行动的过程中，不论是开展防控行动决策还

---

① 戚安邦主编《项目风险管理》，南开大学出版社，2010，第 2 页。

是执行防控计划都有相应的规则，但这并不代表所有事情都会如预想的那样顺利。项目外部环境不断变化，加之风险防控行动的实施人员会因个人能力不足而出现工作差错或工作不到位的情况，因此需要基于风险防控行动目标、防控路径和相关规则建立风险防控行动监控体系来对风险防控行动的实施进行监视、监督和控制，以便及时发现风险防控行动中存在的问题和偏差，进行处理和纠正。具体来看，我国对外投资的跨境基础设施项目的风险防控行动监控体系由监控标准、监控规范、监控组织和监控流程四个方面构成，如图 5-11 所示。

图 5-11　对外投资跨境基础设施项目风险防控行动监控体系构成要素
资料来源：笔者自制。

作为开展监控的基础，风险防控行动监控标准主要涉及风险防控行动决策和执行的规范，在风险防控行动监控中不仅要关注行动过程的规范性和合法性，也需要关注行动结果，即是否通过防控行动取得了预期的阶段性防控效果，如果没有就需要找出其中的原因，必要时进行行动计划的修改。为了规范风险防控行动监控工作，需要对监控工作流程进行明确规定，并且对每一项监控工作给出监控规则，以避免因监控漏洞而导致防控行动执行不利。与此同时，为了开展全面和客观的监控，风险防控行动监控组织的构成不仅将包括项目组织内部的成员，还将包括来自企业的管理人员、外部专家、项目影响区域内的社会公众代表等，虽然他们可能无法直接看到风险防控执行者的所有行为，但他们对项目提出的质疑、问题等将是及时发现风险防控行动漏洞的重要参考。

三　跨境基础设施项目风险防控行动体系的运行机制

如上所述，风险防控行动目标是实施有效风险防控行动的核心，那么如何确定风险防控行动目标，在防控行动目标确定后风险防控行动体系又将如何运行来促成风险防控行动呢？本研究认为，对外投资跨境基础设施项目风险防控行动体系的运行可分为风险防控行动目标确定、风险防控行动计划制定和风险防控行动计划执行三个阶段，而不同的风险防控行动体系也将在不同阶段发挥作用，具体内容如图 5-12 所示。

在获得项目单项风险和综合风险预警结果后，风险防控行动决策体系将基于预警情况来进行风险防控行动决策，其核心在于确定风险防控行动目标，这种目标通常应当包括风险防控行动的时间目标、成本目标、风险范围目标和防控效果目标。其中，时间目标主要是指风险防控行动要在什么时段内完成，成本目标是指开展风险防控行动花费的资金上限，风险范围目标是指要对哪几项单项风险开展防控行动，而防控效果目标则是指在开展风险防控行动后，要实现的最终防控成果是什么。

如图 5-12 所示，当风险防控行动目标输入风险防控行动执行体系、保障体系和监控体系后，整个防控行动就将进入风险防控行动计划制定阶段。在这一阶段中，风险防控行动执行体系将会通过一系列工作来完成确定风险防控行动方案、制定风险防控行动计划两项任务。风险防控行动保障体系将基于防控行动目标和风险防控行动方案首先对风险防控行动保障能力进行评估，进而制定风险防控行动保障计划，并且通过与风险防控行动计划进行匹配，最终确定防控行动保障计划。依据风险防控行动目标和风险防控行动方案，风险防控行动监控体系将会在确定行动监控标准后制定监控计划，进而在与风险防控行动计划进行匹配之后，确定风险防控行动监控计划。

作为风险防控行动真正见效的阶段，风险防控行动计划执行阶段的主要内容就是按照风险防控行动计划来完成各项风险防控行动，并且按照风险行动保障计划和监控计划来提供相应的工作保障并开展监督与控制。以上三个阶段的具体运行机制如下。

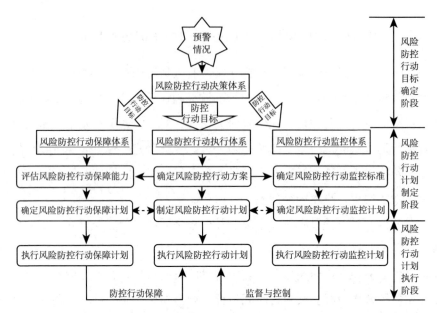

图 5-12 对外投资跨境基础设施项目风险防控行动体系运行机制

资料来源：笔者自制。

（一）第一阶段：风险防控行动目标确定阶段

每一次的风险预警结果都可能意味着项目所面对的风险情况发生了变化，因此在开展对外投资跨境基础设施项目风险防控行动时，首先就要结合风险预警结果来明确风险防控行动目标，以便为所有的风险防控行动提供基础与导向，而这也是风险防控行动决策体系所要实现的最终目的。然而，从实际情况来看，风险防控行动目标的确定不仅与风险预警情况有关，也受到项目风险防控组织体系、资源体系和制度体系的制约，因此风险防控行动决策体系的运转将需要充分考虑这些因素，具体运行机制如图 5-13 所示。

从风险防控行动决策过程来看，以项目风险预警结果为核心输入物，首先需要对警度变化情况进行分析，这一方面是为后续确定风险防控范围提供依据，另一方面也是对风险防控重点的把握。在确定了风险现状的基础上，风险防控行动决策组织需要对项目利益相关者的风险承受能力和风险防控行动条件开展分析，风险承受能力的高低直接影响风险防控重点和范围的确定，而风险防控行动条件的分析主要是以风险防控行动决策依据为参考，结合项目实际情况来对能开展什么样的防控行动做出决定。在综合考虑项目利益相关者的风险承受能力和项目所具备的风险防控行动条件后，便可以明确风险防控的范围，即确定要对哪些风险开展防控，进而选择和确定风险防控路径。需要说明的是，除了本研究所提出的风险防控路径外，项目组织也可以根据具体情况选择其他路径。在完成防控路径的选择后，便可以根据路径的具体内容来确定风险防控行动目标。

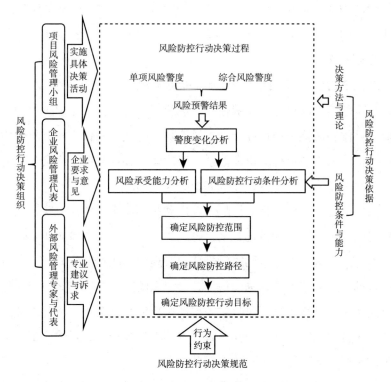

**图 5-13　中国对外投资跨境基础设施项目风险防控行动体系
运行机制（目标确定阶段）**

资料来源：笔者自制。

如图 5-13 所示，为了让整个风险防控决策过程有章可循，项目组织需要制定决策规范来对每一项风险防控决策工作进行约束。与此同时，为了让风险防控决策更为客观和科学，除了来自中方企业的项目风险管理小组负责项目风险防控行动决策制定具体工作的实施外，企业也应当派出专门的风险管理代表对风险防控行动决策的整个过程提出要求与意见，并开展必要的监督，让项目风险防控行动目标能够与企业的获利期望、支持能力、发展战略等相匹配。此外，鉴于跨境基础设施项目的独特性和复杂性，加之我国在此领域的经验积累还较为有限，在决策过程中让来自多边机构的专家提供相关建议和指导是十分重要的。与此同时，来自项目影响区域内的公民代表的参与也十分重要，虽然他们也许不能提出具体的风险防控建议，但他们对项目的看法及其利益诉求的表达也将是风险防控行动决策的重要参考。

（二）第二阶段：风险防控行动计划制定阶段

以风险防控行动目标为关键输入，风险防控行动计划制定阶段的主要任务是提出具体的风险防控行动计划、风险防控行动保障计划和风险防控行动监控计划，而风险防控行动执行体系、保障体系和监控体系将会分别通过一系列的流程来完成这一任务，具体如图5-14所示。

根据风险防控行动目标，风险防控行动执行体系中的风险防控行动执行组织应提出风险防控行动备选方案，进而联合来自项目所属企业、项目外部风险管理专家等按照防控行动执行规范中所规定的比选方法来开展项目的风险防控行动备选方案比选，进而优化并确定风险防控行动方案。以风险防控行动方案作为关键输入物，风险防控行动执行体系将会进一步开展风险防控行动的工作分解，并且基于工作分解结构确定防控行动的具体分工、工作资源和工作流程，最终形成风险防控行动计划。

以风险防控行动方案作为关键输入，项目的风险管理小组将首先在防控行动保障体系中启动风险防控行动保障能力评估，这种评估是基于上文述及的风险防控行动条件来开展的，具体将对企业、项目组织内部、外部机构对项目风险防控提供的信息、资金、制度和组织保障能力进行评估，进而结合风险防控行动的工作分解结果对风险防控行动保障范围进行确定，即确定能够对哪些风险防控行动提供哪些保障。以防控行动的工作分工、资源安排和工作流程为主要依据，风险防控行动保障体系将进一步确定具体风险防控行动的保障内容、保障对象和保障过程，最终确定风险防控行动保障计划。

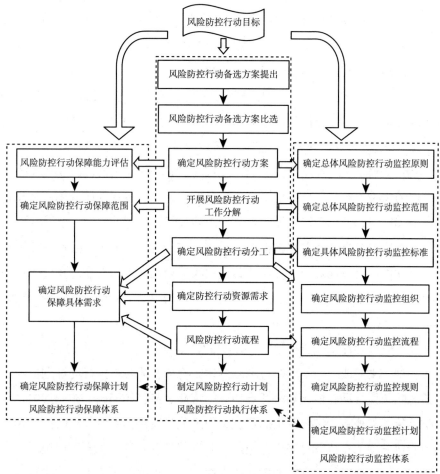

图 5-14　中国对外投资跨境基础设施项目风险防控行动体系
运行机制（计划制定阶段）

资料来源：笔者自制。

同样地，以风险防控行动方案作为关键输入，项目风险管理小组将在风险防控行动监控体系中首先开展项目总体风险防控行动监控原则的制定，其中将涉及风险防控行动监控的整体方针和基本标准，也包括对是否启动新一轮的风险预警和风险防控行动的判断标准。之后，以风险防控行动的工作分解结构为主要参考，将对监控行动范围进行确定，即确定监控哪些防控行动。在此基础上，结合风险防控行动的工作职责分工安排，确定具体风险防控行动的监控标准以及监控组织的人员、分工和职责安排，进而配合防控行动的具体工作流程，拟定防控监控规则，最终形成风险防控行动监控计划。

（三）第三阶段：风险防控行动计划执行阶段

在完成了风险防控行动计划的制定之后，便需要风险防控行动执行组织中的每个人根据风险防控行动计划来开展具体的防控工作。在这一过程中，执行人不仅需要严格按照执行规范和执行过程来实施每一项防控活动，也需要做好组织内外部的协调，以确保风险防控行动组织内部和外部成员的积极联动。

作为风险防控行动计划付诸实际的关键，风险防控行动保障体系将在企业和外部组织的合作下按照保障计划给予防控行动相应的保障，虽然受到项目风险防控组织资源体系完善程度的限制，在一定的时期内未必能够为风险防控行动优先提供保障资源，但随着企业风险管理能力的发展以及外部资源获取能力的增强，可以在风险防控行动执行过程中动态调整和优化相应的保障条件。

为了能够确保风险防控行动计划中的每一项工作都能按照既定的时间、方法和规范来完成，风险防控行动监控体系将会在风险防控行动计划执行后按照风险防控行动监控计划来开展相应的监测、监督和控制工作。其中，风险防控行动监测将会按照既定的监控工作规范和监控标准对风险防控行动计划中的每一项工作执行过程进行跟踪，分析其是否存在不符合执行规范、违规和不到位的情况，若存在便需要分析原因，对相关人员的工作方法和行为进行监督和纠偏。同时，也需要对每一项防控行动计划的执行结果进行监测，判断是否达到了预期的效果，如果没有的话便需要分析其原因，并且采取措施进行弥补或进行后续工作的调整。为了判断风险防控行动计划是否真的取得了相应的风险消减结果，风险防控行动监控过程中还需要对风险变化情况进行监测，当出现重大事件或发现风险有进一步恶化的征兆时，就需要考虑启动新一轮的预警，并且制定新的风险防控行动计划。

第三节 跨境基础设施项目风险防控的法律保障

如前所述，对外投资跨境基础设施项目作为跨国（境）的经济活动，企业在开展投资、建设和管理活动的过程中，将要面对来自东道国、所处区域和国际社会的多重法律约束，而这些法律也是构建项目风险防控体系的保障和约束，它将决定风险防控制度体系、资源体系和组织体系的有效性和合法性。因此，弄清中国对外投资跨境基础设施项目风险防控的法律保障是实现合法、有效、科学防控的前提。以下就将分别就对外投资跨境基础设施项目风险防控的法律保障的构成和国际法保障框架进行阐述。

一 跨境基础设施项目风险防控法律保障的构成

企业在对外投资跨境基础设施项目中，与东道国之间的关系属于东道国国内关系（即涉外投资关系）[①]，这意味着其行为将受到东道国法律和法规的约束，所有的项目建设和运营活动亦会受到东道国相关部门的管辖。然而，由于跨境基础设施项目涉及两个及以上的主权国家，企业在遵守不同国家法律制度的同时也需要建立一套符合各国法律要求且具备充分法律依据的风险防范体系，以保证获取正当的投资收益，而法律保障则是建立这种风险防范体系的基础。

（一）跨境基础设施项目风险防控法律保障的内涵

从项目层面来说，风险防控的实现应该由企业负责，但东道国和国际的相关法律法规都对风险防控的合法性和有效性起着决定作用，没有充分法律依据的风险防控体系不能支撑有效防范行动的开展，也不能真正起到保护投资者利益的作用，反而还会导致投资者遭受损失。从这一点来看，弄清当前法律法规能够在多大程度和范围内为风险防控体系构建提供保障是开展风险防控的重要前提。

---

① 梁咏：《中国投资者海外投资法律保障与风险防范》，法律出版社，2010，第11页。

根据《辞海》的解释，"保障"一词为"保护、卫护"之意，也指"起保卫作用的事物"。[①] 因此本研究所指的风险防控法律保障意指当前法律制度能够给予对外投资跨境基础设施项目风险防控的法律保护和卫护。其中，法律保护主要体现为对投资者在对外投资跨境基础设施项目中的风险防控提供充分支持从而对利益予以保护；而法律卫护主要体现为对投资者在对外投资跨境基础设施项目中的风险防控进行有效的监管，以确保其合法性。只有在充分的法律保护和有效的法律监管之下，项目风险防控才能有理有据、行之有效。

需要说明的是，关于项目风险防控法律保障的讨论围绕预防和消减本研究所识别出的风险来开展，主要研究对象是现行国际法和国内相关规定中有关投资者在对外投资跨境基础设施项目中的利益保护以及监管投资者行为的相关法律制度，这些法律制度具有公开性、适用性和稳定性，能够支撑投资者在项目全过程中的风险防控实施。

（二）跨境基础设施项目风险防控法律保障的构成要素

从上述关于风险防控法律保障内涵的分析来看，由于投资行为已经超越一国国境，对于开展对外投资跨境基础设施项目的企业来说，风险防控的法律保障不仅涉及国内法律制度中关于投资者利益保护和行为监管的相关内容，同时也涉及国际法中有关外国投资者利益保护和行为监管的法律制度。政府与项目相关国家政府之间基于相互保护、规制国际私人投资而签订的双边投资协定（Bilateral Investment Treaty，BIT）、多边投资协定（Multilateral Investment Agreement，MIA）、区域基础设施一体化相关协议等是后者的主要构成要素。

根据《维也纳条约法公约》（Vienna Convention on the Law of Treaties）[②] 第二十六和二十七条，本着条约必须遵守的原则，任何一个海外投资当事国都不得援引其国内法规定为理由而不履行多边和双边投资协定，即便全球几

---

① 该解释通过《辞海》历版数据库（http://chlb.cishu.com.cn）检索获得。
② 中国于1997年9月3日交存加入书，于1997年10月3日对中国生效。

乎所有国家作为东道国时都会对外国投资进行规范和约束，但依据属地管辖权优先于属人管辖权的国际法惯例，在对外投资跨境基础设施项目时，国际法的法律效力仍然优先于东道国国内法，但东道国可以根据国家安全、公共利益和健康等对某些规定予以保留或做例外处理。[①] 只要不违背国际法中规定的义务，东道国政府就可以根据其国内法对投资者进行约束，而海外投资相关法律制度虽然无法对东道国的法律制度造成影响，但可以通过开展必要的监管来避免或减少投资者遭受损失的可能。此外，投资当事人还可以协议选用第三国国内法，并且在没有法律依据时在合同里就国际惯例的采用进行约定。

区域基础设施一体化作为全球多个地区区域经济一体化的主要组成部分，其法律治理的方式主要包括签订协议、成立合作组织和开展相关立法，[②] 但不论是采用哪种方式，其所建立的法律制度都增强了国际法的效力[③]，也在很大程度上对区域合作中的国家行为形成约束，因此区域基础设施一体化的相关协定、合作与监管制度、"超国家权力"组织的成立运行及其对项目实施的监管方法、方式和具体行动都可能对风险防范的行动和行为产生约束。由于东南亚、中亚、非洲、南美洲等地区的区域基础设施一体化在主导者、合作方式、立法进程等方面存在较大差异，尚未形成完整的对东道国基础设施监管进行约束的管理体系和立法，因此东道国相关监管部门的监管体制与要求依然能够对项目风险防控实施产生影响。

综上所述，本研究中的风险防控法律保障主要由国际法中的国际条约、国际惯例、国内对外投资的相关政策以及东道国的相关立法和管理规定构成。由于前文已经对现有的项目风险管理相关政策和法规进行了阐述，下文

---

① 梁咏：《中国投资者海外投资法律保障与风险防范》，法律出版社，2010，第 135 页。
② 叶必丰：《区域经济一体化的法律治理》，《中国社会科学》2012 年第 8 期，第 107~130+205~206 页。
③ 杨丽艳：《区域经济一体化对于国际法的冲击和影响》，《武大国际法评论》2007 年第 1 期，第 256~277 页。

中将主要就对外投资跨境基础设施项目风险防控中国际法提供的法律保障进行分析。

（三）跨境基础设施项目风险防控法律保障的范围

如前所述，开展风险防控的目的在于尽可能消减项目风险给投资者带来的损失以确保投资收益的取得，而由于风险存在于项目的全过程，即投资回报取得的全过程，风险防控也应贯穿于项目始终，风险防控的法律保障范围也理应为项目投资回报取得的全过程。从当前国际法和国内立法的情况来看，有关外资准入、外资运营和外资退出的立法对风险防控提供了一定的法律保障。

从东道国的角度看，外资准入是一国允许外国投资进入本国的自由程度的重要体现，是国内立法对外国投资者进行的管制，包括允许接受何种投资、投资的领域、投资准入的条件等内容。从外国投资者的角度看，投资准入是指外国投资进入东道国管辖领域的权利和机会。[1] 在外资准入阶段，外资进入东道国的权利——准入权（right of admission）和外国投资者在东道国设立商业存在的权利——设业权（right of establishment）是核心问题。从项目现状的分析来看，以国有企业为主力军的中国企业主要是通过 BOT 等公私合作模式来进行对外投资跨境基础设施项目投资，而这意味着中国企业需要根据项目相关东道国的法律和管理制度建立项目公司来全权负责项目的投资、设计、建设、采购、运营和维护，从而获得相应的项目投资回报。因此，投资准入阶段的风险防控法律保障范围应主要为防控与中国投资者获得东道国投资许可和项目公司设立有关的风险。

在实施对外投资跨境基础设施项目的过程中，也就是外资运营阶段，由于中国投资者的所有行为都将受到东道国国内法律和国际法的约束，而对外国投资者的待遇标准在国际投资领域的具体体现和适用构成一国投资法律环境的基础和核心，[2] 投资者待遇可以说是贯穿项目始终、确保获得投资收益

---

① 徐泉：《略论外资准入与投资自由化》，《现代法学》2003 年第 2 期，第 146～150 页。

② 周忠海：《国际法学述评》，法律出版社，2001，第 747 页。

的关键。因此，在对外投资跨境基础设施项目实施这一过程中，风险防控法律保障的重点便是消除或减少妨碍投资者享受相应投资待遇的有关风险。从当前的国际投资法来看，投资者主要享受的投资待遇分为国民待遇和最惠国待遇。其中，国民待遇是指在国际投资协定中规定东道国有应当给予外国投资者及其投资以"不低于在相似情形下给本国投资者以及本国投资的待遇"的义务。① 由于有确切的标准可循，国民待遇是国际上关于外国投资待遇的最重要标准之一，也是保障外国投资者和东道国投资者能够公平地竞争的重要体现。最惠国待遇是国际投资协定中一般都包含的基本条款，也是东道国与投资者间投资争端仲裁中经常被援引的重要条款，其经济理由是为来自不同母国的外国投资者创造公平竞争环境，主要功能是扩展东道国提供给第三国国民的更优惠的实体保护。②

当前大多数的研究将对外投资活动划分为外资准入和外资运营两个阶段，但对于对外投资跨境基础设施项目来说，不论采取何种投资形式项目都将有明确的终点，因此还存在一个外资退出阶段，这种退出可能是由于特许经营期满或投资者出于某种因素的主动退出，也可能是由于遭遇征收、国有化等造成的被动退出。对于这两类退出来说，能否将部分或所有资金及时转移出东道国是保障最终实现投资收益的关键，而对于被动退出，是否能够得到合理而及时的补偿则是另一项影响投资收益的重要内容。从当前加入的多边投资协定以及与他国签订的双边投资协定来看，其中对资金转移、征收和国有化都有所规定，这为防范相关风险提供了法律保障。

二　跨境基础设施项目风险防控的国际法保障框架

如前所述，在开展对外投资跨境基础设施项目中，国际法的法律效力仍然优先于东道国国内法，加之很多共建"一带一路"国家的外商投资法律

---

① 王少棠：《论国际投资协定下国有企业国民待遇的适用》，《时代法学》2020 年第 2 期，第 108 页。

② 王彦志：《从程序到实体：国际投资协定最惠国待遇适用范围的新争议》，《清华法学》2020 年第 5 期，第 185 页。

体系并不健全，因此国际法可以说是项目风险防控法律保障的最重要内容。那么，国际法能够为项目风险防控提供什么样的法律保障呢？以下分别从我国加入的多边投资协定和双边投资协定两方面阐述国际法对项目风险防控提供的法律保障框架。

（一）多边投资协定

基于前文的分析可以看出，国际法在规范海外投资活动中具有优先法律效力，而多边协定作为其中的重要组成部分，虽然迄今为止尚未达成全球性的关于海外投资的框架性协定，[①] 但从我国目前加入的多边协定来看，《关于解决国家与他国国民之间投资争端公约》（Convention on the Settlement of Investment Disputes between States and Nationals of Other States，简称《华盛顿公约》）、《多边投资担保机构公约》（Convention Establishing the Multilateral Investment Guarantee Agency，简称《汉城公约》）和 WTO 一揽子协定中的《补贴与反补贴协定》（The Agreement on Subsidies and Countervailing Measures，SCM）以及《争端解决规则与程序的谅解》（The Agreement on Dispute Settlement Understanding，DSU）均能够对中国对外投资跨境基础设施项目风险防控提供一定的法律保障。

中国于 1990 年 2 月 9 日签署《华盛顿公约》，并且自 1993 年 2 月 6 日起对中国生效。[②] 目前已经有 155 个国家签署了该项公约，144 个国家完成批准程序。[③] 根据该公约成立的国际投资争端解决中心（International Center for Settlement of Investment Disputes，ICSID）专门为东道国和外国投资者之间发生的投资争端提供仲裁和调解，其裁决和上诉专家组报告都会在国际范围内产生很大影响。当我国投资者在对外投资跨境基础设施项目中与相关国家政府机构产生投资争端时，可以向 ICSID 提起争端解决请求进

[①] Stephen Young, Ana Teresa Tavares, "Multilateral Rules on FDI: Do We Need Them? Will We Get Them? A Developing Country Perspective," *Transnational Corporation*, 2004, 13 (01), pp. 77-98.

[②] https: //icsid. worldbank. org/about/member-states/database-of-member-states.

[③] https: //icsid. worldbank. org/resources/rules-and-regulations/convention/overview.

行第三方裁决，约束东道国政府承担相应义务，通过赔偿、履行、赔礼道歉等国际违约救济方式帮助中国投资者维护正当的投资收益权利，[①] 有效防控东道国单方面违约以及与中国投资者争端所引发的风险。然而，目前很多国家还未加入这一公约，并且缺乏有效的上诉复核制度，[②] 加之很多仲裁结果执行困难，[③] 造成我国投资者对 ICSID 的利用率并不高。

根据《汉城公约》设立的多边投资担保机构（Multilateral Investment Guarantee Agency，MIGA）是隶属于世界银行的保险机构，中国于 1988 年 4 月 30 日交存加入书并加入该机构。该机构的主要功能是通过为会员国符合条件的项目提供非商业性风险担保，帮助投资者和贷款人应对战争、恐怖主义和内战、征收、货币兑换障碍和资金转出限制、违反合同、拒绝履行财务义务等风险。[④] 但是高昂的投保费用以及严格的承保条件让很多中国投资者望而却步。

SCM 协定是 WTO 体制下约束投资激励措施的协定，[⑤] 其中明确规定政府提供"一般基础设施"（general infrastructure）不构成财政资助，从而不受反补贴规则的约束。[⑥] 然而，由于没有对"一般基础设施"和"非一般基础设施"的区别进行任何说明，这一协定成为一把"双刃剑"。一方面投资者可以在遵循 SCM 基本原则和具体条款的前提下，利用模糊的定义和 WTO 赋予的自由裁量权与东道国通过协议来对项目是否为"一般基础设施"进行约定，以防控相关风险；另一方面，投资者也可能由于欧美的相关法律实

---

① 刘艳、黄翔：《"一带一路"建设中国家风险的防控——基于国际法的视角》，《国际经济合作》2015 年第 8 期，第 26~31 页。
② 王朝恩、王璐：《国际投资法前沿问题与中国投资条约完善——"中国与 ICSID"国际投资法与仲裁高级研讨会综述》，《西安交通大学学报》（社会科学版）2013 年第 3 期，第 74~78 页。
③ 黄世席：《国际投资仲裁裁决执行中的国家豁免问题》，《清华法学》2012 年第 6 期，第 95~106 页。
④ 具体风险内容参见：https：//www.miga.org/what-we-do。
⑤ 梁咏：《中国投资者海外投资法律保障与风险防范》，法律出版社，2010，第 146 页。
⑥ WTO，"Agreement on Subsidies and Countervailing Measures，" https：//www.wto.org/english/docs_e/legal_e/24-scm.doc。

践对判断规则形成影响而遭遇相关诉讼。①

基于 DSU 建立的 WTO 争端解决机制被认为是现代国际法皇冠上的一颗明珠,② 其包括的专家小组审查、上诉机构审议、报告审议、建议或裁决执行、协商、补偿或报复等一系列具体程序能够有效解决成员国间的贸易争端。然而,也有学者认为,作为全球化多边体制下的争端解决方式,WTO争端解决机制是发展中国家与发达国家相互妥协的产物,③ 其需要兼顾不同国家的发展水平和法律传统,出于对诉讼成本、程序规则、对交叉报复的担忧,很多国家对于采用这一机制存在主动性不强和能力不足的问题,④ 甚至还存在抵触情绪。⑤

除了上述几方面的多边协议能够在一定程度上对中国对外投资跨境基础设施项目风险防控起到一定的支撑作用外,我国也签署了诸如东盟《全面经济合作框架协议》和《全面经济合作框架协议争端解决机制协议》这样的区域性协定,但大多数协定不仅对投资争端解决条款的规定较为简单且将 ICSID 仲裁作为主要的争端解决方式,加之给予了投资者较大的选择权,⑥ 因此并不利于针对性地解决投资争端,对风险防控所起到的保护作用有限。

（二）双边投资协定

双边投资协定是调整两国私人投资关系最有效的手段,对促进国际投资和国际经济技术合作的发展有不可替代的重要作用。第一,双边投资协

---

① 李仲平:《"一带一路"战略下中国对外投资基础设施的法律风险与对策——基于〈补贴与反补贴措施协议〉的视角》,《中国软科学》2017 年第 5 期,第 6~7 页。
② Bacchus J. , "Groping Toward Grotius: The WTO and the International Rule of Law Address," *Harvard International Law Journal*, 2003, 44（02）, p.533.
③ 张超、张晓明:《"一带一路"战略的国际争端解决机制研究》,《南洋问题研究》2017 年第 2 期,第 26 页。
④ 陈咏梅:《发展中成员利用 WTO 争端解决机制的困境及能力建设》,《现代法学》2010 年第 3 期,第 133 页。
⑤ 曾文革、党庶枫:《"一带一路"战略下的国际经济规则创新》,《国际商务研究》2016 年第 3 期,第 27 页。
⑥ 梁咏:《中国投资者海外投资法律保障与风险防范》,法律出版社,2010,第 142 页。

定在国际法上对缔约双方均具有法律约束力，若任一缔约国不遵守协定，就会产生国家责任；第二，双边投资协定可以充分考虑缔约双方的特殊利益，因而易于在互利的基础上谋求协调一致；第三，双边投资协定可以加强或保证国内法的效力；第四，双边投资协定中通常既含有关于缔约方权利和义务的实体性规定又含有解决投资争端的程序规则，为缔约国双方的国民和企业等预先规定了建立投资关系所应该遵守的法律规范结构和框架，因此可以避免或减少法律障碍，保证投资关系的稳定性。[①] 自 1982 年与瑞典签订首份双边投资协定起，我国已与 100 多个国家签订了双边投资协定，[②] 协定中有关投资准入、投资待遇、争端解决机制、征收及国有化的规定成为我国对外投资跨境基础设施项目风险防控制度体系和组织体系构建的关键性法律保障。

尽管 WTO 的一揽子协定中有关于投资准入的相关规定有助于中国投资者开展相应的风险防控，但很多国家尚未加入该组织，因此其适用范围存在局限性，[③] 当前有关投资准入的国际法保障仍然是双边投资协定，其中有关履行要求、透明度要求和投资准入前的待遇等方面的要求都将为东道国投资许可获取和项目公司设立等活动的相关风险防范起到一定的保障作用。

从当前的中外双边投资协定来看，均包含有最惠国待遇这一待遇标准，但也存在区域一体化例外和税收事务例外的情况。这一待遇标准表现为对"投资者的投资及与投资有关活动"给予最惠国待遇、对"投资者及其投资，包括投资收益"给予最惠国待遇和对"投资者投资的设立、征收、运营、管理、维持、使用、享有、扩张、出售或投资的其他处置"给予最惠国待遇。国民待遇方面，并非所有的中外双边投资协定都明确规定了外国投资者享有国民待遇，但根据最惠国待遇的"多边自动传导效应"，中国投资

---

① 余劲松：《国际投资法》（第五版），法律出版社，2018，第 192~193 页。
② 中华人民共和国商务部：《我国对外签订双边投资协定一览表》，http://tfs.mofcom.gov.cn/article/Nocategory/201111/20111107819474.shtml，2016 年 12 月 12 日。
③ 梁咏：《中国投资者海外投资法律保障与风险防范》，法律出版社，2010，第 272 页。

者可以援引最惠国待遇原则获得第三国国民待遇。① 国民待遇和最惠国待遇的享受都从东道国方面为对外投资跨境基础设施项目的实施和投资收益取得提供了一定的法律保障。

作为投资退出阶段的关键问题，对外投资跨境基础设施项目中的资金转移权利基本上可以基于双边投资协定得到保障。从当前的中外双边投资协定来看，绝大多数都对资金转移进行了专门的规定，包括征收等损失的补偿、允许转移的资金类型、自由兑换、汇率和延迟汇出等。另外，大多数中外双边投资协定还对征收和国有化进行了规定，符合公共利益、正当法律程序、不存在歧视、给予补偿是其法律要件。虽然国际社会尚未就国有化和征收形成广泛接受的定义，并且在一些具体问题上仍存在争议，但双边投资协定仍是对外投资退出阶段风险防控最重要的法律保障。

此外，为了有效解决外国投资者与东道国之间的投资争端，所有中外的双边投资协定都对投资争端的解决方式进行了规定，主要包括司法解决前置、司法解决/仲裁择一、司法解决优先，而其中的可仲裁事项主要为补偿额和全面仲裁两类，仲裁庭则包括专设仲裁庭、根据《UNCITRAL 仲裁规则》设立的专设仲裁庭、ICSID 等。虽然碍于对仲裁规则和程序的不了解，大多数中国投资者仍然偏向于使用外交手段来解决争端，但从最近的仲裁案来看，中国投资者已经开始尝试 ICSID 这一最具国际认可度的仲裁机制来解决纠纷。②

虽然不少学者认为当前我国加入和签订的多边和双边投资协定在对我国投资者的保护效果和效率上仍然存在诸多问题，但从法律效力以及其中的权利和义务规定来看，国际法仍然是我国企业对外投资跨境基础设施项目风险防控法律保障的核心，特别是对于防控东道国滥用主权造成中国投资者和中国政府的海外正当投资利益受损的相关风险来说，多边和双边投资协定在解决投资争端、获取补偿、保障投资者待遇方面有着不可替代的作用。

---

① 王玉梅：《中国的外国直接投资法律制度研究》，法律出版社，2003，第 160 页。
② 张正怡：《从 ICSID 仲裁实践看海外能源投资的法律风险与防范》，《武大国际法评论》2013 年第 2 期，第 349 页。

第四节　本章小结

　　项目风险防控体系的建立是中国对外投资跨境基础设施项目取得成功的重要保障，而风险预警则是开展风险防控的基础。基于对外投资跨境基础设施项目风险来源、成因和识别模式的研究结果，本章首先以突变理论为理论基础构建了项目单项风险预警体系，以实现对不同项目东道国单项风险的预警。为了全面展现项目风险的预警水平，本章采用雷达图法对不同东道国的不同单项风险预警水平进行综合反映和分析，以便为开展有针对性的风险防控提供充分依据。

　　有效的项目风险防控有赖于根据风险预警结果来开展有针对性和适用性的风险防控行动，而风险防控体系的建立和运转是制定防控行动计划并付诸实践的关键。基于前文有关跨境基础设施属性和利益相关者的分析结果，本章构建了以项目风险防控行动体系为核心，项目风险防控资源体系、组织体系和制度体系为行动支撑，项目风险防控法律为约束和保障的中国对外投资跨境基础设施项目风险防控体系，并且分别对风险防控行动决策体系、执行体系、保障体系和监控体系及其运行机制进行了研究。

　　作为实施风险防控的根本保障和约束，中国对外投资跨境基础设施项目风险防控法律保障可分为国际法法律保障和国内法法律保障，前者以多边和双边投资协定为核心，后者以我国海外投资保护和监管政策法规为主要内容。对外投资跨境基础设施项目中的企业与东道国之间的关系属于涉外投资关系，国际法的法律效力优先于东道国国内法，因此我国加入和签订的多边和双边投资协定是当前主要的风险防控法律保障。

第六章 跨境基础设施项目治理风险识别与防控路径

由于对降低跨境运输和物流成本、促进跨境贸易、创造就业与减少贫困、改善国家内部连通性和优化国内市场结构等有重要作用，跨境基础设施发展已经成为欧盟、南美洲、东南亚、非洲等区域实现一体化的重要议题，同时也是共建"一带一路"中基础设施互联互通的关键内容。虽然在理论上，国家政府间为互惠互利而进行的项目间合作不需要正式的体制或法律框架，[①] 但项目治理仍然是项目成功的关键。本章将基于对跨境基础设施项目治理风险概念的界定和风险形成机制的分析，对其中的跨境成本分配风险、跨境利益协调风险和项目组织内部冲突风险开展风险识别和风险防控路径的研究。

第一节 跨境基础设施项目治理风险的内涵

正如奥斯特罗姆所言，"区域公共产品的供给机制应该是具有多重性以及差异性的"，[②] 区域公共产品的供给机制主要取决于合作主体间的经济规

[①] Haruhiko Kuroda, Masahiro Kawai, Rita Nangia, "Infrastructure and Regional Cooperation," ADB Institute Discussion Paper, No. 76, ADB, September 2007, p. 15.

[②] 〔美〕埃莉诺·奥斯特罗姆：《公共事物的治理之道：集体行动制度的演进》，余逊达、陈旭东译，上海三联书店，2000，第18页。

模和发展意愿，从而实现经济效益和社会效益的最大化。[1] 从第一章有关欧盟、大湄公河次区域和南美洲跨境基础设施供给模式的分析来看，供给机制的选择和建立受到国家间合作基础、社会发展水平、经济实力、国际地位等多方面因素的影响。对于企业来说，虽然每一个投资的跨境基础设施项目所包括的利益相关者类型相同，但其具体的利益诉求和项目客观环境将存在差异，需要通过建立利益实现机制来实现项目治理，以平衡和实现各方利益。然而，由于跨境基础设施项目中各利益相关者的利益诉求并不一致并且受到根源于"无政府状态"的不确定性影响，利益相关者的具体利益诉求将发生变化，利益冲突在所难免，而这种利益冲突也是跨境基础设施项目治理风险产生的关键。以下就将基于项目治理的概念对中国对外投资项目治理风险的定义和形成机制进行阐述，以便为风险识别和构建防控路径奠定基础。

一　跨境基础设施项目治理风险的概念

从前文的分析来看，在对外投资跨境基础设施项目中，来自不同主权国家的利益相关者有着不一致的利益诉求，因此需要开展项目治理，建立一种能够实现跨境利益平衡的机制让各方实现合作，通过项目目标的实现来让各方获得满意而非最大化的利益，同时也让投资者获得预期的投资收益。然而，受到来自国家间合作关系、东道国的客观环境以及项目组织内部不确定性的影响，治理风险将伴随项目始终。

（一）跨境基础设施项目治理风险的定义

治理最早的定义是指经济交易中两个参与者要通过其对交易的监督和控制以保护每一方的利益并且实现最有效的价值分享。[2] 随着治理的概念被引入项目管理领域，学者们也给出了不同的项目治理定义，Müller 等认为项目治理是项目参与者之间的相互作用，其中的机制会严重影响利益相关者的参

---

① Nancy R. Buchan, "Reducing Social Distance: The Role of Globalization in Global Public Goods Provision," *Advances in Group Processes*, 2011, 28 (2), p. 243.

② Williamson O. E., "Transaction-cost Economics: The Governance of Contractual Relations," *Journal of Law and Economics*, 1979, 22 (2), pp. 233-261.

与度及其对项目的信任；① 它是一种多层次的现象，包括对利益相关者及其间关系的治理。② 项目管理知识体系（PMBOK®）将项目治理定义为"用于指导项目管理活动的框架、功能和过程，从而创造独特的产品、服务或结果以满足组织、战略和运营目标"。③ 虽然目前尚未形成项目治理的统一定义，④ 但可以看出，由于项目的独特性和临时性，其具有实现目标收益的独特流程；而来自不同功能和组织边界的团队成员令长期性组织治理结构很少适用于项目。⑤ 因此每个项目需要适于自身的治理模式，关注平衡组织目标与利益相关者以实现项目目标与组织战略的一致性，通过减少不同利益相关者群体之间可能对绩效产生负面影响的冲突，为不同组织层次的不同利益相关者创造利益。⑥

跨境基础设施项目可以说是不折不扣的"大项目"，往往是为改变和优化社会结构而设计的。⑦ 而这种项目中不同的利益相关者具有不同的、有时相互矛盾的利益诉求，特别是在项目选择与决策阶段，利益冲突尤其明显。⑧ 与此同时，跨境基础设施项目作为大型项目，其主要目的并不仅仅是

① Müller R., Turner J. R., Shao J., Andersen E. S., Kvalnes O., "Governance and Ethics in Temporary Organizations: The Mediating Role of Corporate Governance," *Project Management Journal*, 2016, 47 (6), pp. 7-23.
② Turner J. R., Müller R., "The Governance of Organizational Project Management," in: Sankaran S., Müller R., Drouin N. (Eds.), *Organizational Project Management*, Cambridge University Press, Cambridge, 2016, pp. 75-91.
③ 美国项目管理协会：《项目管理知识体系指南（PMBOK®指南）》（第6版），电子工业出版社，2018，第710页。
④ Bekker M. C., "Project Governance: 'Schools of Thought'," *South African Journal of Economics & Management Sciences*, 2014 (17), p. 22.
⑤ Zwikael O., Smyrk J., "Project Governance: Balance Control and Trust in Dealing with Risk," *International Journal of Project Management*, 2015, 33 (4), p. 852.
⑥ Biesenthal C., Wilden R., "Multi-level Project Governance: Trends and Opportunities," *International Journal of Project Management*, 2014, 32 (8), p. 12918.
⑦ Hirschman A. O., *Development Projects Observed Second Edition with a New Preface*, Washington DC: Brookings Institution, 1995: 26.
⑧ Xie L. L., Xia B., Hu Y. et al., "Public Participation Performance in Public Construction Projects of South China: A Case Study of the Guangzhou Games Venues Construction," *International Journal of Project Management*, 2017, 35 (7), p. 1391.

为投资者和承建商带来收益以及为政府带来财政收入，而是通过为区域内的社会提供基础设施来满足公众的需求，这使得政府和公众被纳入项目治理中，政府和公众的利益诉求、行为都将影响项目治理，成功的项目治理需要令东道国政府和社会的"组织战略"与项目目标有一致性。此外，由于工程规模巨大，许多项目管理组织外部的社会实体也会对项目目标的实现产生影响，也应对这些行为体开展治理。[1]

虽然跨境基础设施项目的最终目标是为包括东道国政府在内的项目组织和社会创造价值，但在这一目标之下，不同的项目利益相关者仍然会对项目有自己的目标，而这些目标之间的矛盾可能令最终目标无法实现。[2] 因此，跨境基础设施项目的治理核心在于平衡不同国家、不同利益相关者的利益，减少不同国家、不同利益相关者之间可能对项目绩效产生负面影响的冲突，为整个区域内的不同利益相关者创造利益。从中国投资者的角度来看，跨境基础设施项目治理便是投资利益实现机制的建立与运行，而造成项目治理失败的可能性就是项目治理风险。

对外投资风险类型可分为商业风险与非商业风险。[3] 商业风险是指因投资交易中的一方或关联方原因而导致的风险以及由经营环境、经营决策的变化导致的投资损失；而非商业风险主要指国家风险，即东道国政府对外国投资采取的国家行为而产生的征收风险以及政策与法律不透明或频繁变动、严格限制投资等风险。非商业风险不因利益相关者个人意愿和能力、利益相关者合作关系等而发生变化，不能因管理者或项目利益相关者的努力而消除，例如由东道国政局变化、社会动荡、经济衰退带来的利益相关者的利益损失便是非商业风险。这种风险通常具有客观性，

---

[1] Derakhshan R., Turner R., Mancini M., "Project Governance and Stakeholders: A Literature Review," *International Journal of Project Management*, 2019, 37 (1), p. 99.

[2] Brunet M., Aubry M., "The Three Dimensions of a Governance Framework for Major Public Projects," *International Journal of Project Management*, 2016, 34 (8), p. 1596.

[3] 孙南申、王稀：《中国对外投资征收风险之法律分析》，《国际商务研究》2015 年第 1 期，第 50~58 页；孙南申：《"一带一路"背景下对外投资风险规避的保障机制》，《东方法学》2018 年第 1 期，第 22~29 页。

即不论项目或企业存在与否、进展如何、有着怎样的利益相关者结构，都不会消失。

从这一点来看，对外投资跨境基础设施项目治理风险的本质是造成项目跨境利益实现与平衡机制无法建立和运行的不确定性，因此它应属于商业风险，是由项目提出、建设和运营等引发的非系统性风险。这种风险有很大一部分是由项目利益相关者之间的矛盾和冲突所引发的，在项目提出、建设和运营以前，这些利益相关者都是相对独立的社会个体或组织，他们并没有为项目目标实现而建立实质性联系，项目的存在让他们"组合"到一起，各方必将为尽可能多地获得利益而进行博弈，而博弈的结果就是项目目标，即各方可接受而非最大化的利益分配结果。因此，在开展项目治理风险识别和防控的过程中，必须要以项目中的利益相关者及其关系为出发点。

（二）跨境基础设施项目中的利益相关者冲突

作为项目所有活动开展的根本依据，项目目标是项目利益相关者各方利益博弈的结果，而非某一方的利益最大化，也是项目治理的核心。[①] 项目目标的达成是一种非零和博弈的结果，项目目标可视为项目利益相关各方根据自己的情况与利益需求达成的一种"均衡解"，是以合作为基础的，而并非是一种"你死我活"的状态。然而，在项目实施过程中，利益相关者的其中一方或多方会基于自身实际与预期的投入水平和利益获得情况进行利益感知，若利益相关者对项目带来的利益满意，那么就不会提出新的利益诉求，而项目目标也会保持不变，但若利益相关者对项目带来的利益和利益分配方案不满意，即不再满足于当前的"均衡解"，便会提出新的利益诉求并要求重新进行利益分配，此时如果各方能够通过协商来保持之前的项目目标或重新找到"均衡解"，即形成新的利益平衡状态，那么项目就可能继续，如果各方不能形成新的利益平衡状态，就将发生利益冲突，

① Turner J. R., "Governance of Project-based Management," Handbook of Project-based Management, McGraw Hill, 2009, p. 2.

项目目标不再成立，项目也无法再持续下去，而这势必意味着投资者将遭受损失。因此，项目利益相关者由不满意利益分配和利益实现水平而产生的冲突是造成项目目标无法实现的根源。项目利益相关者利益冲突形成机制如图6-1所示。

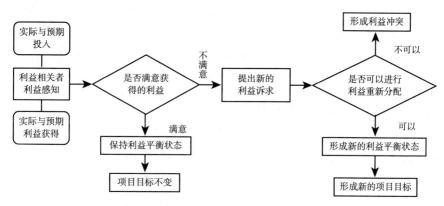

图6-1 项目利益相关者利益冲突形成机制

资料来源：笔者自制。

从项目利益相关者利益冲突形成机制可知，对于中国对外投资的跨境基础设施项目来说，作为处于"无政府状态"下的区域"俱乐部产品"，跨境基础设施项目的开展有赖于各国之间的合作，而这种合作不仅是国家政府之间的合作，也涉及国家政府与社会公众、国家政府与多边机构、多边机构与社会公众以及区域内外企业间的合作。然而，从有关利益相关者关系以及利益诉求的分析可以看出，各方的利益诉求并不完全一致，即便是项目初期已经形成了项目目标，伴随着利益相关者利益感知的变化，利益冲突在所难免，而这种利益冲突如果无法化解就会阻碍项目目标的执行，投资者将面临利益冲突导致的项目中止或项目失败的风险。

二 对外投资跨境基础设施项目治理风险的形成机制

面对跨境基础设施建设和运行可能带来的各种好处，每个国家都不可能轻易放过合作的机会，特别是对于小国来说，这不仅是一个促进经济发展的机会，更可能是一个增强竞争力的机会。然而，由于受到源自国家间合作关系、东道国的客观环境和项目组织内部三方面不确定性的影响，东道国政府、社会公众、国内外投资企业以及项目组织内部成员都会对项目产生不同且动态变化的利益感知，利益感知差异将可能引发利益冲突，而跨境成本分配风险、跨境利益协调风险和项目组织内部冲突风险分别是由项目组织外部冲突和项目组织内部冲突导致的治理风险，以下就分别对这三类风险的形成机制进行阐述。

（一）跨境成本分配风险的形成机制

跨境基础设施项目作为在地理上跨越两个及以上国家，或具有重大跨境影响的国家基础设施，其本质是向区域内的居民生活和社会生产提供公共服务的工程设施，因此基于区域概念的弹性和不确定性，跨境基础设施项目属于区域公共产品。依据责权利匹配性，提供并获益于这一公共产品的不同国家之间应按照匹配性原则来分配责任，各国应该按照自己受益的大小来承担成本，并使付出的成本与本国收益完全匹配。但由于在项目效益的外溢范围认可和实现机制上可能存在分歧，跨境基础设施项目受益范围与供给者责任匹配的问题并非可以顺利解决，即便理论界和实践者提出让各国在多边机构的协调下一起分担成本，跨境成本分配仍然是跨境基础设施项目利益实现机制中最具不确定性的因素，而成本分配的失败、搁置和方案的失效将令外国投资者陷入窘境并遭受损失。该风险的形成机制如图 6-2 所示。

由于处于"无政府状态"下，没有比主权国家更高一级的权威来对项目产生的效益和成本进行独立且中立地评估和安排，每个受项目影响的国家都想尽可能多地从项目中获得正面效益并承担更少成本，因此只有通过与跨境基础设施项目东道国间的合作来开展项目成本与效益的评估并且实现承担成本与获取效益的匹配才可能形成各利益相关者均能接受的跨境成本分配方案，进而让项目顺利开展。对于企业来说，跨境成本分配的成功与否不仅决定着投资收益的可获得性，也决定着投资收益获得的方式，甚至还影响着国

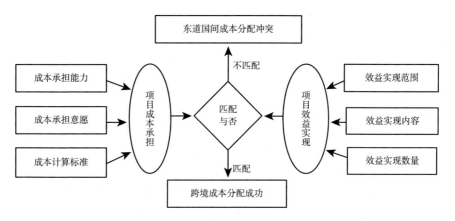

图 6-2 对外投资跨境基础设施项目跨境成本分配风险形成机制

资料来源：笔者自制。

家之间的关系。

然而，受到国家经济发展水平等客观条件的影响，并非每个愿意开展跨境基础设施项目合作的国家都有持续的能力承担这种项目成本，尤其是对于经济欠发达国家来说，在其国内基础设施投资都捉襟见肘的情况下，很难保障有余力来承担跨境基础设施项目的经济成本。此外，跨境基础设施项目的开发还将对项目周边环境、原住民社区、边境城镇等产生影响，各国还需付出其他形式的成本，加之东道国国内可能存在成本分配争议，东道国对项目成本的承担意愿面临诸多不确定性。跨境成本分配的基础是对项目效益公平、公正和公开的评估，如果各国之间对效益评估结果及其对应的成本计算标准存疑，那么势必导致成本分配方案难以成立。

作为跨境成本分配的另一项关键因素，项目效益的实现受到效益实现范围、效益实现内容和效益实现数量的影响，只有当各国认为这三方面与项目成本相匹配时，才能实现成功的跨境成本分配。其中，效益实现范围主要是指项目效益所覆盖的东道国地理范围和社会范围；效益实现内容是指项目给东道国带来了哪些直接和间接的效益，例如就业机会增加、跨境运输成本降低等；而效益实现数量则是指项目给东道国带来了多少直接和间接效益。然而，东道国国内的经济和社会、环境每时每刻都在发生变化，国家间的合作关系和合作议题也具有不确定性，全面、动态且能够为东道国所接受的项目效益测度一直是跨境基础设施项目发展中的难题。

（二）跨境利益协调风险的形成机制

如上所述，跨境成本分配风险是由项目东道国之间项目成本承担和项目效益实现不匹配而导致的，当各国之间无法持续地就项目跨境成本分配方案达成共识或不能按计划承担成本时，便会引发东道国间的成本分配冲突，导致项目目标无法实现。在这种情况下，就必须通过开展项目利益相关者的跨境利益协调来实现利益调整，从而促成项目目标的实现。若不能通过利益协调来满足各方的利益诉求，利益冲突将难以避免，导致项目难于付诸实践或搁置，投资者也将遭遇损失。跨境利益协调风险的形成机制如图 6-3 所示。

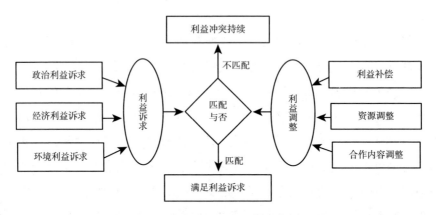

图 6-3　对外投资跨境基础设施项目跨境利益协调风险形成机制

资料来源：笔者自制。

跨境基础设施作为区域公共产品，其建设和运行会给外溢范围内的国家带来经济、政治和环境影响，而每个东道国也都会对项目产生这三方面的利益诉求。然而，由于没有比主权国家更高一级的权威来实现对各东道国利益的分配，需要依靠多边机构等组织来建立利益协调机制，让有意愿参与但无经济成本承担能力或是愿意承担相应成本但无法完全享受项目带来的正面效益的东道国加入项目，并且在项目实施过程中按照各东道国的利益诉求变化开展动态利益调整，让项目目标得以实现。从欧盟、南美洲和大湄公河次区域的跨境基础设施发展经验来看，这种跨境利益协调主要是以多边机构为"中间人"通过利益补偿、资源调整和合作内容调整来实现，即给予没有完全享受应得项目效益的东道国以利益补偿、通过增加或调整相应的资源投入（包括区域外的资源投入）和项目合作内容来满足各方的利益诉求。例如，在昆曼国际公路项目中，虽然老挝接受跨境成本分配方案并且在项目实施过程中承担着很大的环境成本，但却由于自身交通运输基础设施和运输相关产业发展的落后，无法从项目中获得与之匹配的利益，于是在 ADB 的协调下，增加了项目中老挝、泰国和中国三国间的就业和环境保护合作，给予老挝相应的利益补偿，让项目最终得以完工并投入运营。然而，由于国家间在其他合作领域可能出现冲突与矛盾，加之在协调的渠道和条件方面存在不确定性，这种利益调整并非都能实现，而协调的失败将导致跨境成本分配方案无法达成或继续执行，项目也由此陷入长期搁置甚至终止。

（三）项目组织内部冲突风险的形成机制

如果说上述的跨境成本分配和利益协调风险是令东道国政府和社会"组织战略"不能形成一致的项目治理风险，那么接下来要分析的项目组织内部冲突风险就是项目组织内部治理的风险。很多国家将雇用本地劳动力作为外国企业在本土经营合法化的必要条件，加之本土员工的加入有助于促成更为科学和客观的决策，在跨境基础设施项目投资和建设过程中，项目组织将由来自不同国家和具有不同文化背景的成员组成。然而，受到文化差异和个人行为不确定性的影响，对外投资跨境基础设施面临着由项目组织成员冲突而造成的风险，具体形成机制如图 6-4 所示。

项目组织管理的核心是对项目组织内部团队和人员责权利的安排和控制，项目工作安排和收益相匹配进而使项目组织成员各司其职完成项目工作。然而，受到不同国家文化、管理标准、个人行为方式等方面的影响，不匹配的状态时刻可能发生。对于跨境基础设施项目来说，这种不匹配一方面体现为项目组织成员认为自身的工作安排和收益不匹配，另一方面认为来自不同国家的成员之间存在工作安排和收益的不匹配，不论是哪一种情况都可能引发组织内部冲突，进而让项目难以继续下去，甚至还能引发对企业和管理者的反对和抗议。

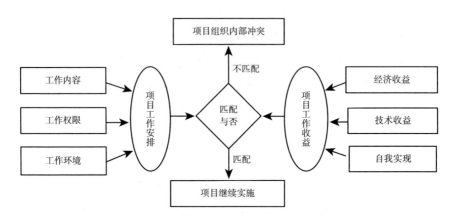

图 6-4　对外投资跨境基础设施项目组织内部冲突风险形成机制

资料来源：笔者自制。

从具体影响因素来看，工作内容、工作权限和工作环境都将影响组织成员对项目工作安排的看法，而经济收益、技术收益和自我实现则是项目工作收益的主要影响因素。在组织成员文化背景、从业经历、生活条件等多方面因素的共同作用下，即便面对同样的工作内容和经济收益，不同的成员也可能会产生不同的利益感知，当感到工作收益与工作安排不平衡时，便会提出调整工作安排或提高工作收益的要求，甚至还会通过集会、罢工等极端方式来达到自己的目的，在这种情况下，作为项目投资者和建设者的企业将面对巨大的项目内部协调压力和项目停滞带来的损失。

第二节　跨境基础设施项目治理风险识别模式与预警指标选择

从上述的风险形成机制来看，对外投资跨境基础设施项目治理风险的核心是项目利益相关者的利益冲突，而这种利益冲突的产生不仅与利益相关者自身的利益诉求和利益实现情况相关，也与东道国国内形势以及国家间合作关系有关。为此，以下将基于有关风险成因的分析结果，就对外投资跨境基础设施项目治理风险识别和预警指标体系构建展开讨论。

一　跨境基础设施项目跨境成本分配风险识别模式与预警指标选择

从跨境成本分配风险形成机制来看，东道国在项目成本承担和项目效益实现两方面的匹配是实现成功的跨境成本分配的根本。然而，受到国家间合作关系以及东道国客观环境不确定性的影响，这种匹配并非能够轻易实现。以下就对其中存在的风险因素进行识别，并且提出相应的风险预警指标。

（一）跨境基础设施项目跨境成本分配风险识别

从跨境成本分配风险形成机制可以看出，作为项目实施的基础，成功的跨境成本分配是贯穿于项目始终的东道国承担成本与获得收益之间动态匹配的结果，这种匹配一方面取决于东道国的利益感知和预期，另一方面取决于东道国的成本承担能力、意愿及其对承担标准的认同，这两方面都将受到国家间合作关系和东道国国内客观环境不确定性的影响进而引发跨境成本分配风险。

让项目所处区域内的某一东道国承担所有项目经济成本可能导致该公共产品的"私有化"，因此让所有受益于项目的国家来共同承担项目成本将更适合于跨境基础设施项目，但很多不发达国家难于完全依靠国家预算来进行投资，需要通过公私合作模式让区域内外的私人投资者参与跨境基础设施项目，为传统的技术援助、多边机构低息贷款等提供有益的补充，[①]但鉴于跨境基础设施项目作为区域"俱乐部产品"的特殊属性，为了有效吸引私人投资者进行投资，东道国政府对于跨境成本分配方案的认可是开

---

① 黄河：《公共产品视角下的"一带一路"》，《世界经济与政治》2015 年第 6 期，第 153~164 页。

展公私合作的基础，而从投资者的角度来看，不论项目是否有东道国政府投资，东道国国家预算、国家合同执行、项目成本承担能力以及东道国不同利益相关者对项目效益实现的认可都是重要的风险因素，具体内容如表 6-1 所示。

表 6-1　对外投资跨境基础设施项目跨境成本分配风险（R_{11}）识别结果

风险名称	风险影响因素
东道国国家预算风险 （r_{111}）	东道国国家预算可靠性（a_{1111}）
	东道国国家预算管理水平（a_{1112}）
东道国国家合同执行风险 （r_{112}）	东道国国家政府的合同执行能力（a_{1121}）
	东道国国家政府对合同变更的随意性（a_{1122}）
东道国公私合作制度风险 （r_{113}）	东道国 PPP 项目准备阶段的制度建设和程序规范情况（a_{1131}）
	东道国 PPP 项目采购阶段的制度建设和程序规范情况（a_{1132}）
	东道国 PPP 项目实施阶段的制度建设和程序规范情况（a_{1133}）
项目效益实现范围风险 （r_{114}）	东道国国家政府就项目效益覆盖范围的认可程度（a_{1141}）
	东道国地方政府就项目效益覆盖范围的认可程度（a_{1142}）
	东道国公众就项目效益覆盖范围的认可程度（a_{1143}）
项目效益实现内容风险 （r_{115}）	东道国国家政府就项目效益实现内容的认可程度（a_{1151}）
	东道国地方政府就项目效益实现内容的认可程度（a_{1152}）
	东道国公众就项目效益实现内容的认可程度（a_{1153}）
项目效益实现数量风险 （r_{116}）	东道国国家政府就项目效益实现数量的认可程度（a_{1161}）
	东道国地方政府就项目效益实现数量的认可程度（a_{1162}）
	东道国公众就项目效益实现数量的认可程度（a_{1163}）

资料来源：笔者自制。

对于投资者来说，跨境成本分配方案的达成和持续执行是最终获得收益的关键，而这不仅与东道国的国家预算有关，也与东道国政府的合同执行能力和项目成本承担能力有关。在多边机构的协调和帮助下，没有充分能力承担经济成本的东道国也可以通过公私合作等方式来发展跨境基础设施项目，但不论东道国是否对项目进行直接的经济投资，国家预算管理的不可靠和管理水平不高都会对成本承担能力产生不利影响，令跨境成本分配方案的执行面临困难，项目资金的充足性和持续性以及投资者的收益获取无法得到保障。跨境基础设施项目东道国之间通常会就跨境成本分配签订相关协议，但受到国家间其他合作议题进展或冲突以及东道国客观环境变化的影响，有的东道国政府可能单方面放弃或搁置项目，不再履行项目协议和承担项目成本，在这种情况下，即便通过多边机构的努力可能让项目重新回归正轨，但对于投资者来说，也意味着要蒙受巨大的经济损失。公私合作已然成为发展中国家基础设施融资的重要手段，对于跨境基础设施项目来说，它同样可以带来资金和更好的管理，但不良的 PPP 项目制度质量不仅可能导致投资者收益难以获取，还有可能导致整个项目的跨境成本分配失败，如果私人投资者认为自己的获益没有保障，那么就可能会选择不参与项目或中途退出项目，合作的东道国则会由于无力继续承担相应的经济成本而搁置或放弃项目。

除了东道国在项目成本承担能力和承担意愿方面存在风险外，东道国国家政府、地方政府和公众对自身是否从项目中获得了利益、获得了什么样的利益以及获得了多少利益的认知也存在诸多的不确定性，只要其中一方认为自己所付出的成本与获得的利益不匹配，那么便可能提出异议和反对之声，甚至退出项目。然而，受到国家间合作关系和东道国经济形势、社会秩序等不确定性的影响，不仅东道国国家政府之间会对项目效益实现的感知和预期产生分歧，国家政府、地方政府和公众之间也会产生分歧，而这种分歧将可能激化国内社会矛盾，迫使国家政府暂停项目合作，令项目投资者蒙受损失。

（二）跨境基础设施项目跨境成本分配风险预警指标选择

基于上述对跨境成本分配风险形成机制的分析以及风险识别的结果，本研究结合 ADB、WB 等机构发布的相关数据选取并制定了中国对外投资跨境基础设施项目跨境成本分配风险预警指标，具体指标性质、来源如表 6-2 所示。按照前文所述预警方法，预警指标分为正向指标和逆向指标。正向指标表示指标值越大此类风险预警值越大，逆向指标表示指标值越大风险预警值越小（下同）。

表 6-2　对外投资跨境基础设施项目跨境成本分配风险（R_{11}）预警指标

风险名称	预警指标	指标来源	指标性质
东道国国家预算风险（r_{111}）	国家预算可靠性（E_{1111}）	IPD	逆向
	国家预算和财政管理质量（E_{1112}）	ADB、ASD、PIA	逆向
东道国国家合同执行风险（r_{112}）	国家合同强制执行情况（E_{1121}）	WMO	正向
	国家合同变更情况（E_{1122}）	WMO	正向
东道国公私合作制度风险（r_{113}）	PPP 项目准备阶段的制度质量（E_{1131}）	WB	逆向
	PPP 项目采购阶段的制度质量（E_{1132}）	WB	逆向
	PPP 项目管理阶段的制度质量（E_{1133}）	WB	逆向
项目效益实现范围风险（r_{114}）	东道国国家政府就项目效益覆盖范围的认可程度（E_{1141}）	东道国国家政府代表打分	逆向
	东道国地方政府就项目效益覆盖范围的认可程度（E_{1142}）	东道国地方政府代表打分	逆向
	东道国公众就项目效益覆盖范围的认可程度（E_{1143}）	东道国公众代表打分	逆向
项目效益实现内容风险（r_{115}）	东道国国家政府就项目效益实现内容的认可程度（E_{1151}）	东道国国家政府代表打分	逆向
	东道国地方政府就项目效益实现内容的认可程度（E_{1152}）	东道国地方政府代表打分	逆向
	东道国公众就项目效益实现内容的认可程度（E_{1153}）	东道国公众代表打分	逆向
项目效益实现数量风险（r_{116}）	东道国国家政府就项目效益实现数量的认可程度（E_{1161}）	东道国国家政府代表打分	逆向
	东道国地方政府就项目效益实现数量的认可程度（E_{1162}）	东道国地方政府代表打分	逆向
	东道国公众就项目效益实现数量的认可程度（E_{1163}）	东道国公众代表打分	逆向

资料来源：笔者自制。

　　如表 6-2 所示，跨境成本分配风险预警指标从数据来源来看可分为两类，一类源自国际机构发布的数据，另一类来自代表的打分。对于来源于后者的数据，需要开展跨境基础设施项目投资的企业邀请来自各个东道国国家政府、地方政府和公众的代表，基于自己的认知进行客观的评价，并陈述自己的打分理由。与此同时，还需要聘请来自多边机构、行业专家、学者等组成专家团队基于相关研究结果、从业经验以及实地调查所获得的信息对打分结果的可信度以及背后的原因进行分析。为了便于进行数据处理，可以直接采用打分的方式来进行评价，例如，用 1~5 分来表示东道国公众就项目效益实现内容的认可程度，1 分表示认可程度最低，5 分表示认可程度最高。除了用于开展风险预警外，所收集到的数据也有助于企业做出及时和科学的决策。

二　跨境基础设施项目跨境利益协调风险识别与预警指标选择

从上述关于对外投资跨境基础设施项目利益协调风险形成机制的分析可以看出，受到项目组织内部、国家间合作关系和东道国客观环境不确定性的影响，项目中利益相关者的利益诉求可能随项目的推进而发生变化，而通过开展利益调整来满足利益诉求是让项目继续的根本保障。然而，这种利益协调却可能因东道国国内冲突、国家间的基础设施合作现状等无法实现，为此下文将从东道国国内利益协调、国家间利益协调条件和国家间利益协调渠道三方面对利益协调风险开展识别，并基于识别结果建立预警指标体系。

（一）跨境基础设施项目跨境利益协调风险识别

从对外投资跨境基础设施项目跨境利益协调风险形成机制的分析来看，在跨境成本分配方案形成以及实施的过程中，不论是东道国的国家政府、地方政府还是公众都会对自身所付出的成本以及得到的利益形成不同的感知与预期，在这种情况下，要想成功地对各方利益进行协调，不仅要有多边机构作为"中间人"，也需要一定的协调基础和渠道，其中任何一方面的不足都可能令利益协调无法实现，利益冲突持续。跨境利益协调风险识别结果如表 6-3 所示。

表6-3　对外投资跨境基础设施项目跨境利益协调风险（R_{12}）识别结果

风险名称	风险影响因素
东道国国内利益协调风险（r_{121}）	东道国政府与社会的利益协调状况（a_{1211}）
	东道国国内的利益冲突状况（a_{1212}）
	东道国国家政府建立政治共识的能力（a_{1213}）
国家间利益协调条件风险（r_{122}）	东道国参与区域一体化的情况（a_{1221}）
	东道国所处区域的多边机构活动情况（a_{1222}）
	东道国加入的区域合作平台建设情况（a_{1223}）
	东道国与邻国间有关基础设施的合作情况（a_{1224}）
国家间利益协调渠道风险（r_{123}）	东道国与邻国间既有沟通渠道发展情况（a_{1231}）
	东道国与邻国监管机构间既有沟通渠道发展情况（a_{1232}）
	东道国与邻国社会组织间既有沟通渠道发展情况（a_{1233}）

资料来源：笔者自制。

　　对外投资跨境基础设施项目跨境利益协调风险包括东道国国内利益协调风险、国家间利益协调条件风险和国家间利益协调渠道风险三类。其中，东道国国内利益协调风险包括利益协调现状以及协调能力两方面，协调现状主要是指当前东道国政府与社会群体之间是否在经济、社会发展等方面已经形成了一定的协调机制并且取得了一定的协调成果，是否存在严重的国内利益冲突状况，若是冲突状况严重同时也难以在政府和社会公众间开展协调，那么针对项目开展的国内利益协调就有可能遭遇失败。东道国国内协调能力主要涉及国家政府与公众建立共识的能力。从前文分析可以看出，国家间的政治共识是开展跨境基础设施合作的必要前提，而国内的社会共识则不仅是达成国家间共识的重要影响因素也是实现跨境基础设施"责权利匹配"的基础。

　　跨境基础设施项目的建设和运行有助于区域一体化的实现，而区域一体化水平将在一定程度上决定着跨境基础设施项目效益的实现，区域一体化程度高意味着国家间依赖关系强，而这种依赖关系将让国家间有更强的动力来就跨境基础设施项目开展利益协调。多边机构是跨境基础设施项目中不可或缺的角色，其重要性的体现之一便是它能够为各国创造对话机会，而这种对话机会也是开展国家间利益协调的关键。为了促进区域内各国之间的合作，多边机构或国家联盟通常会围绕区域一体化的相关议题建立区域合作平台，这种平台为各国之间的信息公开、信息沟通创造了条件，对于跨境基础设施项目的利益协调来说这种平台对减轻利益协调中的信息不对称有重要作用，同时也有利于让区域内外的投资者了解项目及其所处区域状况，为吸引区域内外的投资创造条件。对于一个国家来说，跨境基础设施项目所带来的利益不仅是跨境运输条件的改善、运输成本的降低，也包括就业增加、贫困减轻、文化交流等，但这些利益在国家间的公平分配需要有相应的合作机制，例如如何在国家间分配项目带来的就业机会。因此，国家间有关基础设施发展的合作基础也是国家间利益协调的重要条件，如果缺少这种条件，至少意味着投资者可能需要花费很长时间等待东道国间就具体利益的分配来达成一致意见。

无论开展什么样的协调，沟通都是核心行为，而可靠和高效的沟通渠道则是其基础。对于跨境基础设施项目来说，为了让各东道国的项目利益相关者充分表达自己的利益诉求并且就合作内容进行协商，东道国国家政府、监管机构和社会组织间既有的沟通渠道对于开展跨境利益协调也十分重要。虽然区域合作平台的建立能够极大地促进多边对话，但从欧盟、南美洲和大湄公河次区域的跨境基础设施发展经验来看，这种平台的建立通常要花费十余载甚至更长的时间，对于很多一体化程度较低的区域来说，短时间内完成这种平台的建设是十分困难的，因此既有的沟通渠道将成为进行利益协调的主要信息传递路径，而项目东道国国家政府、监管机构和社会组织间的沟通渠道将互为补充，从不同层次和角度传递利益诉求和利益调整信息，为开展利益协调创造条件。若是这种沟通渠道发展不足或是受到严格管制，便有可能产生信息不对称的情况，其中的信息缺口可能令各方无法做出决策，进而迟迟不能实现利益平衡，甚至加剧利益冲突。

（二）跨境基础设施项目跨境利益协调风险预警指标选择

根据上述的风险识别结果，本研究基于 **WB** 等国际机构发布的相关数据选取并制定了对外投资跨境基础设施项目跨境利益协调风险预警指标，指标内容、性质与来源如表6-4所示。

表6-4 对外投资跨境基础设施项目跨境利益协调风险（R_{12}）预警指标

风险名称	风险预警指标名称	指标来源	指标性质
东道国国内利益协调风险（r_{121}）	东道国政治与社会整合情况（E_{1211}）	BTI	逆向
	东道国国内社会冲突强度（E_{1212}）	IPD	正向
	东道国国家政府建立政治共识的能力（E_{1213}）	BTI	逆向
国家间利益协调条件风险（r_{122}）	东道国签署的区域一体化协议数量（E_{1221}）	网络检索	逆向
	业务覆盖东道国的多边机构数量（E_{1222}）	网络检索	逆向
	东道国加入的区域合作平台数量（E_{1223}）	网络检索	逆向
	东道国与邻国间有关基础设施的合作项目数量（E_{1224}）	网络检索	逆向
国家间利益协调渠道风险（r_{123}）	东道国与邻国政府间的官方信息沟通渠道质量（E_{1231}）	专家打分	逆向
	东道国与邻国间的监管机构官方沟通渠道质量（E_{1232}）	专家打分	逆向
	东道国与邻国间的社会组织沟通渠道的质量（E_{1233}）	专家打分	逆向

资料来源：笔者自制。

如表6-4所示，此部分的风险预警指标来源为国际机构发布的数据、网络检索和专家打分。其中，来源于网络检索的指标需要对外投资跨境基础设施项目投资的企业组织专人并在相关专家的指导下开展检索，为了尽可能保证数据的质量，检索前应该在专家的指导下确定搜索对象的具体概念和范围，例如，对区域一体化相关协议进行定义和范围界定。对于数据来源为专家打分的指标，需要跨境基础设施项目投资的企业聘请来自多边机构、行业专家、学者等组成专家团队，并且基于相关研究结果、从业经验以及实地调查所获得的信息开展客观的评价。为了便于进行数据处理，可以直接采用打分的方式来进行评价，如用1~5分来表示东道国国家政府间已有官方信息沟通渠道的质量，1分表示质量最差，5分表示质量最好。在打分过程中，应首先对渠道质量的内涵进行明确，进而结合所处区域的实际情况来制定打分标准。

三　跨境基础设施项目组织内部冲突风险识别与预警指标选择

从项目组织内部冲突风险形成机制来看，为了满足东道国在雇用本地劳动力方面的要求，也为了实现创造就业方面的项目效益，中国企业在开展对外投资和承建跨境基础设施项目的过程中，必将要面临来自不同国家和不同文化背景成员之间发生冲突的可能性，而这种冲突的根源在于项目组织成员对工作的利益感知。因此，以下将针对影响这种利益感知的因素开展风险识别和预警指标选择。

（一）跨境基础设施项目组织内部冲突风险识别

与其他项目组织一样，跨境基础设施的项目组织是一个临时性组织，这意味着项目组织成员将把不同的国家文化、民族文化、企业文化、家庭文化"带入"项目组织，而这些文化所带来的员工意识和行为差异将令组织成员对自己的工作安排和工作收益产生不同甚至相反的认识，这便可能造成项目组织内部冲突。除了文化因素外，项目组织成员之间的沟通状况、薪资待遇以及东道国劳动力雇用环境也将通过对组织成员的利益感知产生影响而引起项目组织管理风险。风险识别结果如表 6-5 所示。

许晖等人①的研究显示，跨文化冲突的主要来源是国家层面的文化价值异质性，这意味着在跨境基础设施项目组织中，组织成员的国籍差异将是文化冲突的主要诱因，而这种文化冲突将直接影响组织成员的利益感知，因此本研究主要从国家差异的角度进行了文化冲突风险的分析。在项目实施过程中，组织成员将从事不同的项目工作，而国家商务合作中的习惯将对组织成员的工作方式和行为产生影响，而这可能会引起其他成员的不满，进而引起冲突。东道国固有的种族、民族冲突情况将可能"蔓延"至项目组织内部，一旦项目组织外部爆发冲突，项目组织内部也可能会爆发冲突。此外，对于作为投资者和承建商的企业来说，外

---

① 许晖、王亚君、单宇：《"化繁为简"：跨文化情境下中国企业海外项目团队如何管控冲突》，《管理世界》2020 年第 9 期，第 128~140、185 页。

籍成员对于他国文化的接受不仅将有利于管理者开展项目工作的安排，也有利于外籍成员之间建立合作关系。

表 6-5　对外投资跨境基础设施项目组织内部冲突风险（R_{13}）识别结果

风险名称	风险影响因素
项目组织中的文化冲突风险（r_{131}）	组织成员在商务合作中的习惯差异（a_{1311}）
	东道国的种族、民族冲突情况（a_{1312}）
	组织成员间相互的文化接受情况（a_{1313}）
项目组织中的沟通风险（r_{132}）	组织成员经常使用的语言情况（a_{1321}）
	组织成员外语应用能力（a_{1322}）
	组织成员沟通方式多元化情况（a_{1323}）
项目组织成员薪资待遇风险（r_{133}）	组织成员间的薪酬差异（a_{1331}）
	组织成员间的福利待遇差异（a_{1332}）
	组织成员间的晋升制度差异（a_{1333}）
	组织成员间的学习机会差异（a_{1334}）
劳动力雇用风险（r_{134}）	项目所处区域的劳动力市场管理制度（a_{1341}）
	项目所处区域的劳动力雇用相关法律法规的合理程度（a_{1342}）
	项目所处区域的劳动力市场价格稳定性（a_{1343}）
	项目所处区域的集会、罢工或示威游行情况（a_{1344}）

资料来源：笔者自制。

　　虽然受到文化的影响，项目组织成员的观念、意识和行为不可能在项目实施期间发生彻底转变并达成一致，但良好的沟通将有利于组织成员之间消除误解和偏见，而语言是开展跨文化沟通的关键影响因素。[①] 因此，本研究从组织中的常用语言、组织成员的外语应用能力和沟通方式多元化三方面来分析沟通风险。若是组织中的常用语言种类较多，不仅对项目管理者的能力提出了巨大挑战，也会加剧成员之间的猜忌和疑虑，反之，组织中的信息透

[①] Peltokorpi V., "Intercultural Communication Pattern and Tactics: Nordic Expatriates in Japan," *International Business Review*, 2007, 16 (01), pp. 68-82.

明度和传递效率将会得到提高。虽然，组织成员特别是管理者具有较好的外语应用能力有利于减少组织成员之间的跨文化冲突，[①] 但短时间内熟练掌握多门外语对于大多数项目组织成员而言并不现实。多元化的沟通方式将可能缓解沟通障碍。例如，当组织成员间不能通过口头交流来顺利进行沟通时，便可以考虑采用即时消息、电子邮件等方式来沟通，借助翻译软件等尽可能快速、准确地理解对方的意思。

如果说文化和语言对项目组织成员的工作利益感知影响是无形的，那么组织成员之间的薪资待遇差异则是引起内部冲突的有形因素。虽然由于工作内容、工作环境、工作强度等方面的差异，不同的项目工作必定对应有差异的薪资待遇水平，但在文化背景、受教育程度等因素的影响下，并不是所有组织成员都能接受和理解这种差异的合理性，并且认为这是歧视或不公平对待，由此而引发组织内部冲突。

除了以上风险因素外，劳动力雇用本身也是项目组织管理风险的重要影响因素。在劳动力市场管制严格的国家，不论是薪酬待遇还是雇用和解聘，都将处于"有据可依"的状态。但不合理的劳动法律法规也会增加组织管理风险。例如，一国的劳动法规一味强调本国员工的工作性质和薪资待遇，而不考虑其工作技能，那么就可能造成其他国家员工的不满和管理者安排工作的困难，从而引发冲突。东道国劳动力市场价格作为组织成员感知工作利益的重要参照，过于频繁、剧烈的劳动力市场价格波动将严重妨碍组织成员对其工作利益的正确感知，也令管理者难于正确衡量其工作的价值，从而引发冲突。除了以上因素外，东道国经常性的罢工、游行示威等不仅意味着项目工作可能无法正常开展，也意味着项目组织成员会以利益得不到满足为由通过采取这种方式来威胁企业。

（二）对外投资跨境基础设施项目组织内部冲突风险预警指标选择

根据上述的风险识别结果，本研究在考虑数据可得性和可靠性的基础

---

① 田志龙、熊琪、蒋倩等：《跨国公司中中国员工面临的跨文化沟通挑战与应对策略》，《管理学报》2013 年第 7 期，第 1000~1015 页。

上，选择来自国际机构发布的相关数据、项目组织内部统计数据以及专家打分的三类指标作为中国对外投资跨境基础设施项目组织内部冲突风险预警指标，其具体指标内容、性质与来源如表 6-6 所示。

表 6-6　对外投资跨境基础设施项目组织内部冲突风险（R_{13}）预警指标

风险名称	风险预警指标名称	指标来源	指标性质
项目组织中的 文化冲突风险 （r_{131}）	投资者母国与东道国在商务合作中存在的习惯差异程度（E_{1311}）	专家打分	正向
	东道国内部冲突强度（种族、宗教或地区冲突）（E_{1312}）	IPD	正向
	东道国的项目组织成员对投资者母国文化的认同度（E_{1313}）	专家打分	逆向
项目组织中的 沟通风险 （r_{132}）	项目组织成员经常使用的语言数量（E_{1321}）	项目组织	正向
	东道国的项目组织成员掌握中文的比例（E_{1322}）	项目组织	逆向
	东道国的项目组织成员掌握英文的比例（E_{1323}）	项目组织	逆向
	东道国的项目组织成员常用的沟通方式数量（E_{1324}）	项目组织	逆向
项目组织成员 薪资待遇风险 （r_{133}）	项目组织中东道国与投资者母国成员的同工同酬情况（E_{1331}）	项目组织	逆向
	项目组织中东道国与投资者母国成员的福利待遇差异水平（E_{1332}）	项目组织	逆向
	项目组织中东道国与投资者母国成员的晋升差异水平（E_{1333}）	项目组织	逆向
	项目组织中东道国与投资者母国成员的学习机会差异水平（E_{1334}）	项目组织	逆向
劳动力雇用风险 （r_{134}）	东道国劳动力市场管理制度健全水平（E_{1341}）	EFR	逆向
	东道国劳动法律法规不妨碍商业活动的程度（E_{1342}）	WCY	逆向
	东道国平均工资过去三年的平均波动幅度（E_{1343}）	专家打分	正向
	东道国集会、示威游行自由度（E_{1344}）	IPD	正向

资料来源：笔者自制。

对于来源为项目组织的指标来说，需要对外投资跨境基础设施项目投资的企业组织相关管理人员进行统计，受到国家文化和劳动力供给状况的影响，可能出现外籍项目组织成员频繁流入流出的情况，因此统计过程中应通过定期和不定期统计相结合的方式来对数据进行更新。对于数据来源为专家打分的指标，需要开展跨境基础设施项目投资的企业聘请来自本地商会、行业专家、学者等组成专家团队，并且基于相关研究结果、从业经验以及实地调查所获得的信息给出客观的数据和评价，对于"来自东道国的项目组织成员对投资者母国文化的认同度"，可以直接采用 1~5 分打分的方式来进行评价，1 分表示文化认同度最低，5 分表示认同度最高。

第三节　跨境基础设施项目治理风险防控路径

古语有云："圣人不治已病治未病，不治已乱治未乱，此之谓也"。对于开展跨境基础设施项目投资的企业而言，项目治理风险是由项目利益相关者利益感知变化和利益冲突造成的商业风险，是与项目提出、建设和运营等有关的非系统性风险。从这一点来看，开展项目治理风险防控的关键在于基于利益相关者的利益感知情况尽可能减少利益相关者之间的利益冲突。为此，以下将结合欧盟、南美洲和大湄公河次区域的跨境基础设施发展经验，从建立项目动态决策机制、强化项目内外部风险沟通以及完善项目人力资源与劳务管理体系三方面来就对外投资跨境基础设施项目治理风险防控路径开展讨论，让项目治理风险防控起到"治未病"的效果。

一　建立跨境基础设施项目动态决策机制

从项目治理风险形成机制以及风险识别的结果来看，项目利益相关者之间的利益冲突是引发该风险的关键，而国家间合作关系和东道国客观环境存在的不确定性对利益相关者利益感知的影响将可能让这种冲突发生在项目的任何阶段。然而，由于项目外部不确定性的客观存在，投资者并不能对其加以消减和控制，只能通过开展动态决策来对自己的利益获取方式做出改变并尽可能化解利益冲突，调整项目利益相关者之间的关系，以便让项目得以完成并获得投资回报。以下就将借鉴欧盟和南美洲的跨境基础设施项目风险防

控经验，对如何通过健全项目动态决策机制来开展项目治理风险防控进行
探讨。

（一）完善跨境基础设施项目决策方法

目前，我国对包括跨境基础设施项目在内的境外投资项目采取备案制为
主、核准制与备案制相结合的项目审批制度，而核准制①在一定程度上就是
我国政府对于投资项目实施的风险防控。然而，对于处于非敏感国家的跨境
基础项目来说，由于没有经过国家有关部门的"把关"，项目的决策任务大
部分落到了投资企业身上，企业必须建立一套符合跨境基础设施项目特点的
决策方法。相比于国内基础设施项目和对一国投资的基础设施项目而言，跨
境基础设施项目的决策应该站在区域发展的角度上来开展，决策时不仅需要
考虑经济效益，更要考虑国家与地区安全、区域整体的发展等。当然，为了
尽可能减少由东道国利益分配所引发的风险，并且充分发挥多边机构的作
用，在进行投资决策时，应选择那些由多边机构牵头或已经纳入区域基础设
施一体化计划的项目进行投资。

除了决策视角外，为了尽可能避免跨境成本分配和跨境利益协调风险带
来的损失，企业应该在项目前期就开展风险预警，并且结合企业在项目中的
角色和利益关系对风险的具体影响因素、成因和后果进行详细分析，对如何
参与项目利益协调开展详细计划，特别是对于跨越边境的项目，应该视项目
的综合效益情况制定项目成本调整方案，以便能够及时有效地化解冲突，确
保项目的推进。

虽然不应以经济利益为唯一决策指针，但对于项目中的利益冲突，企业
也应摆正姿态，客观、全面地评估自身的承受能力和外部资源情况，仔细分
析东道国在跨境成本分配方面存在冲突的原因以及实现利益协调的可能性，

---

① 根据国务院发布的《政府核准的投资项目目录（2014年版）》，涉及敏感国家和地区、敏
感行业的境外投资项目要经国务院投资主管部门核准。国家发展改革委、商务部、中国人
民银行和外交部联合发布的《关于进一步引导和规范境外投资方向的指导意见》指出，涉
及我国缔结的双多边条约或协议规定需要限制的敏感国家的投资项目纳入需经投资主管部
门核准的范围。

及时做出决断，如果确实认为项目中的利益冲突难以解决，便应视项目对国家的重要程度以及已经投入的资金情况寻求多边机构的帮助，或者通过外交手段解决争议[1]，不介入东道国间的利益冲突。

（二）充分寻找和利用"再协商"的机会

从项目治理风险形成机制来看，不同利益相关者的利益感知情况可能随着项目的推进而发生变化，而这种利益感知发生的变化以及引起的利益冲突对于投资者而言可以说是"防不胜防"。这种利益感知不仅与项目内外部客观环境有关，也与利益相关者的价值观、人生经验等相关，要想通过外部干预来让其按照投资者的意志来改变是十分困难的。在这种情况下，唯有重回谈判桌前展开再协商才可能找到大家的利益平衡点，而这种再协商的机会也意味着投资者需要再次进行决策。若没有这种再协商的机会，那么项目可能长期陷入各方僵持状态，令投资者蒙受损失并且得不到应有的补偿。

为了找到这种再协商的机会，首先应该在项目合同中明确再协商条款，即当发生某一或某些特定事件时，按照合同中的再协商条款，项目各方重新回到谈判桌前就有关事宜进行再次协商。[2] 再协商条款允许项目各方根据实际的情势变化重新谈判，并为各方提供了修改协议的灵活性，而不是直接终止他们之间的合同关系，因此再协商条款可能被视为稳定合同双方关系的一种良好途径。[3] 对于跨境基础设施项目来说，特别是对于采用公私合作方式进行开发的项目而言，已进行的巨大投资、复杂的法律关系、不可预测的政治局势等都令项目各方希望在东道国法律允许的情况下，合同中包括再协商条款，以便各方通过重新谈判来寻求解决利益冲突的新方案。当然，再协商条款本身虽然给延续各方合同关系创造了机会，但也可能会带来特许经营期

---

[1]　潘晓明：《从墨西哥高铁投资受阻看中国对外基础设施投资的政治风险管控》，《国际经济合作》2015年第3期，第76~79页。

[2]　Gotanda J. Y., "Renegotiation and Adaptation Clauses in Investment Contract, Revisited," *Vanderbilt Journal of Transnational Law*, 2003, 36 (October), pp. 1461-1472.

[3]　Salacuse J. W., "Renegotiating International Business Transactions: The Continuing Struggle of Life Against Form," *The International Lawyer*, 2001, 35 (4), p. 1514.

变化、增加项目建设内容等情况，此时便需要基于上述的项目决策方法来考虑是否要为了确保项目利益而增加经济投资。

除了在项目合同中设置再协商条款外，充分利用一切合法和合理的再协商机会也十分重要。按照合同组织再协商通常需要一定的时间和正规程序，而如果能在不违反东道国法律的情况下通过非正式的方式展开再协商，不仅可以及时了解利益相关者的利益感知情况，也可以通过协商及时解决一些矛盾，不至于让小矛盾上升为大冲突。

（三）建立风险分担谈判机制

从当前全球跨境基础设施项目规划和开发的情况来看，除了欧盟外，大多数地区和国家都没有以立法的形式对项目跨境成本分配、利益协调等问题进行规范，也没有指定相应的机构或个人作为项目利益协调的"中间人"，项目利益相关者之间的利益冲突大多也只能靠利益相关者之间的磋商来解决。因此，为了有效防控风险，企业应该在项目启动之前与东道国就项目监管、投资收益取得方式、豁免条件、环保标准等事项进行全面而充分的商议，并签订书面协议，以确保在遇到跨境成本分配和利益协调风险时能够有充分的依据进行风险分担谈判。与此同时，应建立各方认可的风险分担谈判机制，对风险分担谈判的基本原则、"中间人"、基本流程等进行明确，企业也应同时制定多种形式的风险分担方案，以便在遇到风险时与东道国及时开展谈判，争取通过延长特许经营期、获得监管豁免等方式来处理跨境成本分配和利益协调风险可能带来的损失，确保投资回报的获取。值得注意的是，如果在这些事项的商议过程中就阻力重重，难于达成一致，那么便要认真考虑是否还要继续进行项目投资。

二　强化项目内外部风险沟通

大型项目面临的主要挑战之一是了解社会的关注点和需求。[①] 在项目治

---

① Shiferaw A. T., Klakegg D. J., Haavaldsen T., "Governance of Public Investment Projects in Ethiopia," *Project Management Journal*, 2012, 43 (4), pp. 52-69.

理机制中必须充分考虑如何来解决这一问题。[①] 风险沟通作为一个个体、群体以及机构之间交换风险相关信息的相互作用过程，不仅直接传递风险性质及其相关信息，也让管理者得到理解利益相关者风险感知的机会，这种风险感知包括对风险的看法、影响看法的变量以及看法产生的后果，而管理者也有机会通过向利益相关者传递风险防控信息来减少其风险感知偏差。[②] 从这一点来看，在跨境基础设施项目整个生命周期中，与项目各方进行风险沟通将有利于中国企业及时了解各方的利益和风险感知情况，缩小有关治理风险的信息缺口，也有助于在东道国政府和公众之间建立信任关系并发展稳定的合作关系，尽可能防控利益冲突引起的项目治理风险。基于前文关于项目利益相关者关系的分析，以下将主要对如何与东道国政府、多边机构和社会组织开展风险沟通来防控项目治理风险进行讨论。

（一）与东道国政府进行风险沟通

跨境基础设施项目事关区域"公共利益"，与东道国政府间有效而适度的沟通和合作是开展项目治理风险防控的必要条件。

在项目论证阶段就应积极与东道国政府开展沟通和合作，采用圆桌会议等公开讨论方式充分阐明自己的意愿、项目的意义与内容，说明促进区域发展是企业与东道国的共同愿望，并且仔细倾听东道国政府的要求与愿望。在项目实施过程中，企业除了应适时、全面地阐明企业的立场和制度外，还应该与东道国政府建立透明、高效的沟通渠道，当遇到突发事件或看到利益冲突的苗头时，应该及时、明确地向东道国政府官员表达自己的担忧和不满，并且说明愿意通过多种方式来与东道国政府一道开展利益协调，通过开展其他方面的合作内容来增加项目的利益，促进政府、投资者、公众和其他企业

---

① Xie L. L., Xia B., Hu Y. et al., "Public Participation Performance in Public Construction Projects of South China: A Case Study of the Guangzhou Games Venues Construction," *International Journal of Project Management*, 2017, 35 (7), pp. 1391-1401.

② Palenchar M. J., Heath R. L., "Strategic Risk Communication: Adding Value to Society," *Public Relation Review*, 2007, 33 (2), pp. 120-129; Palenchar M. J., Heath R. L., "Another Part of the Risk Communication Model: Analysis of Communication Processes and Message Content," *Journal of Public Relations Research*, 2009, 14 (2), pp. 127-158.

或组织的利益平衡。

在开展沟通和合作过程中，企业需要以中立的态度谨慎而婉转地做出回应，否则将可能引起利益冲突。与此同时，应在项目全过程中保持与政府关系的透明度，不透明的政府关系可能会极大地降低东道国社会对企业的信任水平，影响公众对项目的利益感知，甚至认为企业是造成自身利益损失的"元凶"或是政府削减自身利益的"帮凶"。虽然受到国家法制建设水平的限制，很多国家并没有对外国投资者与政府间关系的透明度进行严格要求，但投资者还是应当参考国际通行的做法，在东道国法律法规许可的范围内，尽可能坦诚地面对各方利益相关者。

（二）与多边机构进行风险沟通

跨境基础设施作为一种区域"俱乐部产品"，需要多边机构扮演"中间人"的角色，为各国提供一个沟通和进行重复博弈的场所，协调不同国家不同利益相关者的利益，以降低交易成本并减少冲突发生的可能性。除了为各东道国政府提供沟通和进行利益协调的平台外，多边机构还可以基于自身在国际公信力、信息获取、专家队伍、项目经验方面的优势为企业提供项目治理的专业建议，帮助企业做出更为科学的决策。从这两方面来看，与多边机构就项目开展沟通并建立合作关系是防控项目治理风险的必须。

从合作对象来看，除了 ADB、WB、IDB 这样的传统多边机构外，企业还应该与亚洲基础设施投资银行（以下简称"亚投行"）这样的机构建立密切的合作关系。张超等[1]认为，由亚投行发起设立负责统筹共建"一带一路"基础设施建设争端的协调机构是一个不错的选择，因为亚投行是我国主导成立的国际经济组织，其宗旨在于"推进区域合作和伙伴关系，应对发展挑战"，那么处理各国之间因基础设施项目而产生的矛盾、协调各国之间的利益便是其核心任务。同时，作为一个有 57 个成员国的国际组织，该

---

① 张超、张晓明：《"一带一路"战略的国际争端解决机制研究》，《南洋问题研究》2017 年第 2 期，第 24~34 页。

机构具有广泛的认可度，在协调对外投资跨境基础设施项目所涉各方利益方面有着更大的优势。

（三）与社会组织进行风险沟通

根据孙海泳[1]对社会组织的定义，相对于政府、企业和多边机构而言，社会组织具有非政府性、非营利性、独立性和公益性等基本特征，一般包括非政府组织、非营利组织、志愿者组织、本土或草根组织、社区组织以及部分独立性智库和非营利基金会等机构。20世纪80年代起，非政府组织在全球范围内快速崛起，从事诸如环境保护、促进民间经济和社会发展、提供补充性公共服务等政府未承担的公共事务，其涉及领域之广、规模之大、发展之快甚至让学者们认为其对世界的影响堪比19世纪民族国家的崛起。[2]

从当前社会组织的发展形式来看，大多数社会组织都以促进人道主义和为弱势群体争取利益和保护为己任，通过建立跨国网络来相互联络并实施一系列运动与游说活动，其对主权国家政府、地方政府、多边机构甚至联合国的议程和决策都产生了影响，已然成为许多国家国内事务和全球议程的重要参与者。[3] 由于东道国本土和具有跨国活动能力的社会组织维护或代表地方、国家乃至全球等不同层次的利益诉求，企业十分有必要与其开展风险防控方面的合作。

一方面，在项目论证阶段就应当与国际和东道国的社会组织开展沟通，通过向其宣传项目的建设内容和基本建设规划，掌握有哪一些群体可能对项目和企业持有反对意见，在倾听其反对原因的同时摸清其对项目的具体利益诉求，以便为利益实现机制的设计奠定基础，以防止项目实施后因未满足这些社会群体的利益诉求而遭到反对，造成更大的损失。另一方面，在与社会组织进行沟通的过程中，应强调项目在就业增加、贫困减轻、生活条件改善

---

[1] 孙海泳：《中国对外基础设施投资的社会组织风险及对策》，《现代国际关系》2016年第3期，第49~55+64页。

[2] Salamon L. M., "The Rise of the Nonprofit Sector," *Foreign Affairs*, 1994, 73 (4), pp. 109-122.

[3] Holmén H., Jirström M., "Look Who's Talking! Second Thoughts about NGOs as Representing Civil Society," *Journal of Asian and African Studies*, 2009, 44 (4), pp. 429-430.

等方面对区域和东道国的积极作用，并且强调项目所采取的项目环境保措施以及建立的合规信息披露渠道，让社会组织最大限度地感受到企业在项目可持续性方面做出的努力，以争取到他们的支持，防范这些社会组织可能引发的利益冲突。

除了具有国际影响力和东道国本土的社会组织外，与中国本土的社会组织开展合作也有利于开展项目治理风险的防控。由于组织性质和组织立场的不同，社会组织在开展社会沟通方面具有企业所不具备的优势和特点，但受限于资金和制度，我国的社会组织还没有充分"走出去"。① 因此，在开展跨境基础设施项目投资过程中，若企业与国内相关社会组织建立合作关系，帮助其搭建社会组织与外国社会组织的沟通交流平台，便能让项目信息得到更好的传递，也让企业获得更为客观的反馈，在纾解可能存在的利益矛盾的同时，也能够通过借鉴社会组织在就业促进、贫困减轻等方面积累的经验，更好地平衡利益，实现合规管理。

三 完善项目人力资源与劳务管理体系

从项目组织内部冲突风险形成机制以及识别结果来看，为了满足东道国政府的用工本地化要求以及兑现项目在就业促进方面的承诺，在开展跨境基础设施项目投资过程中，项目组织内部冲突风险在所难免。为了防控这类风险，本研究认为应该从规范劳工管理程序、开展跨文化管理培训、畅通项目组织内的沟通渠道三方面来完善项目人力资源与劳务管理体系，具体内容如下。

（一）规范劳工管理程序

由于公共产品的属性、跨境基础设施的成功标志是经济效益和社会效益的实现，而这与劳工雇用有着密切的关系。虽然说没有一个企业能够在生产和经营中完全避免劳动纠纷，但对于对外投资跨境基础设施项目来

---

① 杨以凤：《中国 NGO 国际化的现状、挑战与对策》，《湖南师范大学社会科学学报》2014 年第 3 期，第 78 页。

说，不仅项目管理者和本地雇工之间可能出现劳动纠纷，来自不同国家的劳工之间也可能出现劳动纠纷。如果项目组织中出现太多的劳动纠纷，不仅会影响到正常的项目建设工作开展，拖慢进度造成投资者的损失，如果处理不当还可能导致集体罢工、游行抗议，东道国国内社会对项目和企业产生敌意，当东道国政府介入后，这样的劳工问题将被"政治化"，进而引发更大的风险。

虽然很多国家的劳动法律法规体系并不完善，但外资企业雇用本地劳工却是敏感问题，并且东道国法律也在劳工问题方面具有最强的法律效力，因此进行投资之前必须充分了解东道国调解劳动关系的法律法规以及劳资纠纷的解决机制。由于投资者母国劳工法的规范与国际通行做法存在一定的差异，[1] 管理者不可简单依据经验和国内做法来开展外国劳工雇用和日常管理，应根据东道国劳动法律法规要求，围绕平等就业、接受职业技能培训、劳动安全保障、健康与卫生保障、休息与休假、社会保障获取等方面建立规范的劳工管理程序，避免雇用、解雇、薪资待遇等方面的随意性和主观性。

由于各国关于劳资关系、劳工权利保护、劳动争议解决的相关规定通常会存在于多部法律法规中，对于管理者来说要进行全面的掌握和分析并非易事，在进行投资之前应咨询相关专业机构，特别是对于一些东道国劳动法律法规没有明确的事项，可以在听取专业咨询意见的基础上采用一些国际通行做法来进行管理程序的设计。此外，虽然东道国本地劳务雇用代理公司能够更为准确地掌握当地情况，但其不规范甚至违法的雇用行为则可能殃及企业，因此在选择相关代理机构时也必须认真考察其资质和信用等。

（二）开展跨文化管理培训

对于企业来说，跨文化管理是海外跨境基础设施项目投资和承建绕不开的挑战，但由于项目组织的临时性，不可能在短时间内让所有项目组织成员

---

① 梁咏：《中国投资者海外投资法律保障与风险防范》，法律出版社，2010，第79页。

完全接受投资者母国文化和企业文化，管理者应着眼于在项目组织中建立团队共同身份。团队共同身份是一个团队的动态属性，它会随团队环境、输入、过程和结果的变化而变化。共同身份并不要求团队成员个体抛弃自己的个性与独特性，即成员的同质性并不是形成共同身份的先决条件。恰恰相反，团队共同身份是一种能够为所有成员所接受的组织地位和社会身份，包括组织使命、社会准则和自我定义。① 当团队成员之间具有明确而强烈的共同身份时，能够有效减少冲突，特别是人际冲突；② 而在缺乏强有力的共同身份的情况下，团队成员可能会消极地评估其他团队成员的行为，当出现问题或沟通错误时，团队成员间可能更倾向于采取竞争而非合作的态度来解决问题，甚至导致个人冲突不断发酵而使团队内部出现组内冲突。③ 此外，团队的共同身份能够有效调整工作分配以及贡献的衡量标准，减少协作任务分配和实施中的矛盾。④

在跨境基础设施项目实施的过程中，虽然项目组织成员可能通过个人行为以及个人交往逐渐形成这种团队共同身份，但由于这一过程本身就可能出现文化冲突风险，管理者不应该寄希望于团队共同身份的自发形成，而是应该在项目启动阶段就积极筹划跨文化管理培训，通过定期和不定期的形式多样的培训向项目组织成员介绍项目的建设内容，以及带来的正面效益，让组织成员对项目有正确的认识，让其对项目组织而非投资项目的企业形成认同。与此同时，在培训中还应该通过向组织成员介绍项目所在区域的风俗习惯、法律制度、民族文化等，增进组织成员之间的相互了解，并且利用一些即时通信软件经常性地给员工发送一

① Rink F., Ellemers N., "Diversity as a Basis for Shared Organizational Identity: The Norm Congruity Principle," *British Journal of Management*, 2007 (18), pp. S17–S27.

② Jehn K. A., Northcraft G. B., Neale M. A., "Why Differences Make a Difference: A Field Study of Diversity, Conflict, and Performance in Workgroups," *Administration Science Quarterly*, 1999, 44 (02), pp. 741–763.

③ Jehn K. A., Mannix E. A., "The Dynamic Nature of Conflict: A Longitudinal Study of Intragroup Conflict and Group Performance," *Academy of Management Journal*, 2001, 44 (02), pp. 238–251.

④ Hinds P. J., Bailey D. E., "Out of Sight, Out of Synch: Understanding Conflict in Distributed Teams," *Organization Science*, 2003, 14 (01), pp. 615–632.

些有关项目进展、项目所在区域的动态、不同国家员工的先进事迹以及企业与本地员工互动的事例，体现管理者对本地员工的人文关怀与尊重，形成和谐的生产建设氛围，增强成员对项目组织的归属感，让项目目标的实现成为全体成员的共同追求。

（三）畅通项目组织内的沟通渠道

如上所述，让项目组织成员之间相互认同并获得团队共同身份是减少组织内部冲突的关键，而开展充分的沟通则是实现这一点的基础，充分的沟通不仅需要鼓励成员们积极表达自己的想法，也需要有畅通的沟通渠道。虽然工作任务能够在平滑文化差异的同时让团队成员形成共同的沟通语境，[①] 但对于跨境基础设施项目来说，由于项目组织成员的工作性质和工作内容不同，基于工作任务开展的沟通并不能实现项目组织内部的全面沟通，还需要结合项目的具体特点，在考虑语言差异的基础上，适当增加支撑沟通的硬件和软件设备，并且提升项目组织成员间利用各种沟通工具的能力，以实现能够覆盖项目组织整体的沟通网络。与此同时，为了能够及时而充分地掌握项目组织成员的利益感知情况，管理者应基于沟通网络制定相应的沟通计划，采用定期和不定期的方式开展跨文化跨层级的沟通，主动询问并耐心倾听基层组织成员的工作情况，并且向其传递来自管理者的关心。

此外，项目管理者也要重视工作之外的非正式沟通，特别是对于利用正式沟通工具和渠道有困难、受教育程度较低的本地雇工，在工作之外对其进行主动走访并询问生活情况通常能够收集到更为直观的信息，为分析员工的利益诉求变化情况提供依据。同时，通过适当投入资金为不同国家的组织成员创造良好的非正式沟通条件也能够在表达企业对其尊重的同时，有助于消除文化差异带来的偏见与歧视，减少跨文化冲突的发生。

---

① Gibson C. B., Waller M. J., Carpenter M. A. et al., "Antecedents, Consequences, and Moderators of Time Perspective Heterogeneity for Knowledge Management in MNO Teams," *Journal of Organizational Behavior*, 2007, 28 (08), pp. 1005-1034.

第四节 本章小结

跨境基础设施项目治理的核心在于平衡不同国家不同利益相关者的利益，减少不同国家不同利益相关者之间可能对项目绩效产生负面影响的冲突，为整个区域内的利益相关者创造利益。从中国投资者的角度来看，跨境基础设施项目治理是投资利益实现机制的建立与运行，而造成项目治理失败的可能性就是项目治理风险。然而，受到根源于"无政府状态"的不确定性的影响，对外投资跨境基础设施项目中各方利益相关者的利益感知情况将时刻发生变化，在无法满足其利益诉求的状况下，导致治理失败的利益冲突在所难免，而对这种冲突的消减便是风险防控的核心。

跨境成本分配是跨境基础设施项目利益实现机制中最具不确定性却又是必须解决的问题，由于项目成本承担和效益实现不匹配引起的跨境成本分配风险主要包括东道国国家预算风险、国家合同执行风险、公私合作制度风险和项目效益实现范围、内容和数量风险。跨境利益协调是跨境成本分配方案形成和维持以及平衡利益相关者利益的关键，而利益相关者利益诉求和利益调整的不匹配将导致协调失败，其主要风险包括东道国国内利益协调风险、国家间利益协调条件风险和国家间利益协调渠道风险。跨境基础设施项目组织内部成员认为项目工作安排和项目工作收益的不匹配将导致项目组织内部冲突风险的形成，其主要包括项目组织中的文化冲突风险、沟通风险、薪资待遇风险和劳动力雇用风险。

鉴于对外投资跨境基础设施项目治理风险的特点和形成机制，其防控路径包括建立项目动态决策机制、强化项目内外部风险沟通和完善项目人力资源与劳务管理体系。其中，建立项目动态决策机制包括完善跨境基础设施项目决策方法、充分寻找和利用"再协商"机会、建立风险分担谈判机制；项目内外部风险沟通的强化有赖于与东道国政府、多边机构与社会组织的沟通与合作；规范劳工管理程序、开展跨文化管理培训和畅通项目组织内的沟通渠道是项目人力资源与劳务管理体系完善的主要工作。

第七章　跨境基础设施项目东道国国家风险识别与防控路径

国家间围绕项目开展合作是跨境基础设施项目得以实施的首要条件，但由于处于"无政府状态"，并没有高于主权国家的权威来对合作事项做出安排和命令，因此参与项目的各东道国既不可能因项目的存在而彻底消除与他国在其他议题上存在的分歧或冲突，也不可能因项目而完全改变其国内态势。相反，国家间合作关系、东道国的经济发展状况和政治局势等方面的不确定性可能给跨境基础设施项目的建设和运营带来巨大风险，而这种完全不受中国企业控制的东道国国家风险却可能带来最致命的伤害。本章就将基于国家风险的基本概念，就对外投资跨境基础设施项目东道国国家风险的概念和形成机制进行探讨，进而开展风险识别并构建预警指标体系，并从完善多层次国家风险应对组织体系、构建国家风险防控协商机制和优化国家风险保险方案三方面设计风险防控路径。

第一节　跨境基础设施项目东道国国家风险的内涵

对于投资者而言，在开展对外投资跨境基础设施项目的过程中与东道国之间的关系属于东道国国内关系，即涉外投资关系，[①] 因此投资者不仅会在行为上受到东道国法律、法规的管辖，项目的建设、运营和投资收益取得亦

---

① 梁咏：《中国投资者海外投资法律保障与风险防范》，法律出版社，2010，第12页。

会受到东道国国内政治局势、经济发展状况、市场政策等各方面不确定性的影响，而这种投资者完全不能控制和左右的不确定性及后果便是东道国国家风险。以下就将基于对国家风险概念的分析，就对外投资跨境基础设施项目东道国国家风险的概念和范围进行讨论。

一　跨境基础设施项目东道国国家风险的概念

随着全球区域一体化的逐步深化，越来越多的国家充分认识到了发展跨境基础设施的重要性，并且也愿意与周边国家以及区域内外的投资者就这一议题开展合作。然而，跨境基础设施的发展并不是国家发展的唯一主题，东道国的政治局势、经济发展和社会状况不可能受其左右，国家间的合作关系也依旧会受到其他议题的影响。因此，在开展对外投资跨境基础设施项目的过程中，中国投资者的利益实现必将受到来自东道国自身的各类不确定性的影响。以下就基于对国家风险定义和内容的分析，对跨境基础设施项目东道国国家风险的概念进行讨论。

（一）国家风险的概念

20 世纪 50 年代末 60 年代初，由于古巴革命后的新政权将美国在古巴的巨额资产实行国有化，国家风险（Country Risk）一词开始出现在国际银行的跨境业务领域中。1968 年，基于对新兴国家主权独立运动形成的国有化浪潮及其对外国投资者影响的研究，Root 将政治风险定义为在本国或国外能够引起国际商业运作的获利潜力或资产损失的政治事件发生的可能性，[①] 这也是目前被普遍认可的最早的关于国家风险的定义。随着研究的深入，国家风险的外延不断扩大，Nagy[②] 从信贷违约的角度将国家风险定义为由某个国家或地区的政治、宏观经济、社会环境、自然灾害等导致的跨境贷款被拒绝偿还的可能性，这种风险与企业或个人行为无关，而是由国家发生

[①] Root F. R., " The Expropriation Experience of American Companies: What Happened to 38 Companies," *Business Horizons*, 1968, 11 (02), pp. 69-74.

[②] Nagy P., "Quantifying Country Risk: A System Developed by Economists at the Bank of Montreal," *Columbia Journal of World Business*, 1978, 13 (03), pp. 135-147.

的特定事件而导致。1983 年，日本大藏省对国家风险的研究扩展到了国际贸易和国际投资领域，认为国家风险是与商业风险相对应的概念，是指在一切国家贸易、投资和贷款活动中东道国本身的危险程度。① 之后，政治风险服务集团（Political Risk Services，PRS）于 1984 年开始发布的《国家风险指南》（The International Country Risk Guide）中将国家风险分为政治风险、经济风险和金融风险。由于研究角度的不同，Meldrum② 又进一步将国家风险分为政治风险、主权风险、经济风险、汇兑风险、转移风险和地理风险六大类，而 Bouchet 等③则认为除了政治风险、经济风险和自然风险外，社会风险也是国家风险的重要组成部分。

　　总的来看，由于研究视角以及所处行业的不同，国家风险的定义尚未统一，④ 但其风险类型已经不再局限于政治风险、经济风险和金融风险，特别是随着区域一体化的不断推进，国家间的经济贸易关系日渐紧密，影响国际政治经济关系的一些因素也被逐渐纳入国家风险的范畴，如国家间冲突、地区恐怖主义、全球和地区性传染病等。然而，不论国家风险的类型及其内容得到了怎样的扩展，其基本性质却依旧没有改变，债务偿付、利益损失和非商业性是其核心要素。

　　根据经济合作与发展组织（OECD）发布的《关于官方支持的出口信贷准则的约定》（The Arrangement on Guidelines for Officially Supported Export Credits），国家风险包含的基本要素为：由债务人政府发出的停止偿付债务的命令、由东道国经济事件引起的贷款被限制转移或延迟转移、东道国法律导致的资金不能兑换成国际通用货币或兑换后不足以达到还款日既定金额、任何其他来自东道国政府的阻止还款措施和不可抗力（战争、征收、地震、

---

① 王巍、张金杰：《国家风险：中国企业的国际化黑洞》，江苏人民出版社，2007，第 4 页。
② Meldrum D. H., "Country Risk and Foreign direct investment," *Business Economics*, 2000, 6 (02), pp. 11-20.
③ Bouchet M. H., Clark E., *Groslambert B. Country Risk Assessment: A Guide to Global Investment Strategy*, Chichester: Wiley, 2003.
④ 李福胜：《国家风险分析·评估·监控》，社会科学文献出版社，2006，第 6~20 页。

瘟疫、洪水等）。① 从这一点来看，我国投资者面对的国家风险是指因为东道国的某种特定政治、经济、金融、社会等因素引致的经济利益损失的可能性，其核心是东道国的偿还债务意愿和能力的减弱或消失。引起这种风险的因素无法通过商业手段来进行调整，或者说这种风险的发生并不受外国投资者组织或个人行为的影响，因此是一种非商业风险。

（二）跨境基础设施项目东道国国家风险的概念

基于上述对国家风险概念的分析，本研究中的对外投资跨境基础设施项目东道国国家风险是指企业在开展海外跨境基础设施项目投资和承建过程中，由东道国国家主权行为或某种特定经济、金融、社会等因素引致的企业遭受经济利益损失的可能性。相对于前文所讨论的项目治理风险，东道国国家风险是一种不能通过企业开展利益调整和协调来实现消减的风险，是一种客观存在的非商业性风险。

不论是投资跨境基础设施项目还是投资其他类型的海外项目，国家风险是由一国的经济发展水平、国家治理能力、国际政治立场、社会文化等方面的不确定性所引致的"正常现象"。结合跨境基础设施的性质来看，对于开展海外投资企业来说，由于国家的发展具有不确定性和客观性，国家之间存在差异是一种必然，不论区域一体化程度如何，国家风险都将始终存在。但国家风险并不一定仅由国家政府或其他权力机关的行为所引起，东道国国内的公共利益分配、社会发展模式与水平、国家间的合作关系等都与国家风险的发生有着紧密联系。因此，在开展对外投资跨境基础设施项目国家风险分析时，应当充分考虑项目作为区域"俱乐部产品"的属性、供给方式以及影响投资收益取得的因素；而在开展国家风险防控的过程中，不仅应当考虑企业自身所具备的条件，也应当将多边机构等纳入防控组织体系并建立协同机制。

---

① OECD, "The Arrangement on Guidelines for Officially Supported Export Credits," https://read.oecd-ilibrary.org/trade/the-arrangement-on-guidelines-for-officially-supported-export-credits_9789264189874-en.

二　跨境基础设施项目东道国国家风险的形成机制

如上所述，对外投资跨境基础设施项目东道国国家风险与东道国国家主权行为以及国内的政治、经济、社会状况等有关，但面对东道国瞬息万变的国内局势，对各方面都展开分析既不可行也无必要。对于企业来说，获取经济利益是开展对外投资跨境基础设施项目的根本动机，因此下文将基于跨境基础设施项目的投资收益获取过程来对国家风险的形成机制进行分析，以便为开展具有针对性的风险识别奠定基础。

（一）对外投资跨境基础设施项目投资收益获取过程分析

理论上，允许外国投资者进入其境内开展投资活动并不是主权国家的义务，因此，排除投资者或对投资者进入某个特殊领域的权力是东道国主权的表现。[①] 与此同时，东道国还会担心投资者的行为及其产生的影响以及投资者背后的战略目的。[②] 特别是对于跨境基础设施这种与公共利益密切相关的区域"俱乐部产品"来说，虽然项目的建设能够给东道国带来好处，但受到东道国国内外各类因素的影响，投资者并不一定能够顺利获得投资许可，即便获得了投资许可，东道国的经济发展水平、社会文化、政治体制等也未必能够完全支撑投资回报的实现。因此整个投资收益获取的过程充满了来自东道国的不确定因素。

如图 7-1 所示，对外投资跨境基础设施项目投资收益获取过程分为投资准入、投资收益形成和投资收益获得三个阶段。对于中国企业来说，投资准入阶段的核心是获得东道国的政府投资许可和社会许可，而鉴于跨境基础设施的特殊性，这种投资许可除了对资金进入和设立相关机构的准许外还包括对项目实施过程中跨境管理活动的准许。在取得投资许可后，中国投资者将向东道国注入资金并开展项目的建设和运营，而这一过程便是

---

① Dolzer R., Schreuer C., *Principles of International Investment Law*, New York: Oxford University Press, 2008, p.7.

② Bondzi-Simpson, Ebow P., *Legal Relationships between Transnational Corporations and Host States*, Westport: Quorum Books, 1990, p.28.

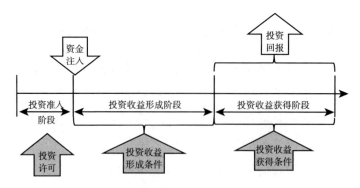

图7-1 对外投资跨境基础设施项目投资收益获取过程

资料来源：笔者自制。

投资收益形成的过程，如果这一过程不能完成，就不能产出具备提供公共服务能力的基础设施，中国投资者也就无法获得相应的投资收益，而由于基础设施的不可移动性，东道国需要在这一过程中向项目建设和运营提供相应的投资收益形成条件，如果提供的条件不能满足项目建设和运营需求，那么项目就不能建成或发挥应有的作用。当项目建成并且投入运营之后，东道国政府获取了该资产或是公众开始为项目所提供的公共服务进行付费，投资者才能获取投资回报。但这一收益获取过程仍然需要有相应的支撑条件。例如，当东道国政府对该基础设施实施强制征收，投资者就不再有获得投资回报的可能。因此，东道国投资许可、投资收益形成条件和投资收益获得条件中存在的不确定性都将对企业的投资回报取得产生直接影响。

（二）跨境基础设施项目东道国国家风险的形成

从跨境基础设施属性来看，跨境基础设施项目收益的获得有赖于项目区域内东道国的共同努力，没有哪一个国家能够完全替代其他国家的努力，而项目所产生的效益水平将由所有国家来决定，国家治理能力和国家间合作是产品供给和收益获得的关键。然而，即便项目能给东道国带来其所期望的利益，东道国国内的客观条件和国家间其他议题的合作状况也可能令项目不能完全实现其效益，甚至无法完工，而这些就是东道国国家风险的主要来源，是项目管理者和投资者不能改变的。

从对外投资跨境基础设施项目投资收益获取过程来看，不论是投资许可的获得，还是投资收益的形成和获得条件，不仅与单个东道国的客观条件以及对项目做出的努力有关，也与国家间的合作有密切关系。对于企业来说，东道国国家间合作、项目优先权授予和东道国既有基础设施项目建设与运营条件将分别为跨境基础设施项目投资收益获取全过程提供所需的政治保障、法律保障、建设与运营保障（如图 7-2 所示）。其中任何一项保障的不足或缺失都可能导致无法实现项目投资收益的获取，其原因如下。

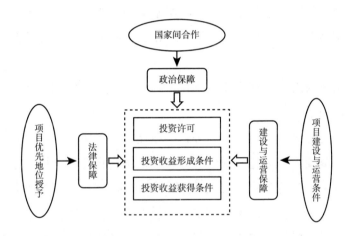

图 7-2　跨境基础设施项目投资收益获取保障因素

资料来源：笔者自制。

从跨境基础设施供给模式不难看出，项目影响区域内东道国国家政府间围绕项目开展的合作是项目得以实现的基础条件之一，可以说这种合作既是东道国国家政府对推动和实现区域一体化政治意愿的表达，也是国家间互信的表现，更是对项目做出的政治承诺。只有在这种合作持续的情况下，项目才能获得各东道国政府的投资许可，并且围绕项目的建设和运行开展关于边境管理、贸易便利化等方面的国家政策调整和跨国合作，为项目效益的实现创造条件。但国家间的合作关系受到国家战略、资源禀赋等国内因素以及区域一体化进程等区域及全球性政治环境的影响，在受到其他国家间合作议题的影响下，东道国政府可能中断围绕项目建立的跨国合作关系，而这将令项目投资者不能获得持续的投资许可和所需要的投资收益形成与获得条件，更勿论获得满意的投资回报。

国家间合作带来的保障固然对跨境基础设施项目投资收益获取影响重大，但这并不等于项目能够即刻并且持续地获得在东道国开展建设和经营活动的"合法性"。虽然这一定程度上受到项目跨境和国内利益分配的影响，但东道国国内的社会矛盾与冲突带来的影响更为致命。为此，跨境基础设施项目必须获得优先地位，即项目的建设将与东道国国家和地方发展规划相结合并将融入东道国和区域的基础设施网络，项目建设和运行中的跨境活动都具备合法性且有充分的政策和管理制度对项目建设和运行提供保障。

除了国家政府间合作带来的保障和项目优先地位带来的法律保障外，东道国国内以及本区域的替代性设施发展状况、基础设施建设与管理水平、基础设施先进程度等将成为项目的建设与运营保障，与项目匹配的建设和运营保障才能让东道国政府有理由相信项目具有可行性并且能够有助于国家的发展，公众也愿意相信项目足够"现实"并给予社会许可，投资者也才能建成项目并通过移交资产和提供公共服务来获得投资收益。然而，受到东道国经济发展水平和能力、对新技术的接受和利用能力、行政管理制度与管理效率等方面的限制，要求所有东道国能持续、充分且稳定地提供这种运营保障是困难的，其中的"短板"将直接影响到项目投资回报的取得。

第二节　跨境基础设施项目东道国国家风险识别与预警指标选择

从跨境基础设施项目东道国国家风险形成机制来看，项目投资利益获取所必需的政治保障、建设保障和运营保障来自国家间合作、对项目优先地位的授予以及东道国自身的基础设施建设和运营条件，而受到国家间合作关系、东道国国内发展情况的影响，企业可能面临无法获得上述保障而遭受损失的可能。为此，以下将结合欧盟、南美洲和大湄公河次区域在跨境基础设施风险识别方面的既有研究和实践成果，分别就对外投资跨境基础设施项目国家间合作、项目优先地位获取以及项目建设与运营条件风险的具体风险及其影响因素进行识别，并且构建相应的预警指标体系。

一　跨境基础设施项目国家间合作风险识别与预警指标选择

如上所述，在海外跨境基础设施项目投资过程中，东道国国家政府间开展的合作不仅是确保项目得以实施和投资者利益实现的保障，也是实现其区域性效益的关键。但由于跨境基础设施项目处于"无政府状态"，这种合作将受到来自国家间其他议题合作关系以及东道国政治局势不确定性的影响，一旦这种合作中断，项目就可能面临中止甚至彻底失败。以下就将从东道国国内局势和国家间关系两方面对国家间合作风险进行识别并构建预警指标体系。

（一）跨境基础设施项目国家间合作风险识别

跨境基础设施对区域一体化有着重要作用，但其不以区域一体化为必要条件，在没有完成区域一体化的国家之间进行跨境基础设施项目开发也是可能的，并且可能成为区域一体化的促进因素。由于跨境基础设施项目效益的外溢性，东道国国家政府必须要对这种超越国家地理边界的基础设施的建设目标、建设内容和效益予以认可，并且通过给出政治承诺来维持国家间的合作，以便项目能够最终建成并投入运营。然而，国家间就项目所开展的合作将面对着来自东道国政府、所在区域社会状况以及东道国间既有关系带来的风险。对外投资跨境基础设施项目国家间合作风险识别结果如表7-1所示。

表 7-1　对外投资跨境基础设施项目国家间合作风险（R_{21}）识别结果

风险名称	风险影响因素
东道国国家政府不稳定风险（r_{211}）	东道国国家政权更迭平稳性（a_{2111}）
	军事力量对东道国国内政治的干扰程度（a_{2112}）
	东道国现任政府的执政持续性（a_{2113}）
	东道国国家政府机构的稳定性（a_{2114}）
项目所在区域的政治冲突风险（r_{212}）	东道国外部冲突情况（a_{2121}）
	东道国间存在的国家主权与领土争议（a_{2122}）
	东道国所在区域内的主导权竞争状况（a_{2123}）
	东道国所在区域的和平情况（a_{2124}）
东道国间政治关系风险（r_{213}）	东道国高层对邻国的互访情况（a_{2131}）*
	东道国与中国的双边政治关系（a_{2132}）
	东道国高层对区域一体化的态度（a_{2133}）

　　注："＊"高层互访是指两国政治领导人的互访情况，其中包括互访、在第三国会晤、双边国家领导人的互相问候。

　　资料来源：笔者自制。

　　在开展对外投资跨境基础设施项目中，东道国国家间合作风险主要包括东道国国家政府不稳定风险、项目所在区域的政治冲突风险和东道国间政治关系风险。其中，东道国国家政府不稳定风险是指由东道国国家政府变动所导致的违反政治承诺和政治合作中断。具体来看，其影响因素包括政权更迭的平稳性、军事力量对国内政治的干扰、现任政府执政的持续性以及国家政府机构的稳定性。政权更迭的不平稳和军事力量对国内政治的干扰都将可能导致东道国内陷入政局不稳、政权争斗的状况，国家间就项目开展的合作可能中断，甚至就此终止。由于跨境基础设施项目的建设和运营期通常很长，而现任国家政府执政的持续性是就项目开展的合作是否能够延续的影响因素之一。国家政府机构作为中央和地方的行政机关担负着国家管理的任务，不稳定的政府机构结构和权力分配可能导致国内矛盾与中央和地方的利益冲突，而这可能令国家政府改变决策而影响就项目开展的跨国合作。

除了东道国国家政府的稳定性外，项目所在区域的冲突也对项目涉及的合作关系有重要影响。其中，若是东道国的外部冲突升级，特别是与邻国冲突的加剧，可能导致国家间关系紧张，国家政府间的合作可能因此而中断。区域内的主导权作为某一国家或国家集团在特定地理空间的政治或经济影响力，对规则制定与运行具有决定性影响，[①] 掌握主导权有助于促进国家利益，因此促使国家围绕主导权展开竞争。[②] 从当前的国际局势来看，虽然美国在亚太地区经济领域的影响已经弱化，但其结构性权力对区域主导权竞争的影响依然较大，而这种结构性权力更多的是建立在军事力量而非经济依赖关系之上。[③] 此外，项目所处区域的和平情况不仅是项目顺利建设和运行的基本保障，也会对国家间其他的议题合作产生影响，而其消极影响将可能导致项目中的国家间合作中断。

良好的关系作为一种替代性的制度安排，[④] 能够消除影响双边合作中各国制度带来的不利影响。其中，作为国家双边友好的一种信号，双边高层互访是维持良好关系的关键因素。[⑤] 除了东道国之间的关系外，投资者母国与东道国间关系是维持各国间政治合作的另一因素，这不仅因为良好的关系能够帮助投资者母国企业克服东道国制度上的不足，也因为其中任何一个国家与投资者母国的关系出现裂痕将影响其他国家政府对项目的信心。此外，鉴于跨境基础设施项目对区域一体化的影响，东道国高层对区域一体化的态度也将决定是否愿意和持续地开展政治合作。

（二）跨境基础设施项目国家间合作风险预警指标选择

基于上述对国家间合作风险的识别，以下将针对这些风险的征兆，结合

---

① 凌胜利：《拒优战略：中美亚太主导权竞争》，《当代亚太》2017 年第 1 期，第 110 页。

② 王玉主：《区域公共产品供给与东亚合作主导权问题的超越》，《当代亚太》2011 年第 6 期，第 79 页。

③ 高程：《中美地区公共产品供给影响东亚秩序走向》，《中国社会科学报》2014 年 6 月 27 日。

④ 潘镇、金中坤：《双边政治关系、东道国制度风险与中国对外直接投资》，《财贸经济》2015 年第 6 期，第 85~97 页。

⑤ 张建红、姜建刚：《双边政治关系对中国对外直接投资的影响研究》，《世界经济与政治》2012 年第 12 期，第 133~155+160 页。

国际机构发布相关数据，选择相应的风险预警指标，具体指标选择情况如表7-2所示。

表7-2 对外投资跨境基础设施项目国家间合作风险（R_{21}）预警指标

风险名称	风险预警指标名称	指标来源	指标性质
东道国国家政府不稳定风险（r_{211}）	东道国国家政权平稳交接情况（E_{2111}）	EIU	逆向
	东道国国内军事干预政治的程度（E_{2112}）	EFW	正向
	东道国现任政府执政剩余时间（年）（E_{2113}）	DPI	逆向
	东道国国家政府机构的稳定性（E_{2114}）	PRS-ICRG	逆向
项目所在区域的政治冲突风险（r_{212}）	东道国外部冲突严重水平（E_{2121}）	PRS-ICRG	正向
	东道国间国家主权与领土方面存在的争议数量（E_{2122}）	专家意见	正向
	东道国所在区域内的主导权竞争严重程度（E_{2123}）	专家意见	正向
	东道国所在地区的和平指数（E_{2124}）	GPI	逆向
东道国间政治关系风险（r_{213}）	东道国家高层近三年对邻国的互访数量（E_{2131}）	外交部	逆向
	东道国与投资者母国的双边政治关系（E_{2132}）	CROIC-IWEP	逆向
	东道国国家领导人对区域一体化的积极态度（E_{2133}）	专家意见	逆向

资料来源：笔者自制。

对外投资跨境基础设施项目国家间政治合作风险预警指标主要来源于世界银行等国际机构的相关数据库、专家意见以及外交部的相关官方报道。其中，"东道国间国家主权与领土方面存在的争议数量"这一指标的数据主要是通过邀请国际关系与国际问题领域的专家就近十年项目所在区域的各国之间在边界勘定、领土归属方面仍未解决的争议数量进行统计。由于区域内的主导权竞争形式和具体内容较多，对于"东道国所在区域内的主导权竞争严重程度"这一指标最好能够通过邀请国际政治与国际关系领域的专家对竞争的严重程度进行打分（例如：得分区间为0~5分，0分表示没有主导权竞争，5分表示竞争程度十分严重），同时对其可能对项目产生的影响进行定性分析。"东道国国家领导人对区域一体化的积极态度"这一指标主要是反映项目相关国家领导人对项目可能带来的相关影响的态度，指标值的获取可以通过邀请相关国别研究的专家学者进行打分（例如：得分区间为0~5分，0分为没有积极的态度，5分为十分积极的态度）。

二　跨境基础设施项目优先地位获取风险识别与预警指标选择

从前文关于项目优先地位的分析可以看出，给跨境基础设施项目授予优先地位并非是让东道国政府无条件地给项目建设和运营"开绿灯"，根据补充性原则，跨境基础设施与国内基础设施之间是一种单方面的补充关系，其必须要与东道国内的基础设施网络相连才能发挥应有的作用。这就意味着它不仅要被纳入国家基础设施的发展规划，并且还要获得东道国各级政府和社会对其"合法性"的持续认可。然而，东道国国家政府和外国投资者的关系并非总是和谐的，① 对于很多缺少欧盟委员会这样具有"超国家权威"机构的区域来说，并没有立法来保证项目优先地位的持续性和稳定性，投资者可能面对着东道国迟迟不授予或项目优先地位被取消带来的损失。为此，以下将基于前文对项目优先地位的基本定义，就对外投资跨境基础设施项目优先地位获取风险进行识别，并选择相应的风险预警指标。

（一）跨境基础设施项目优先地位获取风险识别

从当前欧盟、南美洲和大湄公河次区域的跨境基础设施发展状况来看，即便是对于欧盟这样通过立法形式来确定跨境基础设施优先地位的区域，由于欧盟委员会和他国无权主导各国基础设施发展规划、边境安全等国家议题的决策，即便是国家政府间愿意就项目开展政治合作，但在具体项目实践中也依旧存在一些国家迟迟未能出台项目优先地位相关政策的问题，或是政策已出台但在实际执行中却阻力重重，让投资者信心受挫甚至遭受经济损失。对于中国企业来说，由于选择以"合作但不主导，投资但不占有"的模式来参与"一带一路"沿线国家的跨境基础设施供给，在开展对外跨境基础设施项目投资过程中，项目优先地位的获得仍然取决于东道国，而与之相伴的风险依旧会影响中国企业的投资收益获取。具体来

---

① Ahmad Khalaf Masa' deh, *Investment & Competition in International Policy: Prospects for WTO Law*, London: Cameron May Ltd., 2003, p. 74.

看，对外投资跨境基础设施项目优先地位获取风险主要包括东道国政府政策调整风险、项目许可风险、项目规划风险和项目资产安全风险，如表7-3所示。

表 7-3 对外投资跨境基础设施项目优先地位获取风险（R_{22}）识别结果

风险名称	风险影响因素
东道国政府政策调整风险 （r_{221}）	东道国政策的弹性（a_{2211}）
	东道国政策的稳定性（a_{2212}）
	东道国的立法效率（a_{2213}）
项目许可风险（r_{222}）	东道国的投资自由程度（a_{2221}）
	获得项目建设许可的难易程度（a_{2222}）
	项目建设和运营中的货物进口难易程度（a_{2223}）
项目规划风险（r_{223}）	项目计划与国家基础设施发展计划的匹配性（a_{2231}）
	东道国国内基础设施发展计划的稳定性（a_{2232}）
	项目所在区域既有跨境基础设施开发规划（a_{2233}）
项目资产安全风险（r_{224}）	东道国基础设施监管机构的运行情况（a_{2241}）
	项目资产得到保护的情况（a_{2242}）
	项目资金与人员的流动自由情况（a_{2243}）

资料来源：笔者自制。

由于跨境基础设施项目优先地位的获取需要东道国做出相应的立法、政策调整或制定新的政策以支撑项目的建设和运行，若是不能及时和全面地实现这种政策调整，项目的实施便可能受阻，而这种政策调整风险取决于东道国政策的弹性，即能否根据经济和社会发展需要及其中存在的问题及时制定或调整政策。除了需要做出及时调整外，项目相关政策的稳定性也十分重要，在项目实施过程中不论是东道国国家政府和地方政府之间还是政府与公众之间难免存在各种各样的矛盾，若是因矛盾的出现而导致政策很快失效，那么项目可能就此中止。除了政策外，为了更有效地保障项目的实施，进行相关立法必不可少，但过低的立法效率可能导致项目很难及时获得相关法律保障，项目的"合法性"将更多地受到东道国政府行为的影响。

东道国政策的调整主要是为了让项目能够获得建设和运行的政策支撑，但对于一个国家来说，项目许可的获得不仅与这种政策支撑有关，也与国家现行的外国投资许可制度有关，而后者针对的是所有进入东道国的外国投资者，不太可能因项目而改变所有的许可制度。从项目许可风险的具体影响因素来看，主要包括东道国的投资自由度、建设许可获得的难易程度以及跨境贸易的难易程度。其中，投资自由度反映了一国对外国投资者进入的限制程度，限制程度越高代表外国投资者所要面对的投资管制和行为约束越多，这不仅意味着企业需要花费大量精力和时间来处理投资手续，也意味着部分投资行为可能部分或完全受限。近些年来，有一些国家以国家安全作为投资审查限制的借口，阻碍企业开展跨境投资。[①] 项目的建设许可是跨境基础设施项目实施的关键许可，但受到许可程序和许可申请审批效率的影响，在一些国家取得建设许可的过程复杂且漫长，同时要支付高昂的费用，这些不仅给投资者带来了时间和经济上的压力，也可能造成项目进度严重拖后，让投资者蒙受损失。除了以上两方面，由于跨境基础设施项目在建设和运营过程中将涉及一些设备和货物的进口，若是在通关、检验检疫等方面存在手续烦琐、效率低下等问题，便可能严重影响项目的施工进度及运行效率，让投资者无法按期按量获得投资收益。

跨境基础设施项目计划与东道国国内基础设施发展计划的结合和接轨是其发挥功能的前提，必须实现东道国基础设施发展计划与项目功能、实施计划的匹配，这种匹配不仅体现在空间规划上，也体现在时间、功能等方面其中任何一方面的不匹配都可能造成项目无法如期产生效益。除了匹配性外，东道国国内基础设施发展计划的稳定性也对项目实施有重要影响，若不能确保这种计划的稳定性，那么可能意味着在某一时点项目计划将与国家基础设施发展计划不再匹配，此时项目要再调整计划就意味着额外巨额支出，当项目已经不可能再调整时便等于项目不能按期发挥其应有

---

① 肖钢：《国家治理新使命：构建我国海外投资权益保护体系》，《新金融评论》2020 年第 3 期，第 100 页。

的功能。从欧盟、南美洲和大湄公河次区域的跨境基础设施发展经验来看，不论主导者是谁，区域性的跨境基础设施开发规划都不只是开发的路线图，还能够为项目的开发提供一种制度保障，若是东道国间已经就跨境基础设施的发展签署了相关协议，则代表着东道国间已经就项目做好了一定程度的准备，并且在国家基础设施发展计划中也已经充分考虑到了跨境基础设施的发展。

除了以上几类风险外，项目资产安全也是项目获得实质性优先地位的表现。但从实际情况来看，对于一些国内利益冲突严重的国家来说，项目资产安全通常不能受到有效保护。作为项目资产安全风险的影响因素之一，东道国基础设施监管机构的不良运行不仅可能阻碍项目的日常建设和运营，还可能直接威胁项目资产安全，例如随意执法阻断项目建设或征用项目设备等。另外，项目资产在法律、政策和实际监管中受到的保护情况以及项目资金与人员的自由流动也是项目资产安全风险的影响因素，东道国健全的资产保护法律体系以及实际保护措施的落实都有利于项目资产在建设和运行期间得到有效保护；而资金与人员流动的受限不仅将妨碍项目的建设和运行，还将影响到投资收益转出和项目资产的形成、转出和变现。

（二）跨境基础设施项目优先地位获取风险预警指标选择

基于上述关于跨境基础设施项目优先地位获取风险的识别，以下将针对风险形成机制以及风险影响因素，结合一些国际机构数据库，选择相应的风险预警指标。指标具体情况如表 7-4 所示。

表 7-4　跨境基础设施项目优先地位获取风险（R_{22}）预警指标

风险名称	风险预警指标名称	指标来源	指标性质
东道国政府政策调整风险（r_{221}）	政府政策对经济变化的适应性（E_{2211}）	WCY	逆向
	东道国政策可靠性水平（E_{2212}）	EFR	逆向
	挑战性事务中建立法律框架的效率（E_{2213}）	GCS	逆向
项目许可风险（r_{222}）	东道国投资自由度（E_{2221}）	HER	逆向
	建设许可处理情况（E_{2222}）	WB	逆向
	跨境贸易情况（E_{2223}）	WB	逆向

续表

风险名称	风险预警指标名称	指标来源	指标性质
项目规划风险（r_{223}）	项目计划与国家基础设施发展计划的匹配水平（E_{2231}）	专家意见	逆向
	东道国国内基础设施规划的稳定性（E_{2232}）	专家意见	逆向
	东道国间有关区域基础设施发展的协议数量（E_{2233}）	网络检索	逆向
项目资产安全风险（r_{224}）	行政管理机构质量（E_{2241}）	EIU	逆向
	征收（E_{2242}）	WMO	正向
	资产保护（E_{2243}）	EFR	逆向
	资金与人员流动管制（E_{2244}）	EFR	正向

资料来源：笔者自制。

　　项目优先地位获取风险预警指标主要来自世界银行等国际机构的相关数据库、网络检索和统计以及专家意见。其中，"项目计划与国家基础设施发展计划的匹配水平"和"东道国国内基础设施规划的稳定性"的数据来源主要是通过邀请相关国别研究专家、项目规划专家分别对指标进行打分（例如：得分区间为 0~5 分，0 分表示匹配水平最低和稳定性最低，5 分表示匹配水平最高和稳定性最高），并请专家对打分依据以及主要表现进行阐述，这些打分依据不仅能帮助企业管理者了解风险，同时也有助于在项目实施过程开展风险跟踪。

三　跨境基础设施项目建设与运营条件风险识别与预警指标选择

　　具有匹配性和充分的基础设施建设和运营条件事关项目投资许可的获得以及投资利益的形成和获得。然而，这种条件却完全取决于东道国经济和社会发展的客观情况。以下将从跨境基础设施项目建设、运营以及投资收益产生的角度对项目建设和运营条件风险进行识别并且构建相应的预警指标体系。

（一）跨境基础设施项目建设与运营条件风险识别

　　从跨境基础设施特性可以看出，跨境基础设施项目的实施不仅应该有相应的政治基础并且与国家发展计划紧密结合，还应该与东道国的现有基础设施条件和发展趋势、基础设施开发的市场条件以及基础设施的市场需求相匹配。对于投资者而言，这种匹配性的必要性在于其能够支撑项目的建设、运转、收费和盈利，以便于投资者能够获得相应的投资回报，任何一项建设和运营条件的不匹配都可能让项目陷入难以建设和运行的境地。本研究认为，跨境基础设施项目建设和运营条件风险主要包括东道国基础设施质量、社会稳定、基础设施市场、项目技术和设施利用等几方面，具体内容如表7-5所示。

表7-5　跨境基础设施项目建设与运营条件风险（R_{23}）识别结果

风险名称	风险影响因素
东道国基础设施质量风险 （r_{231}）	东道国基础设施整体质量（a_{2311}）
	东道国基础设施运行稳定性（a_{2312}）
	东道国基础设施运行效率（a_{2313}）
东道国社会稳定风险 （r_{232}）	东道国国内武装冲突发生情况（a_{2321}）
	东道国国内暴力示威发生情况（a_{2322}）
	东道国国内社会动乱情况（a_{2323}）
	东道国国内是否有内战及其严重程度（a_{2324}）
	东道国国内社会治安状况（a_{2325}）
东道国基础设施市场风险 （r_{233}）	可替代项目竞争情况（a_{2331}）
	东道国国家市场对本项目的需求情况（a_{2332}）
	项目建设与运行所需原材料供给情况（a_{2333}）
项目技术风险 （r_{234}）	东道国间基础设施技术标准差异情况（a_{2341}）
	东道国极端天气以及极端环境的情况（a_{2342}）
	东道国公众对项目技术的接受程度和利用能力（a_{2343}）
项目设施利用风险 （r_{235}）	东道国国内人员和外国人出入境自由度（a_{2351}）
	东道国与周边国家的贸易便利化水平（a_{2352}）
	东道国的物流效率（a_{2353}）

资料来源：笔者自制。

东道国的基础设施质量是跨境基础设施项目顺利运营的首要条件，其影响因素包括东道国国内基础设施整体质量、运行的稳定性和运行效率。其中，整体质量主要是指东道国基础设施的建设质量、先进程度、利用的便捷性和满足公众需求的水平等。受到国内政治局势、恐怖主义、大规模罢工等国内不安定因素的影响，包括公路、铁路、机场、港口、海关检查站等基础设施是否能够持续稳定运行而不发生中断体现着东道国基础设施运行的稳定性，这种稳定性影响着跨境基础设施功能的发挥和运行的平稳。此外，东道国基础设施运行效率不佳将影响跨境基础设施的整体运行效率，让项目不能正常发挥其功能，对项目效益的产生效率产生不良影响。

基础设施的运营与东道国内的社会稳定性息息相关，武装冲突、暴力示威、内战、社会动乱等将直接影响基础设施的建设和运行，不仅可能造成设施的中断，也可能对外国投资者和工程建设者的人身和财产安全造成威胁。此外，东道国国内社会治安状况也将对跨境基础设施项目的建设和运营产生影响，从南美洲跨境基础设施的发展经验来看，在社会治安不佳的地区，跨境基础设施项目的建设和运行还可能引起跨境犯罪的增加。

跨境基础设施项目投资利益的获得有赖于东道国对它的利用，而利用的充分性一方面与市场竞争情况有关，另一方面则与市场需求有关，而市场竞争情况主要是指可替代项目的开发状况。跨境基础设施项目的开发本身与东道国基础设施发展计划有关，而项目本身并不能左右发展计划，因此从增加公共服务供给和促进市场发展的角度来看，东道国可能将具有竞争性的项目列入发展计划。对于一些发展中国家，不仅社会动荡、法律体系不完善，政府也更容易在暂时性政治目的和外部干预的驱使下推出一些与国家实际情况不匹配的项目。虽然竞争性项目可能威胁项目的利用效率，但如果在市场需求远大于总供给的情况下，项目依旧可以得到充分利用，而这种市场需求通常是动态的，并且与通关便利化等有关。当前，我国对外投资的某些基础设施项目已经出现了因客货流量达不到项目设计水平而造成设施闲置和空转的现象,[①] 给企业带来了巨大的经济损失。此外,东道国对项目建设和运行所需原材料的供给充分程度将影响项目本地化采购的可行性和项目成本,这无疑也将影响到项目的盈利性。

从欧盟的跨境基础设施发展经验来看,国家间的基础设施技术标准差异主要体现在建设标准、设备标准、安全标准、环保标准等多个方面,而这种差异是客观存在的,并且对于项目的影响也是巨大的。技术差异对于项目投资者和承建者来说意味着需要花费大量精力来制定技术方案,国家间的技术协调和技术标准确定也将花费大量的时间,而技术标准的协调涉及相关监管机构的具体工作机制以及利益。在没有彻底统一技术标准的情况下实施项目是十分危险的。另外,随着全球气候变暖、极端天气事件增多,基础设施的建设和运行也受到了巨大的挑战,不仅是设施本身的建设和运行可能因自然灾害而中断,相关技术的应用也会受到负面影响。虽然先进的技术能够有助于提高基础设施的安全性和运行效率,但公众对技术的接受程度和利用能力却受到受教育程度、社会文化、科技发展水平等因素的影响,即便通过科普宣传和培训能够在一定程度上解决这一问题,但项目建设和运营效率将受到影响。

对于跨境基础设施来说,特别是跨境交通运输基础设施,项目建成后货物与人员在项目沿线各国之间的高效流动是实现项目效益的关键,而这不仅取决于物理设施的建设质量,更受到东道国国民、外国公民出入境的便利和自由程度以及国家间贸易便利化水平的影响。贸易便利化主要是指"对进出口程序的简化、现代化和协调",其中的进出口程序不仅包括海关清关、货物放行,还包括货物运输。[②] 高效的人员出入境管理和良好的贸易便利化

---

① 典型项目简介:斯里兰卡的汉班托塔港几十年来一直是国家基础设施发展计划的一部分。2004年,中国港湾工程公司(CHEC)中标该项目,此后由中国进出口银行先后提供3亿美元的贷款用于项目建设。然而,由于斯里兰卡的政治内斗和缺乏足够的工商业务,无法吸引过往船只停靠,截至2016年底,港口的亏损额总计达3.04亿美元。面对沉重的压力,斯里兰卡政府于2017年7月以PPP模式和中国招商局港口控股有限公司(招商局港口)签订协议移交了大部分的运营管理权(特许经营期为99年),但这并不意味着港口闲置的问题得到了解决,并且该项目还成了西方所谓中国搞"债务陷阱外交"的典型例子(《中国搞"债务陷阱外交"?英国智库说了句公道话》,https://m.thepaper.cn/newsDetail_forward_5340195,2019年12月25日)。

② WTO, "Trade facilitation," https://www.wto.org/english/tratop_e/tradfa_e/tradfa_e.htm.

水平不仅能提高对跨境基础设施的利用效率，也将有利于降低交易成本。除了跨境贸易效率外，东道国的物流效率也影响跨境基础设施的利用效率，只有国内与跨境物流效率的匹配才能充分发挥跨境基础设施的设计功能，若不匹配将可能出现客货流动阻滞或设施空转的问题，造成更多的经济和社会问题。

（二）跨境基础设施项目建设与运营条件风险预警指标选择

基于上述的项目建设与运营条件风险识别结果，以下将结合一些国际机构发布的相关数据，针对风险征兆选择相应的风险预警指标，具体内容如表7-6所示。

表 7-6　对外投资跨境基础设施项目建设与运营条件风险（R_{23}）预警指标

风险名称	风险预警指标名称	指标来源	指标性质
东道国基础设施质量风险（r_{231}）	东道国基础设施整体质量（E_{2311}）	GCS	逆向
	东道国基础设施中断情况（E_{2312}）	WMO	正向
	东道国商品和服务的分销基础设施的高效性（E_{2313}）	WCY	逆向
东道国社会稳定风险（r_{232}）	东道国国内武装冲突水平（E_{2321}）	EIU	正向
	东道国国内暴力示威情况（E_{2322}）	EIU	正向
	东道国国内社会动乱情况（E_{2323}）	EIU	正向
	东道国国内内战（E_{2324}）	WMO	正向
	每年每 10 万人中因为谋杀死亡的人数（E_{2325}）	UNODC	正向
东道国基础设施市场风险（r_{233}）	与本项目有竞争关系的项目数量（E_{2331}）	专家意见	正向
	东道国对本项目所提供公共服务的需求水平（E_{2332}）	专家意见	逆向
	项目建设与运营所需原材料本地供给的能力（E_{2333}）	专家意见	逆向
项目技术风险（r_{234}）	东道国现行基础设施技术标准与项目建设标准的差异水平（E_{2341}）	专家意见	正向
	东道国近 5 年极端天气事件出现的年均数量（E_{2342}）	气象部门	正向
	东道国公民平均受教育年限（E_{2343}）	UNESCO	逆向
项目设施利用风险（r_{235}）	外国公民入境自由程度（E_{2351}）	IPD	逆向
	东道国国民出境自由程度（E_{2352}）	IPD	逆向
	项目所处区域国家间贸易便利化协议数量（E_{2353}）	国家商务部	逆向
	东道国物流绩效指数（E_{2354}）	WB	逆向

资料来源：笔者自制。

对外投资跨境基础设施项目建设与运营条件风险预警指标的主要来源为国际机构发布的专业数据库、联合国下设组织和投资者母国有关部门。在正向指标中，"与本项目有竞争关系的项目数量"需要企业基于东道国的基础设施发展计划，邀请相关领域的专家对项目数量进行确定；而对于指标"东道国现行基础设施技术标准与项目建设标准的差异水平"则主要通过邀请业界专家在确定技术标准涉及的范围后通过打分形式来进行确定，例如，得分区间为 0~5 分，0 分表示没有差异，5 分表示差异非常大。对于指标数据来源于专家意见的逆向指标"东道国对本项目所提供公共服务的需求水平"和"项目建设与运营所需原材料本地供给的能力"，两者都需要结合对东道国市场和公众的调查结果，邀请业界专家通过打分形式来进行确定，例如，得分区间为 0~5 分，0 分表示需求水平非常低或几乎没有供给能力，5 分表示需求水平非常高或具有很强的供给能力。

第三节　跨境基础设施项目东道国国家风险防控路径

从跨境基础设施项目东道国国家风险内涵、形成机制和风险识别结果来看，由于这种风险完全取决于东道国国家行为和国家本身的发展状况，要想通过中国企业的努力去消除它是不可能的，因此最直接和最简单的办法就是放弃项目并"远离"或"逃离"这个国家，但鉴于跨境基础设施项目的重要意义，这种做法显然是不现实也是不必要的。从当前的研究和实践情况来看，国家风险可以转移和减轻，以下就将结合相关的法律依据，从优化国家风险保险方案、构建国家风险防控协商机制和完善多层次国家风险应对组织体系三方面来对东道国国家风险的防控路径进行分析。

一　优化风险保险方案

从对外投资跨境基础设施项目东道国国家风险的分析结果来看，由于风险因素众多且涉及多个国家，项目面临的国家风险敞口巨大，若不采取相应的措施，投资者可能面临巨大的经济损失。鉴于国家风险的特点，风险转移可以说是实施风险防控的首选措施，而保险则是最有效的国家风险转移工具。然而，从当前的实践情况来看，由于投保费用高昂、对风险认识不全面、不了解国家风险投保流程等原因，未购买相关保险是普遍现象，在共建"一带一路"中，80%以上的企业没有出口信保。[①]对于对外投资跨境基础设施项目来说，除了投资者需要充分转变风险管理观念外，制定与项目相匹配的保险方案可以说是实现风险防控的关键性工作。以下就结合当下可行的保险购买途径对如何优化国家风险保险方案进行讨论。

（一）向中信保投保

中国出口信用保险公司（以下简称"中信保"）作为由国家出资设立且具有独立法人地位的国有政策性保险公司，旨在支持中国对外经济贸易发展与合作。[②] 目前，中信保已开展海外投资保险业务，为投资者及金融机构因投资所在国发生的征收、汇兑限制、战争及政治暴乱、违约等政治风险造成的经济损失提供风险保障，承保业务的保险期限不超过 20 年，赔偿比例最高不超过 95%。[③] 从实际承保情况来看，2013～2019 年，中信保承保对"一带一路"沿线国家的出口和投资 1337.5 亿美元，累计支付赔款 5.6 亿美元，[④] 其中也包括中亚天然气管道项目这样的跨境基础设施项目。[⑤] 从这一点来看，中国企业就对外投资跨境基础设施项目向中信保购买海外投资保险是可行的，如果发生承保范围内的国家风险，将由中信保对其受到的损失先进行赔偿，之后中信保再通过赔付取得代位求偿权，进而向相应的东道国政府追究赔偿责任。

---

① 孙南申:《"一带一路"背景下对外投资风险规避的保障机制》，《东方法学》2018 年第 1 期，第 22~29 页。
② 中国出口信用保险公司:《公司简介》，https：//www.sinosure.com.cn/gywm/gsjj/gsjj.shtml。
③ 中国出口信用保险公司:《海外投资保险简介》，https：//www.sinosure.com.cn/ywjs/xmxcp/hwtzbx/hwtzbxjj/index.shtml。
④ 中国出口信用保险公司:《2019 年度报告》，https：//www.sinosure.com.cn/images/xwzx/ndbd/2020/08/27/38BBA5826A689D7D5B1DAE8BB66FACF8.pdf，2020。
⑤ 该项目承保金额 18.56 亿美元，具体信息详见 https：//www.sinosure.com.cn/xwzx/cbxm/hwtzbx/2016/11/182563.shtml。

虽然向中信保投保可以说是中国投资者在开展对外跨境基础设施项目东道国国家风险防控过程中必不可少的措施，但在实际投保中仍然存在一些障碍和不足。其一是中信保在向东道国政府追究赔偿时，是以中国政府与该东道国政府所签订的 BIT 中含有此类代位求偿条款为前提的，[①] 但从现实情况来看，仅"一带一路"沿线国家就还有将近 1/3 的国家尚未与我国就代位求偿权达成一致，这将导致中信保向企业赔付后缺乏向东道国追偿的法律依据，无法实现减轻海外投资风险和维护我国投资者权益的目的。[②] 因此，有学者建议在这种情况下中信保可要求中国企业在合同中约定代位权条款，[③] 但其实践情况尚不可知。其二是承保费率偏高，我国海外投资保险的费率相较于美、日、德高出十倍之多，[④] 这令很多企业望而却步。其三是从现在的承保范围来看，跨境基础设施项目中所涉及的一些国家风险并没有被明确纳入可承保范围或是可保性依赖于中信保的判断。

（二）充分利用 MIGA

如前文所述，我国于 1988 年加入 MIGA 并且持有 3.358% 的股份。作为世界银行旗下的国际性投资保险组织，共有 182 个会员国（157 个发展中国家和 25 个发达国家），[⑤] 其主要功能是通过为会员国符合条件的项目进行非商业性风险提供担保，帮助投资者和贷款人应对战争、恐怖主义和内战、征收、货币兑换障碍和资金转出限制、违反合同、拒绝履行财务义务等风险，其具体产品分类如表 7-7 所示。

---

① 孙南申：《"一带一路"背景下对外投资风险规避的保障机制》，《东方法学》2018 年第 1 期，第 22~29 页。

② 王军杰、石林：《论"一带一路"框架下我国海外投资保险制度的完善与重构》，《财经理论与实践》（双月刊）2019 年第 1 期，第 156~160 页。

③ 董威颉：《中国海外工程承包项目公共安全风险法律防范研究》，西南政法大学博士学位论文，2018，第 86 页。

④ 王军杰：《论"一带一路"沿线投资政治风险的法律应对》，《现代法学》2018 年第 3 期，第 170~179 页。

⑤ https：//www.miga.org/member-countries.

表 7-7　MIGA 产品说明

项目类型	项目投资类型	MIGA 产品	MIGA 承保内容
私营部门项目和公私合作项目	股权和/或贷款机构	政治风险保险	政治风险保险
			违约
			征收
			战争和内乱
公共部门项目	贷款机构	不履行财务责任	主权
			次主权
			国有企业

资料来源：MIGA2018 年度报告第 1 页。[①]

可以看出，对于对外跨境基础设施项目来说，MIGA 主要是能够为我国投资者转移政治风险提供另一可行的途径，其理由如下。

第一，作为全球唯一为发展中国家间对外投资提供担保的国际多边保险机构，MIGA 奉行"填补现行各国国家保险机构和私营保险机构在承保能力和担保范围上的'死角'"的宗旨，[②] 这也就意味着当中信保这样的国家保险机构无法提供充分或必要的担保时，MIGA 或许能够满足中国投资者的需求。

第二，在开展对外投资跨境基础设施项目过程中，中国企业可能在某一东道国与其他国家的企业共同设立合资公司来进行项目建设和运营，而按照我国现行的海外投资保险制度，该合资公司可能并非由中国企业持股 90% 以上而不具有投保资格。虽然中国企业可以为自己在合资公司中的股权投资向中信保投保，但当战争和内乱等事件发生时，由于相应的合同责任应该由合资公司主张，中信保的代位权行使面临着很大的法律障碍。面对这种情况，合资公司可与东道国政府共同向 MIGA 提出担保申请，在 MIGA 董事会

[①]　报告下载地址：https://www.miga.org/sites/default/files/multilingual/2018-12/MIGA%2020 18%20Chinese%20Annual%20Report.pdf。

[②]　〔美〕劳伦·S.威森费尔德：《多边投资担保机构的十五年发展历程》，徐崇利译，载陈安主编《国际经济法学刊》，北京大学出版社，2004，第 198 页。

多数通过的情况下合资公司将获得投保人资格。①

第三，作为一个为跨国投资提供非商业担保的多边机构，MIGA 将在尽量避免干预东道国国家内部事务的前提下开展研究、咨询、援助以及政策磋商等投资促进业务，而这些业务决定了 MIGA 与东道国之间的联系比投资母国投资保险机构与东道国政府之间的关系更加密切，这种关系使其能够给予额外的投资保护，东道国也不会轻易采取不利于 MIGA 的行动。② 另外，MIGA 作为"中间人"能够有效介入可能存在投资争议的项目，在投资者提出索赔之前维持投资并保持项目资金的流动性，即便投资纠纷不能解决，MIGA 也能够保障合理的索赔及时得到赔付。③

虽然向 MIGA 申请担保既有必要性也有可行性，但从实际情况来看，不仅 MIGA 对项目的所属领域有明确的侧重，我国投资者在投保经验上也显得不足。从近三年的 MIGA 年度报告来看，其所担保的项目主要集中在具有低收入贷款资格的国家、脆弱和受冲突影响地区与气候变化三个该机构认定的战略优先领域。例如，在 2020 财年中，MIGA 共计提供近 40 亿美元的新担保，帮助筹集资金超过 70 亿美元，所支持的 47 个项目中有 70% 的项目属于这三个领域。④ 从实际利用情况来看，截至 2021 年 2 月，中国投资者利用 MIGA 担保的投资项目仅为 14 个，⑤ 其中的越南 My Ly-Nam Mo 1 号水电站

---

① 董威颉：《中国海外工程承包项目公共安全风险法律防范研究》，西南政法大学博士学位论文，2018，第 94 页。

② Ignaz Seidl-Hoheveldern, "Subrogation under the MIGA Convention," *ICSID Review：Foreign Investment Law Journal*, 1987（2），p. 111.

③ MIGA, "Power Case Study：Maritza East 1, Bulgaria," https：//www.miga.org/documents/Maritzabrief.pdf.

④ MIGA：《2020 年度报告》，https：//www.miga.org/sites/default/files/multilingual/2020-10/MIGA%202020%20Annual%20Report%20-%20Chinese.pdf。

⑤ 项目分别为：①乌兹别克斯坦西尔达里亚 ACWA 电力项目（ACWA Power Sirdarya），项目信息详见 https：//www.miga.org/project/acwa-power-sirdarya；②肯尼亚 Illasit-Njukini-Taveta 公路 32 标段公路升级项目 ［Road Annuity Project in Kenya（Lot 32）］，项目信息详见 https：//www.miga.org/project/road-annuity-project-kenya-lot-32；③缅甸第三光缆网络项目（Third HyalRoute Fiber Optic Cable Network），项目信息详见 https：//www.miga.org/project/third-hyalroute-fiber-optic-cable-network；④肯尼亚凯旋发电有限公司（转下页注）

项目为跨境基础项目（该项目的发电厂房、首尾水隧道、开关站、变电站等位于越南，大坝和水库跨越老一越边界，项目主要向越南供电），申请担保的基建类企业仅有1家。

（三）用其他商业保险作为补充

从中信保海外投资保险和MIGA承保内容来看，虽然在两类保险结合的情况下能够有效转移大部分与征收、战争及政治暴乱、汇兑限制和违约相关的国家风险，但仍然有一些风险无法通过上述途径进行投保，而这些风险可以通过其他商业保险进行保险，具体情况如下。

在中信保的承保范围中，战争及政治暴乱风险是指"东道国发生革命、骚乱、政变、内战、叛乱、恐怖活动以及其他类似战争的行为，导致投资企业资产损失或永久无法经营"。[①] MIGA中的"战争和内乱"风险主要是指"国内出于政治动机的战争或内乱行为（包括革命、暴动、政变、破坏和恐

（接上页注⑤）（Triumph Power Generating Company Limited），项目信息详见 https：//www.miga.org/project/triumph-power-generating-company-limited；⑤缅甸第二光缆网络项目（Second HyalRoute Fiber Optic Cable Network），项目信息详见 https：//www.miga.org/project/second-hyalroute-fiber-optic-cable-network-project；⑥埃及 JSC 太阳能与再生能源系统 TK 公司（TK Company for Solar and Renewable Energy Systems JSC），项目信息详见 https：//www.miga.org/project/tk-company-solar-and-renewable-energy-systems-jsc-0；⑦埃及 JSC 能源 ACWA 本班项目（ACWA Benban One for Energy JSC），项目信息详见 https：//www.miga.org/project/acwa-benban-one-energy-jsc-0；⑧埃及 Alcom Energy JSC 项目，项目信息详见 https：//www.miga.org/project/alcom-energy-jsc-0；⑨越南 My Ly-Nam Mo 1 号水电站项目（My Ly and Nam Mo 1 Hydropower Plants），项目信息详见 https：//www.miga.org/project/my-ly-and-nam-mo-1-hydropower-plants；⑩缅甸光缆网络项目（HyalRoute Fiber Optic Cable Network），项目信息详见 https：//www.miga.org/project/hyalroute-fiber-optic-cable-network-project；⑪孟加拉国古拉萨尔三号机组发电项目（Ghorasal 3rd Unit Repowering Project），项目信息详见 https：//www.miga.org/project/ghorasal-3rd-unit-repowering-project-0；⑫约旦 ACWA 扎卡热能电站项目（ACWA Zarqa Thermal Power Station），项目信息详见 https：//www.miga.org/project/acwa-zarqa-thermal-power-station-0；⑬尼日利亚 CNG 玻璃厂项目（CNG Glass FZE），项目信息详见 https：//www.miga.org/project/cng-glass-nigeria-fze；⑭孟加拉国 Ashuganj 电力公司项目（Ashuganj Power Station Company Ltd.），项目信息详见 https：//www.miga.org/project/ashuganj-power-station-company-ltd-apscl。

① 中国出口信用保险公司：《海外投资保险简介——战争及政治暴乱》，https：//www.sinosure.com.cn/ywjs/xmxcp/hwtzbx/hwtzbxjj/index.shtml。

怖主义）造成的有形资产破坏或全部业务中断"。[①] 从这两个定义来看，一些政治动机不明确且并非属于战争行为的社会动乱是否在承保范围内处于模棱两可的状态。对于这种情况，中国企业至少可以为项目建设者和管理者购买人身安全类的商业保险转移由社会动乱可能造成的人员伤亡造成的损失。

对于社会治安不佳、社会稳定程度较低的国家，中国企业可以通过购买专门针对绑架、恐怖袭击、抢劫的商业保险来转移由这些事件可能造成的人身伤亡和经济损失。由于该类保险一般都有包括保险事故预防等在内的完善保险方案，投保人不仅能够在事后获得经济赔偿，也能有益于防控相关风险。除了人员外，中国企业还可以购买商业性的施工设备保险，以转移东道国或地方政府以没收、征用、国有化等方式全部或部分剥夺设备的所有权且项目所在国或地区政府没有给予充分、及时和有效补偿所造成的经济损失，以及在政治暴乱中设备损毁或灭失造成的经济损失。此外，中国企业还可以通过向商业性保险机构购买自然灾害保险以转移在地震、泥石流、洪水、台风、暴雨等自然灾害中可能受到的损失。需要说明的是，保险的购买应充分结合东道国的实际情况来开展，因为有的国家对于海外投资者以及工程承建商有强制性的保险购买要求，中国企业必须要满足相关要求才能确保项目的顺利开展，否则将形成新的风险。

此外，由于跨境基础设施项目多为复杂性强的大型工程，其中往往涉及多个工程分包商，中国企业应做到项目无漏保，即总包商的保险和再保险与分包商的保险和再保险之间无缝隙和无重叠，避免存在重复保险、再保险和过度保险。

二 构建国家风险防控协商机制

虽然通过购买不同种类的保险，能够将部分风险可能造成的损失转移给

[①] MIGA, "War, Terrorism and Civil Disturbance," https://www.miga.org/product/war-terrorism-and-civil-disturbance.

保险公司,但这并不是对外投资跨境基础设施项目东道国国家风险防控的全部。事实上,保险本身是在风险事件发生后才执行的经济补偿,其对于弥补诸如政治利益损害、人员伤亡的作用其实并不完全。与此同时,当前国内和国际保险公司对风险承保范围的限制也令有的风险难以通过保险来开展防控。从项目的国家分布和发展趋势来看,欠发达国家是我国当前对外投资跨境基础设施项目的主要对象国,而由于这些国家大多法律体系不完善,当国家风险发生时,多以协商方式解决,很少也很难诉诸法律,[①] 这就意味着协商机制的建立将成为风险防控另一关键。以下就从 BIT 利用、合同约定以及外交手段三方面对这种机制的建立进行讨论。

(一)充分利用 BIT

在对外投资跨境基础设施项目过程中,东道国能否对企业的投资以及建设和经营活动提供有效保护至关重要,而 BIT 无疑是国际法中东道国政府尊重和保护投资者权益的关键。截至 2016 年 12 月 12 日,我国共与 104 个国家缔结了 BIT,[②] 而协定中有关国家风险防控的内容主要包括征收和国有化(补偿标准、价值计算标准、是否可自由兑换货币和不得延迟的要求)、东道国动乱(保护标准和救济措施)、汇兑限制与资金转移(资金类型、是否延迟、自由兑换、汇率日和汇率),其他国家风险的处理方式更多的是通过投资争端解决来处理,而对于风险防控机制问题并没有过多提及。虽然从这一点来看,BIT 并不能成为全面防控国家风险的法律依据,但也为我国投资者通过协商等其他方式来防控国家风险提供了空间。因此,在开展对外跨境基础设施项目投资前,中国企业必须仔细研究我国与项目相关东道国的 BIT内容,并且在项目实施过程中就 BIT 的更新情况保持时刻关注,对可协商事项的范围有准确把握。

我国对外投资的地理范围已经扩展至全球 190 余个国家和地区,而其中

---

① 肖钢:《国家治理新使命:构建我国海外投资权益保护体系》,《新金融评论》2020 年第 3期,第 93~131 页。

② 中华人民共和国商务部条约法律司:《我国对外签订双边协定一览表》,http://tfs.mofcom.gov.cn/article/Nocategory/201111/20111107819474.shtml,2016 年 12 月 12 日。

很多国家和地区尚未与我国签订 BIT，这对于跨境基础设施项目来说，意味着中国企业在利用 BIT 进行国家风险防控过程中会出现障碍。对于这一问题，有学者提出我国的投资企业在遇到这种情况时应该通过"国籍筹划"来充分利用东道国与其他国家签订的 BIT 以实现对自身权益的保护。① 所谓"国籍筹划"是指中国企业先在第三国设立子公司，然后通过该子公司向东道国进行投资，或者将处在东道国的既有投资转让给位于第三国的关联企业，取得第三国投资者的身份，从而获得东道国与第三国之间 BIT 的保护。当然，在进行国籍筹划过程中，必须对东道国与第三国 BIT 中关于投资者国籍、合格投资者、争端解决等方面的条款进行详细研究，以免带来新的风险。

（二）通过协商订立国家风险分担合同条款

如上所述，虽然 BIT 为我国投资者防控对外投资跨境基础设施项目中部分国家风险提供了法律依据，但仍然有很多风险的防控存在可协商的空间，而协商内容、方式等应通过合同条款来加以约定。从当前我国对外投资基础设施项目的合同范式以及跨境基础设施项目国家风险的特点来看，我国投资者应该在签署合同阶段基于雇主风险条款和不可抗力条款与东道国政府进行充分的协商以实现对国家风险的合理分担。

从当前国际基础设施项目常用的 FIDIC、ECC 和 AIA 合同条款来看，雇主风险条款与不可抗力条款存在一定的重合，但在功能上却存在一定的差异，雇主风险条款主要用于处理风险分担问题，而不可抗力条款用于保障合同的公平性。② FIDIC 合同指南中明确规定，国际工程项目将存在各种各样的风险，许多是不可预见的。合同应为可能出现的常见风险提供法律制度。③ 从这一点来看，在订立合同时，合同双方可以通过协商来约定雇主和

① 肖钢：《国家治理新使命：构建我国海外投资权益保护体系》，《新金融评论》2020 年第 3 期，第 93~131 页。
② 董威颜：《中国海外工程承包项目公共安全风险法律防范研究》，西南政法大学博士学位论文，2018，第 60 页。
③ 国际咨询工程师联合会、中国工程咨询协会编译《菲迪克（FIDIC）合同指南》，机械工业出版社，2000，第 559 页。

承包商的风险承担内容，当发生雇主承担的风险时，中国企业可以就风险造成的损失向雇主索赔。从具体风险来看，FIDIC 合同中将外部战争、内战、革命、军事政变、政权篡夺、恐怖主义等国家风险归入了雇主风险范畴。ECC 合同虽然没有将恐怖主义列为雇主风险，但从其合同条款来看，承包商和雇主之间也可以通过协商将一些没有在合同规范中明确列示的风险约定为雇主风险。因此，当使用 FIDIC 和 ECC 合同时，企业完全有可能基于雇主风险条款通过协商的方式与东道国政府实现部分国家风险的分担。

雇主风险条款明确地说明了东道国政府在承担国家风险后果方面的责任，这无疑对开展风险防控是十分有利的，但由于当前国际工程合同中对雇主风险条款的规定并不完善，加之 AIA 等其他形式的合同中并没有就雇主风险进行明确界定并且给出合同条款规范，因此在开展对外投资跨境基础设施项目时还应该基于不可抗力条款进行国家风险分担的协商并以合同形式进行确定。从当前各类合同中对"不可抗力"的规定来看，作为不可抗力的事件或情况主要有五个特点，即"它必须是特殊的且与可否预见无关""超出受它影响一方的控制范围或无法控制""受影响方在签订合同前，不能合理防备它""受影响方不能合理避免或克服""不主要归因于他方"。① 对比这些特点，包括有关东道国政治合作风险在内的很多风险都有可能归入不可抗力的范畴并通过协商来订立合同进行风险分担。通过合同的形式进行风险分担不仅能够让中国投资者在遭遇风险时获得经济赔偿，同时也能够促使东道国政府采取积极行动、提升管理水平以预防相关风险的发生。在开展具体协商时，不论采用什么样的合同形式，都应该先界定清楚不可抗力的定义和范围，进而明确不可抗力风险的处理和分担方式。

（三）合理利用外交手段开展协商

双边外交活动对一些比较敏感和重要的投资能够起到保驾护航的作用，

① 国际咨询工程师联合会、中国工程咨询协会编译《菲迪克（FIDIC）合同指南》，机械工业出版社，2000，第595页。

特别是对于以获取资源为目的的投资项目，项目能够顺利实现还有赖于政府的外交力量。[1] 因此，当发现国家风险的征兆或是国家风险发生时，应该及时与我国政府和外交部门进行联系，在不违反国际法、东道国法律的前提下，借助多边机构搭建的平台，本着互利共赢和促进共同发展的原则，开展外交活动，通过双边谈判来开展风险防控，保护我国投资者的权益。

事实上，在现代投资条约以及外国投资者与东道国争端解决机制产生之前，外交手段是外国投资者可以向东道国政府求偿的唯一渠道。[2] 但随着多边和双边投资条约的发展以及 ICSID 仲裁等国际投资争端解决机制受到广泛认可和接受，外交手段的重要性和必要性似乎有所减弱。但从实际情况来看，由于国际仲裁存在费用高昂、耗时长、仲裁结果有"政治性"、仲裁令投资者与东道国关系破裂等问题，[3] 其对于投资者的利益保护作用受到了质疑。与此同时，由于我国投资者寻求保护的法律基础是以与东道国已缔结或参加国际条约为前提的，对于未与其签订 BIT 的国家来说，上述的方式难以发挥作用，而且即便签订了 BIT，东道国仍然可能出现拒绝履行赔偿义务等违反国际义务的情况。在这种情况下，如果不利用外交手段来应对相关风险，那么投资者可能遭到严重的经济损失，也可能会造成对双边友好关系的损害。

三 完善多层次国家风险应对组织体系

如上所述，在开展对外投资跨境基础设施项目东道国国家风险防控过程中，不论是购买保险还是进行协商都需要通过获得国内政府及其相关部门、企业和其他社会机构的支持才能得以完成。与此同时，可靠和全面的信息是

---

① 张建红、姜建刚：《双边政治关系对中国对外直接投资的影响研究》，《世界经济与政治》2012 年第 12 期，第 133~155+160 页。

② Foster G. K., "Striking a Balance Between Investor Protections and National Sovereignty: The Relevance of Local Remedies in Investment Treaty Arbitration," *Columbia Journal of Transnational Law*, 2011, 49 (02), pp. 201-267.

③ 刘万啸：《投资者与国家间争端的替代性解决方法研究》，《法学杂志》2017 年第 10 期，第 91~102 页。

项目管理者做出科学和客观的风险防控决策的基础，但由于跨境基础设施项目东道国国家风险的特殊性，仅靠企业单打独斗难以全面掌握信息，必须通过与国内和国际组织建立相应的合作关系才能确保风险防控工作的顺利开展。为此，以下将从与国内研究机构开展互动、政府动态指导、与多边机构开展风险防控合作三方面来对健全国家风险防控组织体系进行讨论。

（一）与国内研究机构开展互动

信息是进行决策的基础，不完备的信息不仅不能让项目管理者做出科学和有效的决策，还有可能导致错误的判断进而引发新的风险。然而，东道国间的合作关系、东道国国内形势随时可能发生变化，因此需要建立一个动态信息平台以确保中国企业和项目管理者能够及时获取项目相关国家的最新动态，信息内容除了包括东道国政治局势、经济发展态势、国内社会稳定情况以及区域一体化推进情况与地区政治局势外，还应涉及项目相关企业动态、项目影响社区及公众动态。

虽然从技术层面来说，建立这样的信息平台并不困难，但从信息资源获取的角度来说，仅靠中国企业自身却很难实现全面而高质量的信息获取，特别是东道国国家和区域的相关信息。因此，项目投资和管理企业应与国内相关研究机构建立互动关系，在动态获取风险预警所需数据的同时也可以在专家和学者的支持下开展更为科学的风险防控决策。

虽然国内研究机构的专业分析和专家意见对于防范国家风险起着重要作用，但由于信息本身的滞后性，开展项目投资的中国企业还应当与当地商会、政府部门、我国领事馆保持沟通，将收集到的相关信息通过信息平台与国内研究机构展开及时讨论，就一些风险事件的事态的严重性以及对项目的影响进行研判。与此同时，研究机构也可以获得第一手的资料，通过研究向更多海外企业提供决策支持。

（二）政府动态指导

由于对外投资跨境基础设施项目通常投资大、周期长、复杂性强，对我国与东道国的双边关系甚至是整个区域的发展都有重要影响，政府应该加强对项目的动态指导，特别是对东道国国家风险这种投资者完全无法控制的客观风险，政府应联合商业性和政策性银行、中信保等机构对项目开展项目前和项目中的风险评估、风险防控能力评价和风险防控指导，以便能为项目的风险防控指明方向，预防重大投资损失的发生。

对于具有重要战略意义的对外投资跨境基础设施项目来说，相关部门在项目审批阶段就应该对东道国国家风险及其走势开展全面评估，依据既有研究成果和数据对发生可能性较高的国家风险进行详细分析，对相关企业开展风险预警，同时就企业的风险防控能力以及客观的防控条件进行分析和评估。与此同时，为了能够做好充分的风险防控准备，有关部门还应督促和指导投资企业积极开展国家风险管理计划制定、风险防控资源准备工作，建立相应的应急机制，以便在发现风险征兆时能够及时响应并且与有关部门开展沟通与联动。

在项目实施过程中，相关政府部门应该联合相关研究机构以定期和不定期相结合的方式向项目投资企业提供东道国国家风险评估和分析，让项目管理者对东道国的整体状况和突出问题有所认识，并督促其结合国家风险评估来开展项目的国家风险预警和风险分析。基于项目的国家风险分析结果，有关部门还应对企业制定的风险防控计划的适用性和可行性再次进行评审，若发现问题应该让企业及时作出调整，以便能够适应风险的变化。与此同时，如果企业已经在实施风险防控的相关措施，也应该由政府组织具有实战经验的专家对其实施过程进行评价，对具有合理性和可行性的措施提出进一步完善的建议，对于不合理的做法及时进行制止，并结合实际情况提出替代方案。

（三）与多边机构开展风险防控合作

如前文所述，跨境基础设施需要多边机构来通过正式或非正式的方式协调不同国家的利益，以降低交易成本和冲突发生的可能性，并且搭建平台来实现各国的重复博弈以促进相关国家就项目达成共识。从这一点来看，保持与多边机构的合作将有助于就我国政府和投资者与东道国开展协商寻找机会，其中也包括就减轻国家风险带来损失的讨论。

从当前全球跨境基础设施项目开发的形式来看，项目大多来源于区域一体化背景下的区域性基础设施网络发展规划，而多边机构是这种发展规划制定的"关键性人物",甚至主导着整个规划,不仅对各东道国的国内形势以及国家间关系有较为全面和客观的认识,同时也对项目投资、建设和运营等方面的原则和方向有全面的把握。特别是对来源于区域性基础设施网络发展规划的跨境基础设施项目来说,企业、政府与多边机构建立稳定的合作关系不仅有利于充分了解项目开发背景、东道国国情和区域整体状况,为客观分析东道国国家风险提供依据,也有利于全面掌握项目中的利益相关者状况,为开展国家风险防控中的外交谈判提供重要参考。

从多边机构的利益诉求来看,它必然希望跨境基础设施项目能够顺利实施并且为自己和整个区域带来期望的经济效益和社会效益,而消减国家风险为项目带来的不良影响也将是其愿意为之付出努力的事项。因此,通过与多边机构建立合作关系,能够获得国家风险分析和评价方面的指导和专家建议,也有益于企业提升国家风险管理能力以及提高风险防控质量。更重要的是,这种合作关系将有益于企业在本区域的战略发展,不仅可以在遭遇国家风险时通过谈判获得其他项目以弥补损失,也为该地区的市场拓展赢得更多机会。

第四节 本章小结

对外投资跨境基础设施项目投资收益的获取过程通常分为项目投资准入、投资收益形成和投资收益获得三个阶段,东道国国家间合作、项目优先权授予和东道国既有基础设施项目建设与运营条件将分别为这一过程提供所需的政治保障、法律保障、建设和运营保障,而东道国国家主权行为或经济、法律、社会等因素可能导致三种保障的不足,而由此让企业遭受经济利益损失的可能性便是对外投资跨境基础设施项目东道国国家风险。其中,东道国国家间合作风险包括东道国国家政府不稳定风险、项目所在区域的政治冲突风险和东道国间政治关系风险,项目优先地位获取风险包括东道国政府政策调整风险、项目许可风险、项目规划风险和项目资产安全风险,而项目建设与运营条件风险则包括东道国基础设施质量风险、东道国社会稳定风险、东道国基础设施市场风险、项目技术风险和项目设施利用风险。

由于东道国国家风险的客观存在性、非商业性和不可消除性，风险转移和风险减轻是开展风险防控的核心，而其实现路径主要包括：通过向中信保投保、充分利用 MIGA 和其他商业保险来优化国家风险保险方案，通过充分利用 BIT、协商订立国家风险分担条款、合理利用外交手段开展协商来构建和完善国家风险防控协商机制，通过与国内及本地机构开展互动、政府动态指导以及与多边机构开展风险防控合作来完善多层次国家风险应对组织体系。

第八章　跨境基础设施项目国际合规风险识别与防控路径

全球区域一体化的逐步深化和共建"一带一路"的不断推进带来了更多对外投资和承建跨境基础设施项目的机会，而利用这些机会获得投资收益的前提是充分履行相应的合规义务，否则不仅不能取得预期的收益还可能由于违规行为面临法律制裁、监管处罚、重大财产损失、声誉损失以及其他负面影响。然而，受到国家间合作关系、东道国国内环境和项目组织内部不确定性的影响，对外投资跨境基础设施项目过程中的合规风险防控工作将呈现复杂性和特殊性，以下就将在分析国际合规风险内涵的基础上，对这类项目的合规风险开展识别，进而构建预警指标体系并提出风险防控路径。

第一节　跨境基础设施项目国际合规风险的内涵

合规（compliance）一词虽然早已有之，但在管理学领域的应用则始于20世纪80年代美国的会计和金融行业，主要指财务报告对法律法规的遵守。[①] 经过40多年的发展，合规的概念已经深入各行各业，国际标准化组织（ISO）于2014年发布了《合规管理体系——指南》（ISO19600：2014）（以下简称《合规指南》）。为了更好地服务于我国企业的境外业务开展，

---

① 白艳：《"一带一路"背景下中国企业海外投资合规风险控制策略》，《长安大学学报》（社会科学版）2017年第4期，第79~85页。

推动企业持续加强合规管理，我国在 2017 年将这一体系纳入中华人民共和国国家标准①，还参考这一标准以及有关的国际合规规则制定了《企业境外经营合规管理指引》②（以下简称《合规指引》）以及《中央企业合规管理指引（试行）》③（以下简称《央企合规指引》），为我国广大企业开展合规管理提供了重要指导。本章也将参考这两份文件对中国对外投资跨境基础设施项目的国际合规风险防控开展研究。

一 跨境基础设施项目国际合规风险的概念

根据《合规指南》，合规是指履行组织的全部合规义务，而合规义务包括合规要求和合规承诺。其中，合规要求和合规承诺分别指组织有义务和选择遵守的明示的、通常隐含的或有义务履行的需求或期望。④ 组织和个人对合规义务的不履行将导致组织和个人遭到责罚并产生经济和名誉损失，由此便产生了合规风险。合规义务是合规风险的参照系，只要合规义务存在，就必然会存在合规风险。⑤ 以下便基于合规风险的概念，就对外投资跨境基础设施项目国际合规风险的定义和范围开展讨论。

（一）合规风险的概念

《合规指引》第二十二条指出："合规风险是指企业或其员工因违规行为遭受法律制裁、监管处罚、重大财产损失或声誉损失以及其他负面影响的可能性。"《央企合规指引》第一章中指出："合规风险是指中央企业及其员工因不合规行为，引发法律责任、收到相关处罚、造成经济或声誉损失以及其他负面影响的可能性。"《合规指南》中将合规风险定义为"不确定性对

---

① 国家标准号为 GB/T35770－2017。该标准于 2017 年 12 月 29 日发布，2018 年 7 月 1 日起实施。

② 国家发展改革委、外交部、商务部、人民银行、国资委、外汇局、全国工商联于 2018 年 12 月 26 日印发《企业境外经营合规管理指引》（发改外资〔2018〕1916 号）。

③ 国务院国有资产监督管理委员会于 2018 年 11 月 2 日发布《中央企业合规管理指引（试行）》（国资发法规〔2018〕106 号）。

④ 详细内容参见《合规管理体系——指南》（ISO19600：2014）的"术语与定义"部分。

⑤ 华东师范大学企业合规研究中心编《企业合规讲义》，中国法制出版社，2018，第 61 页。

于合规目标的影响，合规风险以组织合规义务的不合规发生的可能性和后果表述"。其中，合规目标是指由组织确定、与合规方针保持一致、旨在实现组织和个人行为的全面合规。从这三项定义来看，合规风险的本质就是由未履行、未遵守、违反合规义务而带来组织和个人损失的可能性；合规风险是相对于合规义务而存在的，如果组织和个人没有合规义务，那么也就不存在合规风险。

虽然说组织承担的合规义务越少，未履行、未遵守或违反合规义务而导致的合规风险相对也越少，但对于任何组织来说，合规要求都是合规义务的"底线"。这是因为合规要求是组织所在国家、地方政府、行业组织等制定的法规、行业要求，若违反这种要求将受到来自相关监管机构的制裁和处罚。因此，从这一点来看，合规要求风险对于任何组织来说都是固有的合规风险，其关键在于组织是否主动、严格地承担了这一部分合规义务。

合规要求是对所有组织的普遍性要求，是组织生存与发展的基本前提，只能决定组织的生产经营是否具有合法性，并不能给组织带来更多的竞争优势和市场机会。组织为了获得更多的发展机会往往会向社会和顾客进行主动承诺，而是否能够兑现这种承诺将让组织面对合规承诺风险。因此，组织所给出的承诺并非越多越好，而是应该根据组织的发展需要、团队的能力和条件、承诺的经济价值以及外部环境等做出适度的承诺，以免因承诺过多过高而难以兑现，给外界造成言而无信的印象，或是因承诺过少过低而错失发展良机。从这一点来看，合规承诺风险并不是组织的固有合规风险，其与组织的承诺水平、履行承诺的能力以及外部环境有关。

简而言之，合规风险与合规义务具有对应关系，合规要求是合规义务的必要构成内容，合规要求风险是组织的固有合规风险。由于合规义务是组织追求商业行为价值观水平的综合反映，[①] 除了合规要求外，合规承诺虽然不是合规义务的必要构成内容，但却是组织谋求发展的必须，而合规承诺风

---

① 华东师范大学企业合规研究中心编《企业合规讲义》，中国法制出版社，2018，第62页。

险与组织的管理水平、规模、组织结构、运营方式、市场竞争地位密切相关。

（二）跨境基础设施项目国际合规风险的定义

在对外投资跨境基础设施项目实施过程中企业将面对来自东道国、所处区域乃至国际社会的不确定性，但鉴于其对于国家发展、国家安全和国际关系的重要作用，对这种项目进行投资是一种必然选择。然而，由于跨境基础设施的外溢性，项目投资者和承建者将面对来自投资母国、东道国、所处区域和国际性合规要求的叠加，合规承诺也会因东道国和所处区域的社会文化和市场竞争而呈现出多样性和本土性，由此形成一种具有复杂性的"国际合规风险"，对尚处于合规管理探索阶段的企业来说形成了不得不面临的巨大挑战。

基于合规风险的基本概念，本研究认为对外投资跨境基础设施项目中的国际合规风险是指企业及其员工在开展对外投资和承建跨境基础设施项目过程中因违反、不遵守和不履行合规义务而遭受法律制裁、监管处罚、重大财产损失或声誉损失以及其他负面影响的可能性。这种国际合规风险产生的直接原因是违反规定、不兑现承诺的行为，其包括合规要求风险、合规承诺风险和合规监管风险。其中，合规要求风险产生的直接原因是中国企业及其员工在开展对外投资和承建跨境基础设施项目过程中违反国内、东道国、项目影响区域和国际社会相关强制性要求；合规承诺风险则是由未能进行适当的合规承诺以及未能及时和全面兑现合规承诺导致；而合规监管风险则是由东道国相关监管机构、多边机构和国际社会对中国企业及其员工合规行为不当监管而造成的，这三类风险的具体发生机制将在下文中进一步阐述。

从合规风险概念来看，合规义务是合规风险存在的前提，而权力是合规义务存在的前提，因为没有权力也就意味着没有必要通过合规义务对行为进行约束和规范。① 从这一点来看，合规风险与权力的分配和行使密切相关，

---

① 华东师范大学企业合规研究中心编《企业合规讲义》，中国法制出版社，2018，第 65 页。

因此国际合规风险防控工作需要以弄清项目中企业及其员工权力的类型、分布和边界为前提。

二 跨境基础设施项目国际合规风险的发生机制

从合规风险的定义来看，合规的本质是行为的合规，而合规风险的本质就是行为不合规带来损失的可能性。那么为什么会出现行为不合规的情况呢？对外投资跨境基础设施项目国际合规风险是实施对外投资的企业合规行为能力和反合规环境压力"对抗"的结果，其发生机制如图8-1所示。

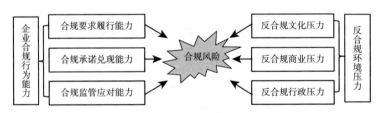

图8-1 对外投资跨境基础设施项目国际合规风险发生机制

资料来源：笔者自制。

企业合规行为能力主要包括合规要求履行能力、合规承诺兑现能力和合规监管应对能力，而反合规环境压力包括反合规文化压力、反合规商业压力和反合规行政压力。在企业合规行为能力和反合规环境压力互相"对抗"之下产生了国际合规要求风险、合规承诺风险和合规监管风险，其具体发生机制如下。

（一）国际合规要求风险的发生机制

如上所述，合规要求以法律、法规和标准的形式对组织和个人的行为形成强制性的约束，而对于跨境基础设施项目来说，企业在对项目进行投资和承建时不仅面对东道国的合规要求还要面对国际性的合规要求，特别是对于一些法制不健全的国家来说，国际性的合规要求往往更受到东道国的认可，对企业也有更明确的约束力，而合规要求履行能力便是指企业严格按照这种合规要求实施投资和承建行为，即不违反这种要求的能力。

然而，"说起来容易做起来难"，由于跨境基础设施项目涉及两个或以上的国家，各国的合规要求存在差异，特别是对于一些发展中国家来说，不仅没有明确针对外国投资者和工程承包商的行为合规要求，甚至对国际性合规要求的认可程度和应用程度也存在差异，这便令企业陷入了合规要求认定的困境。虽然从现实状况来看，大多数国家对于联合国、世界银行等国际性机构发布的合规要求认可度较高，但由于不良商业竞争环境、对腐败文化的容忍、政府行政机关的腐败等因素，这些合规要求在东道国国内都无法完全执行和落实，于是对企业构成一种反合规要求的压力，可能令企业的员工和领导者为了获得利益而违反一些合规要求并遵循一些看似正常的"潜规则"和"习惯"，产生不合规行为。当出现这种合规要求履行能力不敌反合规环境压力的情况时，合规要求风险便可能产生。

（二）国际合规承诺风险的发生机制

虽然合规承诺是组织和个人为了赢得市场机会、社会认可和获得利益而做出的主动承诺，但不能遵守和兑现合规承诺同样会带来损失和责罚。从当前中国对外投资的跨境基础设施项目实施现状来看，合规承诺一般涉及帮助东道国减轻贫困、改善居民生活条件、提供技能培训、公益捐赠等方面，而兑现这些承诺势必需要投入大量的财力和人力，还要全面和清楚地掌握东道国国情，而这些都是合规承诺兑现能力的构成要素。

然而，文化差异、国家行政机关的不作为、各类组织对经济利益的索取，东道国政府、民间社团、非政府组织的阻挠以及国际和东道国舆论对企业的非议甚至谴责可能让企业无法按计划履行合规承诺，而应对这种舆论压力和非法干预的能力也是合规承诺兑现能力的重要组成部分。当企业和员工可以全面应对反合规环境压力时，合规承诺风险发生的可能性便会变得很小，反之合规承诺风险就极有可能持续增大。

需要说明的是，不做出任何合规承诺虽然从理论上来说是可行的，但这样做的后果不仅会让企业失去市场机会和社会认可，同时可能引来更大的合规承诺风险，因此对自身兑现合规承诺能力进行客观的衡量，做出适合的合规承诺才是减少合规承诺风险的关键。

（三）国际合规监管风险的发生机制

不论东道国的合规要求如何、合规监管体系完善程度如何，企业都必须接受来自国际社会和东道国相关机构的合规监管，因为逃避监管本身就将引发巨大的合规风险。然而，接受监管不代表要无条件全盘接受任何形式的监管行为。在很多发展中国家，国家和地方政府部门腐败、监管机构权限过大或滥用权力、对外国投资者和企业进行索贿等已经成为不争的事实，在这种情况下合规监管应对能力便成为规避合规监管风险的关键，这种能力主要包括与东道国监管机构有效沟通的能力、应对不当监管行为的能力、应对监管突发状况的能力等。

然而，对于很多发展中国家来说，由于自身的法制建设和经济发展水平不高，有关外国投资者管理的相关法律法规并不完善，加之在国际政治的诸多问题上依赖霸权势力，很多监管部门在中央政府的不良影响下对企业存有偏见和敌意，在合规监管中予以不公正和不公平的待遇。在这种情况下，若是合规监管应对能力不足，便会因东道国监管机构的不当监管行为而让企业"背黑锅"，发生合规监管风险。虽然可能在风险发生后能够通过其他渠道来重获清白，但其中可能经历漫长过程会导致企业遭受经济损失。

第二节　跨境基础设施项目国际合规风险识别与预警指标选择

从对外投资跨境基础设施项目国际合规风险定义及发生机制来看，企业和员工的国际合规行为能力、东道国的反合规环境压力是产生合规风险的关键要素，合规行为能力不敌反合规环境压力将带来合规风险。为此，以下将基于企业境外经营中国际合规关键因素的分析，开展风险识别和预警指标体系的构建。

一　跨境基础设施项目国际合规的关键因素

自 1977 年美国颁布《反海外腐败法》（*Foreign Corrupt Practices Act*）起，全球的合规风险范围从反腐败扩展到了反垄断、劳动用工、数据保护、环境保护、知识产权保护等诸多领域。根据《合规指引》第二章中对合规管理要求的规定来看，企业境外经营合规风险至少包括反腐败、反垄断、反洗钱、劳工权利保护、环境保护、数据和隐私保护等十余项内容。虽然全球的合规管理经历了从"小合规"——反腐败合规到"大合规"的转变，但从我国当前在境外投资和承建基础设施项目的情况来看，反腐败合规、合规信息披露、东道国合规监管是现阶段我国对外投资跨境基础设施项目国际合规风险的关键因素，其原因如下。

（一）反腐败合规

从合规概念的发展来看，狭义的合规是指反腐败合规，反腐败合规是合规要求的核心要素之一，这意味着没有反腐败就没有合规。从狭义上来说，腐败是指贿赂，而从广义上来讲，腐败包括贿赂、勒索、欺诈、卡特尔、滥用职权、贪污和洗钱，这些行为目前在大多数国家都构成刑事犯罪。[①] 基于这一定义，本研究中的反腐败合规就是指在对外开展跨境基础设施项目投资和承建过程中按照投资者母国和东道国以及国际立法来开展反腐败并且没有发生腐败行为。

自 1976 年 OECD 首次发布《跨国公司行为准则》以来，国际反腐败的呼声就越来越高，反腐败的国际法律体系也日益完善。其中，OECD 于 1997 年通过了《禁止在国际商业交易中贿赂外国公职人员公约》（*Convention on Combating Bribery of Foreign Public Official in International Business Transaction*），43 个国家签署的《联合国反腐败公约》（*The United Nations Convention Against Corruption*）于 2005 年起生效，世界银行于 2010 年推出了

---

① 由于国际上尚未在法律上统一腐败的定义，本研究采用全球基础设施反腐败中心（Global Infrastructure Anti-Corruption Centre，GIACC）对腐败的定义来对反腐败合规风险进行讨论。GIACC，"What is Corruption，" https：//giaccentre.org/what-is-corruption/，Updated on 10th April 2020。

《廉政合规指南》(*World Bank Group Integrity Compliance Guidelines*),国际标准化组织于 2016 年发布了《ISO37001:2016 反贿赂管理体系——要求和使用指南》(*ISO37001:2016 Anti-Bribery Management Systems-Requirements with Guidance for Use*)。在国际性机构的带领下,诸多国家不断加强自身的反腐败制度建设,并逐步就外国投资者的腐败行为开展专项立法。与此同时,ADB、IDB、EIB、WB 等多边机构共同签署的《防止和打击欺诈和腐败的统一框架》(*Institutional Framework for Combating Fraud and Corruption*)也令国际反腐败体系进一步完善,并且正在对中国企业产生着实质性的影响。

(二)合规信息披露

如上所述,合规要求和合规承诺是合规义务的必要组成部分,虽然相比于合规要求的强制性,合规承诺是组织为赢得市场机遇、获取商业利益以及赢得社会信任而做出的主动承诺,但二者的不履行和不遵守都将给组织带来巨大的麻烦甚至是巨额经济损失。与此同时,很多国家自身的合规管理体系还十分薄弱,尚没有形成完整的合规判断标准,特别是合规承诺是否履行和兑现的判断标准上具有较大弹性。在这种状况下,要达到什么样的合规要求和做出什么样的合规承诺在很大程度上只能依靠企业自身做出判断。

不论是合规要求还是合规承诺,充分的合规信息披露都是外界判断企业合规状况的依据,不充分、不完整和不客观的信息披露不仅可能让企业遭遇不合规的责罚,也会造成外界对企业和项目的不良印象和错误认识。特别是对于合规承诺来说,只要承诺一旦给出,就意味着项目必须接受项目东道国乃至全球不同组织关于承诺兑现情况的审视,只要被认为承诺未兑现或没有完全兑现,那么企业就可能面临来自全球舆论的谴责,甚至被迫放弃项目,造成声誉和经济损失。

由于跨境基础设施项目作为区域"俱乐部产品"的特殊性以及项目产生的巨大经济和社会影响,企业全面、客观和及时地进行合规信息披露不仅有助于企业尽可能少地遭遇舆论危机,同时也有助于平衡项目影响国家间的利益平衡、获得社会许可、提高企业的国际知名度以及增强国际社会对企业和投资者的信任水平。

（三）东道国合规监管

虽然严格遵守东道国的合规要求并且认真履行自己给出的合规承诺是企业对外投资和境外经营过程中实现合规的关键，但东道国监管机构的不当行为却让企业在境外合规经营的道路上多了一个障碍，近些年来"中国企业在对外投资中遭受不公正待遇"的相关报道就是最好证明。

与此同时，很多国家腐败成风、腐败犯罪成本低、监管部门官员滥用职权现象普遍，对投资者和企业进行索贿甚至威胁，一旦不满足其要求就通过拖延、推诿等方式阻碍企业的正常行政审批流程，还对企业合规管理工作进行无理由的质疑、污蔑，甚至以不合规为由干扰企业的正常生产经营活动，虽然这样的情况可以通过诉讼和协调来解决，但也必将带来经济和声誉损失。对于对外投资的跨境基础设施项目来说，由于涉及多个国家不同层次的监管机构，加之不同国家在合规监管标准和方式上存在差异，在项目实施过程中将极有可能遭遇不当监管行为，如果对这种不当监管行为不能进行有力地应对，不仅可能影响项目进度，更有可能遭到舆论的批评甚至是腐败的诉讼。

二 跨境基础设施项目国际合规风险识别

虽然国际合规涉及多项内容，但反腐败合规、合规信息披露和东道国合规监管却是当前对外投资跨境基础设施项目实现国际合规的关键。那么，它们具体与哪些合规风险相关呢？为了解决这一问题，本研究首先采用矩阵的形式对合规风险要素和合规关键因素之间进行一一匹配，进而再开展具体风险的识别。识别矩阵如表8-1所示。

表8-1 对外投资跨境基础设施项目国际合规风险要素识别矩阵

合规风险要素	合规关键因素	反腐败合规	合规信息披露	东道国合规监管
合规行为能力	合规要求履行能力	O	O	X
	合规承诺兑现能力	X	O	X
	合规监管应对能力	X	X	X

合规风险要素	合规关键因素	反腐败合规	合规信息披露	东道国合规监管
反合规环境压力	反合规文化压力	O	O	X
	反合规商业压力	O	X	X
	反合规行政压力	O	O	O

注："X"表示没有关联关系，"O"表示存在关联关系。

资料来源：笔者自制。

通过将合规关键因素和合规行为能力以及反合规环境压力进行匹配，中国对外投资跨境基础设施项目国际合规风险要素得以识别，以下就将基于这一识别结果对反腐败合规风险、合规信息披露风险和东道国合规监管风险进行进一步识别和分析。

（一）跨境基础设施项目反腐败合规风险识别

从表8-1的识别结果可知，反腐败合规是当前国际社会和大多数国家合规要求的核心，企业若不能实现反腐败合规，将会面临最严重的不合规责罚，因此"反腐败"是合规要求风险的主题。从具体风险来看，反腐败合规行为能力、反腐败合规信息披露，以及腐败的文化压力、商业压力和行政压力是反腐败合规风险的主要构成因素。由于从当前的信息披露状况来看，反腐败合规信息披露在披露能力、披露条件、披露方式等方面与合规承诺兑现信息披露相同，因此有关合规信息披露风险的分析将在下文中进行统一分析，此处不再赘述，中国对外投资跨境基础设施项目反腐败合规风险识别结果如表8-2所示。

表8-2　对外投资跨境基础设施项目反腐败合规风险（R_{31}）识别结果

风险名称	风险影响因素
反腐败合规能力风险（r_{311}）	反腐败合规管理体系完善情况（a_{3111}）
	反腐败合规管理人员个人素质（a_{3112}）
	反腐败合规管理人员管理能力（a_{3113}）

风险名称	风险影响因素
反腐败合规能力风险（r_{311}）	企业员工的反腐败意识（a_{3114}）
东道国腐败文化风险（r_{312}）	东道国社会文化对腐败行为的容忍度（a_{3121}）
	东道国居民在获得公共服务中实施贿赂的普遍性（a_{3122}）
东道国商业腐败风险（r_{313}）	外国企业在东道国进行行贿的普遍性（a_{3131}）
	公用事业中的非正常支付和贿赂情况（a_{3132}）
	获得公共合同和许可证中的非正常支付和贿赂情况（a_{3133}）
	开展进出口业务中的非正常支付和贿赂情况（a_{3134}）
	缴纳税款中的非正常支付和贿赂情况（a_{3135}）
	政府俘获情况（a_{3136}）
东道国行政管理腐败风险（r_{314}）	东道国反腐败政策（a_{3141}）
	东道国腐败控制情况（a_{3142}）
	东道国公务员廉洁水平（a_{3143}）
	东道国公共机构的腐败普遍性（a_{3144}）

资料来源：笔者自制。

对外投资跨境基础设施项目反腐败合规风险主要分为反腐败合规能力风险、东道国腐败文化风险、东道国商业腐败风险和东道国行政管理腐败风险四类。其中，反腐败合规能力风险主要是指在开展对外投资跨境基础设施项目过程中，企业不具备反腐败合规能力而导致损失的可能性，其影响因素主要包括企业反腐败合规管理体系的构建和完善、进行反腐败合规管理人员的个人素质和管理能力，以及企业员工特别是在东道国从事具体投资和项目管理工作员工的反腐败意识。

反腐败合规的本质是企业和员工能够按照国际和东道国反腐败相关法律法规约束来开展工作，其中除了企业内部的反腐败合规能力建设外，东道国的腐败文化、商业腐败和行政管理中的腐败对反腐败合规带来了巨大的压力。对于腐败行为具有较高容忍度和接受度的社会文化，普遍存在于各类商业活动中的腐败现象以及行政管理中的腐败行为都可能令中国企业和员工认为腐败是正常的"潜规则"，继而引发腐败行为。从 2018 年中国对外承包工程主要国别①的腐败情况来看，除马来西亚、沙特阿拉伯、澳大利亚和阿联酋外，其余国家腐败指数均超过 0.5②，腐败情况不容乐观。特别是巴基斯坦、老挝和孟加拉国三个周边国家的腐败程度均处于较高水平，其具体情况如图 8-2 所示。

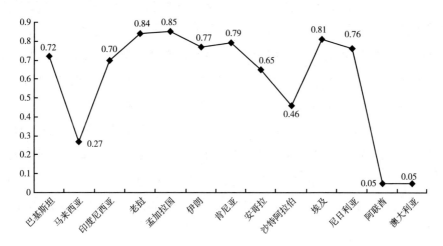

图 8-2 中国对外承包工程主要国别（2018）腐败指数

资料来源：笔者根据《中国对外承包工程发展报告》（2018～2019 年）、瑞典哥德堡大学（University of Gothenberg）与美国圣母大学（University of Notre Dame）联合发布的全球国家腐败指数（Corruption Index）整理绘制。

在腐败程度较高的国家，除了腐败被公众所默认和接受并经常在获得公共服务中实施外，国家监管和行政机构的腐败往往成为企业腐败行为的推手。在很多腐败成风的国家，反腐败相关法律法规缺失，未能对腐败行为进行有效遏制，导致公务员廉洁水平较低，行政机构的官员自由裁量权过大，

---

① 根据《中国对外承包工程发展报告》（2018～2019 年）公布的数据，2018 年对外承包工程新签合同额前 10 的国家（地区）分别是：尼日利亚、印度尼西亚、马来西亚、孟加拉国、中国香港、埃及、阿拉伯联合酋长国、澳大利亚、伊朗、沙特阿拉伯；完成营业额前 10 的国家（地区）分别为：巴基斯坦、马来西亚、阿尔及利亚、印度尼西亚、中国香港、老挝、沙特阿拉伯、安哥拉、肯尼亚、孟加拉国。由于部分国家（地区）的腐败指数缺失，本研究未能展示所有国家（地区）的腐败指数。

② 该腐败指数取值区间为 [0，1]，得分越高表示腐败程度越高。

在进出口业务办理、许可证发放等方面利用职权向外国投资者索贿，让企业可能陷入不行贿就无法推进项目的境地，而一旦腐败行为被曝光，企业将遭受巨大的名誉和经济损失。

（二）跨境基础设施项目合规信息披露风险识别

虽然自合规管理的概念提出以来，全球诸多国际性机构都在积极推进合规管理并已发布了合规管理的国际标准，但由于各国的法制体系、经济发展水平和政治体制差异巨大，要实现全球性的合规管理普及尚需时日。特别是在合规承诺履行方面，由于缺少对合规承诺内容的国际性标准或公认的准则，投资者在履行合规承诺时处于一种无法可依的状态，而对相关信息的披露就成为东道国和国际社会判断企业是否兑现合规承诺的关键。为此，基于合规承诺风险发生机制，本研究认为，对外投资跨境基础设施项目国际合规承诺风险的关键是"信息披露"，其主要风险包括合规信息披露能力风险、合规信息披露环境风险以及合规信息披露管制风险，其风险影响因素如表8-3所示。

表8-3　对外投资跨境基础设施项目合规信息披露风险（R_{32}）识别结果

风险名称	风险影响因素
合规信息披露能力风险（r_{321}）	合规信息披露质量（a_{3211}）
	合规信息披露渠道（a_{3212}）
	合规信息披露及时性（a_{3213}）
合规信息披露环境风险（r_{322}）	信息披露的媒体质量（a_{3221}）
	信息披露的自由度（a_{3222}）
	信息披露的渠道的多样性（a_{3223}）
合规信息披露管制风险（r_{323}）	东道国内行政机关对信息传播渠道的管制情况（a_{3231}）
	东道国内行政机关对获得信息和公开信息的管制情况（a_{3232}）

资料来源：笔者自制。

合规信息披露能力是指企业对所有合规行为进行有效信息披露的能力，其中包括对反腐败合规等合规要求履行和合规承诺兑现情况的信息披露，由于很多国家和国际机构都会对合规要求履行情况进行主动监管，信息披露能力对于合规承诺风险的影响更大。从具体风险影响因素来看，合规信息披露质量主要是指企业自主披露的合规信息内容质量，涉及内容的全面性、客观性、可接受性等。合规信息披露渠道主要是指信息披露渠道的多样化，因为单一的信息披露渠道可能让信息的传播速度、真实性和范围受到限制。合规信息披露的及时性则决定东道国政府和公众能否及时获知企业合规承诺履行的进展情况，信息发布的滞后可能引致外界有关故意隐瞒和拖延事实的质疑。从现实状况来看，很多基建企业已经通过发布企业年度社会责任报告和项目社会责任报告的方式来进行合规承诺的信息披露，披露渠道也已经拓展至官方网站、微信公众号等，[①] 但在东道国主流媒体和国际媒体上进行全面合规信息披露的还较少。

虽然为了避免合规承诺风险，企业应该尽可能全面、多渠道和及时地披露合规信息，但这往往受到东道国合规信息披露环境的制约。由于政府对媒体的管制以及公共媒体的自身发展能力有限，很多国家的公共媒体对于外国企业反腐败这样的"敏感"话题通常没有充分的报道自由，或是在披露内容和渠道上受到极大限制，加之国家间的公共媒体跨国合作不充分，即便是国内媒体就企业合规情况进行积极披露，东道国媒体也不愿对企业合规情况进行客观、全面地报道，令东道国公众没有渠道客观地了解企业的合规管理情况，甚至由于国内外媒体报道的不同，公众会有企业"自吹自擂"的感受，甚至产生负面影响。

如果说与合规信息披露相关的东道国媒体质量、媒体发声自由度以及披露渠道多样性是合规信息得以高质量、多渠道和全面披露的条件，那么东道国信息披露管制便是东道国公众和国际社会获得相关信息的关键影响因素。但从实际情况来看，很多国家政府不仅对媒体的新闻报道自由进行限制，同时也对公民的互联网访问权力进行限制，公众并不能

---

① 中国对外承包工程商会：《中国对外承包工程行业社会责任报告（2016-2018）》，https：//www.chinca.org/UploadPhoto/file/20181213/20181213154310_1208.pdf，2018。

正常和及时地通过互联网访问各类网站并全面地获取企业披露的合规信息，信息的滞后性和片面性不仅让企业遭到合规承诺未兑现的质疑，也可能让别有用心的组织和个人有了传播污蔑信息的机会。

（三）跨境基础设施项目东道国合规监管风险

虽然《联合国反腐败公约》《跨国公司行为准则》等具有国际影响力和公信力的国际公约在很大程度上推动了以反腐败合规为核心的国际合规管理发展，但受到经济发展水平、国家治理理念与能力的影响，各国对企业合规的监管内容不尽相同，合规监管体系的完善程度也差异较大，特别是在一些国家监管机构人员的不当个人行为、监管执法不严与"暗箱操作"等给企业在开展对外投资跨境基础设施项目过程中带来了合规监管风险，具体风险与风险影响因素如表8-4所示。

表8-4　对外投资跨境基础设施项目东道国合规监管风险（R_{33}）识别结果

风险名称	风险影响因素
合规监管公职人员风险（r_{331}）	公职人员的责任履行情况（a_{3311}）
	公职人员素质（a_{3312}）
	公职人员的诚信水平（a_{3313}）
合规监管执法风险（r_{332}）	监管执法中的官僚作风（a_{3321}）
	监管执法严格程度（a_{3322}）
合规监管环境风险（r_{333}）	公共行政管理质量（a_{3331}）
	商业监管体系的健全度（a_{3332}）
	司法程序的公正性（a_{3333}）
	司法的独立性（a_{3334}）

资料来源：笔者自制。

对外投资跨境基础设施项目东道国合规监管风险包括合规监管公职人员风险、合规监管执法风险和合规监管环境风险。其中，合规监管公职人员风险除了与公职人员个人素质有关外，还与公职人员的履责情况和诚信水平有关。履责情况一方面反映公职人员是否严格按照职业道德的要求和岗位职责来开展监管工作，是否有利用职务之便开展不正当监管行为的现象，另一方面也反映东道国是否对公职人员进行严格的履责监督。公职人员的诚信可以说是国家政府和监管部门获得公众支持与信任的根基，若公职人员诚信水平低，那么就极有可能出现徇私枉法和为个人私利而包庇和舞弊的不良行为，面对这样的公职人员，企业不仅有可能面临被索贿，也有可能由于公职人员为了私欲而利用职权向企业和员工进行勒索，甚至通过威胁而引发共谋行为。

除了监管公职人员可能带来的风险外，监管执法中的官僚行为和执法不严也有可能造成合规监管风险。很多国家当前并没有建立专门的外国企业合规监管体系和相关制度，监管权力分散于不同监管部门，在具体监管和行政事务办理过程中极有可能因分工和流程不清而造成推诿、拖拉、官官相护等问题，导致中国企业难以在既定的时间内完成相关合规管理工作或是对合规管理工作造成误导。此外，由于对公职人员在执法中的行为没有进行严格的约束，很多国家的监管执法单位和个人在执法过程中碍于"人情"不严格执法，对其进行贿赂的个人和组织受到"宽松处理"，在这样的情况下，企业如不贿赂就有可能得到不公正的监管。

虽然上述两类风险的发生与监管人员个人素质和行为密切相关，但国家的监管环境也对监管行为有着巨大的影响，良好的监管环境能有力杜绝不当监管行为。本研究认为公共行政管理质量和商业监管体系健全程度分别从监管效率和监管约束两方面影响监管行为，高质量的公共行政管理并不意味着高水平和高效率的合规监管，却为实施公平、公正和公开的合规监管奠定了基础；而健全的商业监管体系则是构建外商合规监管体系的基本前提，商业行为合规性的判断有赖于商业行为合法性评判标准的建立以及商业行为监管体系的运转。此外，除了行政处罚外，对于不合规行为和合规监管争议的处理往往需要诉诸法律，东道国司法程序的公正性以及司法的独立性关系到是否能够获得公正的判决结果，特别是在没有明确合规要求和合规承诺要求的国家，这两项要素是维护企业自身合法权益和证明自己合规的关键影响因素，否则将可能因不公正的裁决而遭受经济和名誉损失。

三 跨境基础设施项目国际合规风险预警指标的选择

对外投资跨境基础设施项目的国际合规风险不仅与企业自身的反腐败合

规和合规信息披露能力有关，也与东道国的腐败文化、行政机构腐败、媒体管制有密切关联。为了能够全面应对国际合规风险，以下将基于上述的风险识别结果，通过分析风险征兆来进行风险预警指标的选择。

（一）跨境基础设施项目反腐败合规风险预警指标选择

基于表8-2的识别结果可以看出，对外投资跨境基础设施项目反腐败合规风险可细分为反腐败合规能力风险、东道国腐败文化风险、东道国商业腐败风险和东道国行政管理腐败风险。根据风险预警指标选择方法，本研究依据风险影响因素，通过风险征兆的分析，得出了如表8-5所示的中国对外投资跨境基础设施项目反腐败合规风险预警指标。

表 8-5 对外投资跨境基础设施项目反腐败合规风险预警指标

风险名称	风险预警指标名称	指标来源	指标性质
反腐败合规能力风险（r_{311}）	企业所制定的反腐败合规制度完整度 *（E_{3111}）	企业与项目团队	逆向
	反腐败合规管理人员在该领域的从业时间（E_{3112}）	企业与项目团队	逆向
	反腐败合规管理人员曾参与反腐败行动次数（E_{3113}）	企业与项目团队	逆向
	项目团队中成员接受的反腐败教育次数（E_{3114}）	企业与项目团队	逆向
东道国腐败文化风险（r_{312}）	政府和公民之间"小腐败"的程度（E_{3121}）	IPD	正向
	家庭为了获得教育机会而进行贿赂的频率（E_{3122}）	GCB	正向
	家庭为了获得医疗而进行贿赂的频率（E_{3123}）	GCB	正向
	家庭在诉讼中进行贿赂的频率（E_{3124}）	GCB	正向
东道国商业腐败风险（r_{313}）	政府与外国公司之间的腐败程度（E_{3131}）	IPD	正向
	公用事业中的非正常支付和贿赂（E_{3132}）	GCS	正向
	公共合同和许可证授予中的非正常支付和贿赂（E_{3133}）	GCS	正向
	进出口业务中的非正常支付和贿赂（E_{3134}）	GCS	正向
	缴纳税款中的非正常支付和贿赂（E_{3135}）	GCS	正向
	政府俘获（E_{3136}）	GCS	正向
东道国行政管理腐败风险（r_{314}）	东道国反腐败政策（E_{3141}）	BTI	逆向
	东道国腐败控制水平（E_{3142}）	EIU	逆向
	公务员廉洁水平（E_{3143}）	GII	逆向
	政府腐败现象普遍程度（E_{3144}）	GWP	正向

注："*"该指标将根据企业自身情况进行评价，取值范围可设为0~5分，取值越大表明越完整。

资料来源：笔者自制。

对外投资和承建跨境基础设施项目的企业和项目团队的反腐败合规能力主要体现在合规管理体系的建设、反腐败合规管理人员的个人素质和能力、员工的反腐败意识等几个方面。作为开展反腐败合规管理的基础，企业依据《合规指引》和《央企合规指引》制定合规管理制度的完整程度越高则表示在制度保障方面反腐败合规能力越强，发生反腐败合规风险的可能性越小。在反腐败合规管理人员方面，本研究认为从业时长和从业经验积累情况是个人素质和管理能力的关键表现，长期从事该领域的管理工作并且通过亲身参与反腐败行动所积累的经验能够有利于及时识别出腐败苗头，特别是对于境外项目，相关经验显得更为重要。由于腐败通常具有隐蔽性，[①] 并且可能是个人行为，为了全面防范腐败行为的发生，通过反腐败教育来提高企业员工的反腐败意识就显得十分重要。

东道国社会文化对腐败行为的高度容忍和公民行贿行为的普遍性是东道国腐败文化的体现。在这种社会文化中，公民与政府之间通常会存在很多腐败行为，公民哪怕是为了获得最基本的公共服务都要进行行贿，并且普遍认为这是"正常"的。为了较为客观地进行风险预警，本文选择采用 IPD 和GCB 的相关指标来进行风险预警。其中，政府和公民之间"小腐败"（petty corruption）的程度作为社会对腐败行为容忍度的预警指标，指标值越大代表风险越大；而东道国家庭为了获得教育、医疗和诉讼中进行的贿赂频率则是贿赂普遍性的表征，指标值越大代表风险越大。

就对外投资跨境基础设施项目来说，东道国商业环境中的腐败现象相比于社会文化将给企业和员工的反腐败合规带来更直接的压力，在自身反腐败意识和能力不足的情况下，外国企业在东道国内行贿行为的普遍性、商业活动非正常支付和贿赂的普遍性以及政府俘获现象的存在都意味着极有可能出现腐败行为。为此，本研究选择采用来自 IPD 和 GCB 关于东道国与外国公司之间的腐败程度、东道国政府商业管理环节中的非正常支付和贿赂情况以及政府俘获的相关指标作为风险预警指标，以上指标均为正向指标，即指标

---

① GIACC, "What is Corruption," https：//giaccentre. org/what-is-corruption/, updated on 10th April.

值越大代表风险越大。

除了上述的社会文化和商业活动中的腐败现象外，东道国行政管理中的腐败现象以及对腐败的治理也是对外投资跨境基础设施项目反腐败合规的环境压力来源，特别是在行政审批的诸多环节中，腐败的行政管理机构和人员往往使企业为了获得许可证等而开展行贿，而东道国反腐败政策的制定和落实情况、东道国腐败的控制情况、公务员的廉洁水平以及腐败在公共机构中的普遍性都是东道国行政管理腐败风险的征兆。

（二）跨境基础设施项目合规信息披露风险预警指标选择

以国有企业为领头羊的我国基建企业已经"走出去"四十余年，不论是在工程施工还是在市场拓展方面都积累了很多宝贵经验，但在合规风险管理方面却尚处于起步阶段，可以说《合规指引》和《央企合规指引》的发布才真正让广大企业认识到了合规风险管理及其重要性，对于合规信息披露同样缺少经验，存在合规信息披露能力风险。与此同时，跨境基础设施项目涉及多个主权国家，每个国家对于外国企业合规信息披露可提供的条件不同，因此合规信息披露面临着来自企业自身和外部环境的风险。为了对这些风险开展尽可能全面的预警，本研究构建了合规信息披露风险预警指标体系，具体内容如表8-6所示。

表 8-6　对外投资跨境基础设施项目合规信息披露风险预警指标

风险名称	风险预警指标名称	指标来源	指标性质
合规信息披露能力风险（r_{321}）	企业诚信信息披露的月频次（E_{3211}）	企业与项目团队	逆向
	合规承诺信息披露的领域数量（E_{3212}）	企业与项目团队	逆向
	合规信息披露的渠道数量（E_{3213}）	企业与项目团队	逆向
	每一次合规信息披露所花费的时间（E_{3214}）	企业与项目团队	逆向
合规信息披露环境风险（r_{322}）	媒体质量（E_{3221}）	FRH	逆向
	新闻自由水平（E_{3222}）	GCS	逆向
	真正的媒体多元化水平（E_{3223}）	IPD	逆向
合规信息披露管制风险（r_{323}）	互联网上的访问、检索和出版自由（E_{3231}）	IPD	逆向
	获得信息和公开信息的权力（E_{3232}）	GII	逆向

资料来源：笔者自制。

依据表8-3中的风险识别结果，本研究选取了9个指标作为合规信息披露风险的预警指标。其中，合规信息披露能力风险预警指标主要是通过企业诚信信息披露频率、披露内容所涉及的领域、信息披露渠道数量和信息披露花费时间来反映合规信息披露的质量、渠道和及时性，这些指标的数值越小则表示信息披露能力不足的风险越大。

在合规信息披露环境方面，为了尽可能客观地反映东道国的信息披露环境情况，本研究选择采用来自FRH的"媒体质量"这一指标来反映东道国可供信息披露的媒体质量，采用来自GCS的"新闻自由水平"来反映信息披露的自由度，采用来自IPD的"真正的媒体多元化水平"来反映信息披露渠道多样性的水平。这三个指标均为逆向指标，即指标值越大表示合规信息披露环境风险越小。

对于信息披露来说，除了东道国政府对于媒体和新闻发布的管制可能对信息披露造成风险外，对于公民获取信息渠道和权力的管制也可能造成无法进行全面的信息披露。因此，本研究采用来自IPD的"互联网上的访问、检索和出版自由"以及GII发布的"获得信息和公开信息的权力"来作为合规信息披露管制风险预警指标，这两项指标均为逆向指标，即指标值越大表示合规信息披露环境风险越小。

（三）跨境基础设施项目东道国合规监管风险预警指标选择

与合规要求风险和合规承诺风险不同，对外投资跨境基础设施项目东道国合规监管风险主要与东道国监管公职人员、监管执法和监管环境等项目外部因素相关。因此本研究主要选取了一些国际机构发布的指标来开展风险预警，具体指标如表8-7所示。

表8-7 对外投资跨境基础设施项目东道国合规监管风险预警指标

风险名称	风险预警指标名称	指标来源	指标性质
合规监管公职人员风险（r_{331}）	公职人员问责制（E_{3311}）	EIU	逆向
	公职人员素质（E_{3312}）	PRS-ICRG	逆向
	对政府人员的信任水平（E_{3313}）	GCS	逆向

续表

风险名称	风险预警指标名称	指标来源	指标性质
合规监管执法 风险(r_{332})	官僚主义不妨碍商业活动的程度(E_{3321})	WCY	逆向
	监管执法(E_{3322})	WJP	逆向
合规监管环境 风险(r_{333})	公共行政管理质量(E_{3331})	PIA	逆向
	商业监管环境(E_{3332})	EIU	逆向
	司法程序公正性(E_{3333})	GCS	逆向
	司法独立程度(E_{3334})	PIA	逆向

资料来源：笔者自制。

由于对企业进行合规监管的公职人员大多来自东道国不同的监管机构，为了能够较为全面地反映东道国的监管公职人员素质，该项风险的预警指标选择采用来自 EIU、PRS-ICRG 和 GCS 的"公职人员问责制"、"公职人员素质"和"对政府人员的信任水平"。其中，公职人员问责制得分越高，表明国家对公务员履责监管越严格，公职人员滥用职权实施非正当监管行为的可能性越小；公职人员素质是其道德水准的反映，较高的公职人员素质意味着企业遭受非正当监管行为的可能性较小；公众对政府人员的信任来自公职人员的诚实守信，若公职人员诚信水平不高，那么公众对其信任水平也较低，中国企业和员工遭受欺骗、威胁等行为可能性也较大。

基于上述的合规监管执法风险识别结果，本文选择采用来自 WCY 的"官僚主义不妨碍商业活动的程度"和 WJP 中的"监管执法"来作为监管执法风险的预警指标。若官僚主义对商业活动的妨碍水平不高，说明遭遇由于官僚作风导致的不当监管行为可能性较小，监管执法严格程度越高说明遭遇徇私枉法等情况的可能性越小。

合规监管环境风险方面，本研究从 PIA、EIU 和 GCS 等国际机构建立的评价指标体系中选择了反映国家公共行政管理质量、商业监管环境、司法程序公正性和司法独立程度等相关指标来作为预警指标。该四项指标均为逆向指标，即指标值越大则表示企业遭遇合规监管环境风险的可能性越小。

第三节　跨境基础设施项目国际合规风险防控路径

从上述的分析来看，由于企业合规管理尚处于起步阶段，不论是在管理体系建设方面还是在管理经验积累方面都存在很多不足，加之很多国家腐败之风盛行且缺乏合规管理的相关法律法规，企业境外投资经营中的合规之路可谓困难重重。然而，对于跨境基础设施项目这样具有重大经济影响的项目来说，更不能在合规上"栽跟头"。为此，以下将从增强企业反腐败合规能力、提高企业合规信息披露能力和发展合规管理国际合作关系三方面来就对外投资跨境基础设施项目国际合规风险防控路径展开讨论。

一　增强企业反腐败合规能力

跨境基础设施项目普遍投资规模大、建设与投资回收周期长、国际影响深远，项目的建设和运营不止关系到投资企业的经济效益，也与国家和区域经济发展紧密相关，而投资和承建项目的企业的腐败行为却可能让企业背负骂名并失去投资利益获取的机会，甚至还会严重影响投资者母国的国际形象。因此增强相关企业的反腐败合规能力是防控对外投资跨境基础设施项目国际合规风险的关键。

（一）开展企业反腐败合规管理能力评估

伴随着《合规指引》和《央企合规指引》的颁布，企业也真正进入全面合规管理体系建设阶段，特别是对于"一带一路"倡议中设施互联重要实践者的基建企业来说，国际合规管理能力的全面提升不仅影响到企业的国际市场拓展，也影响到整个行业的国际声誉。为了有针对性地发展国际合规管理能力，开展企业合规管理能力评估就显得十分必要。在项目规划阶段，这种评估结果能够帮助判断投资和承建企业是否有足够的能力应对国际合规风险，以便采取一系列强化措施来尽可能全面地提升国际合规管理能力，避免因合规行为能力不足而导致重大风险的发生。

从上文的分析可以看出，当前对外投资跨境基础设施项目国际合规要求风险的核心在于反腐败合规，这种合规要求具有强制性，且一旦发生腐败行为就可能产生严重后果，因此在开展对外投资跨境基础设施项目之前，应该重点对投资和承建企业的反腐败合规管理能力进行评估。为了开展具有针对性的能力提升，在开展反腐败合规能力评估之前应当先进行关于投资对象国腐败情况的分析与评估，熟悉有关的反腐败法律、法规和政策，进而开展包括企业与项目组织反腐败合规管理机制、反腐败合规管理人员素质、反腐败合规意识、反腐败合规应急管理等在内的反腐败合规管理能力评估。为了动态掌握企业反腐败合规管理情况，在项目实施过程中也应该进行不定期的反腐败合规管理能力评估，特别是当东道国反腐败政策出现重大调整或是有大型反腐败行动推出时，必须全面分析反腐败环境压力的变化情况，进而基于反腐败能力评估结果调整或重新制定风险应对措施。

（二）建立对外投资跨境基础设施项目反腐败合规监控机制

东道国的腐败社会文化、商业活动中的腐败行为以及监管中的腐败问题都会成为企业反腐败合规的环境压力，虽然这些压力具有全局性、客观性和外部性，不可能通过企业和员工的努力来消除，但这也不意味着其只能被动接受，而是可以针对反腐败合规风险的特点，基于项目活动、项目管理岗位及其权力分配建立项目内部反腐败合规监控机制来提升反腐败合规风险管理能力，而这种机制又可细分为项目内部反腐败合规自查机制、企业巡查机制和外部监察机制。

在开展项目内部反腐败合规自查过程中，应当以项目活动、项目管理人员的岗位及其工作内容、项目流程等为基础，参照投资者母国和东道国的反腐败相关法律法规和政策，结合企业内部的规章制度，确定每一个项目管理岗位的职责和权限，并且在项目中设置专门的反腐败合规监察岗位，在项目推进的过程中对每个岗位的职权运用情况进行监视，并且接受项目内外部提供的有关反腐败合规的信息，就每个岗位可能发生的腐败行为进行甄别预判，并仔细记录监视情况，一旦发现腐败行为的端倪，应立即向项目负责人和企业负责人汇报。在对外投资跨境基础设施项目中，企业往往扮演着投资者和承建商的双重角色，因此在开展反腐败合规内部自查中应该特别关注项目招投标、项目融资、项目许可证获取等容易发生腐败行为的关键节点，详细分析是否存在被迫行贿、玩忽职守、东道国监管机构滥用职权等现象。

对于开展对外投资和承建跨境基础设施项目的企业来说，项目的反腐败合规不仅关乎企业经济利益的获取，同时也对企业形象与声誉有重要影响。因此，除了建立项目内部的反腐败合规自查机制外，企业也应该建立反腐败合规巡查机制，采用定期和不定期结合的方式对项目的反腐败合规管理情况进行检查，令企业对项目反腐败合规情况能够有全面和动态的掌握，为及时发现问题、防范腐败行为的发生提供依据。其中，定期巡查的目的在于实时掌握项目面对的外部腐败压力、监视项目中可能存在的腐败风险，并通过比对巡查历史数据来分析反腐败合规风险的变化趋势，为是否采取应对行动进行预判。由于跨境基础设施项目具有高度复杂性，东道国的反腐败环境变幻莫测，对项目实施不定期巡查有助于提升企业对项目反腐败合规风险的识别能力，同时也有助于消除项目反腐败合规自查中的漏洞以及避免日常反腐败管理中的应付行为。

企业自身反腐败合规能力的提升固然重要，但反腐败合规却并不是企业单方面努力能够实现的，外部监察机制不仅能够及时发现企业可能遭遇的反腐败合规风险，也能够通过纠正企业在反腐败合规方面存在的问题，帮助企业提升反腐败合规能力。我国负责实施腐败监管的机构应抽调具有专业素养的人员组成巡查组，定期开展对外投资跨境基础设施项目及其相关企业的反腐败合规巡查，对于巡查中发现的问题，巡查组应该及时向企业和主管部门进行汇报，并且督促企业和项目管理人员做好整改工作。

（三）对企业和项目管理者进行反腐败合规管理专门指导

虽然《合规指引》和《央企合规指引》的出台已经让广大中国企业充分意识到了合规管理对于"走出去"的重要意义，但完善的合规风险管理体系并非短时间内能够建成，从当前我国企业特别是基建企业的合规风险管理情况来看，很多企业对于合规、合规管理和合规风险的理解并不深入，对于合规风险管理体系的建立尚处于"摸着石头过河"的状态，对合规风险认识不足、合规风险辨识不清、合规风险防控能力不强仍是普遍情况。因此我国政府部门和反腐败监管部门应该携手学术机构为开展对外投资基础设施项目的中国企业和项目团队提供反腐败合规等方面的合规管理指导，帮助其快速提升合规管理能力。在反腐败合规方面，此类专项指导应该贯穿于项目始终，并且覆盖如何建立反腐败合规风险管理体系、如何分析东道国的腐败环境压力、如何应对东道国的腐败环境压力等内容。

除了针对项目的指导外，还应该注重开展企业反腐败意识专项培训和指导。通过真实案例的解读，加深项目投资和承建企业管理者与员工对海外反腐败合规风险的理解，鼓励企业间开展公平竞争，防止通过贿赂、合谋等不正当手段获取商业机会和经济利益，维护企业和国家形象。与此同时，我国对外投资主管部门还应就投资重点区域和国家的反腐败形势进行定期介绍，给予专业的反腐败合规风险管理建议，以帮助项目和企业管理者建立反腐败观念。

二　提高企业合规信息披露能力

由于跨境基础设施项目的影响范围已经超越一个国家，因此将面对多国公众、政府对项目的关注，而这给项目的合规信息披露带来了不小的挑战。项目东道国在语言、民族传统、社会文化等方面的差异难免会对于公众看待企业履行合规义务的行为产生不同看法，在没有充分的合规文化普及的情况下，很有可能出现公众不理解甚至排斥企业行为的情况。在这种情况下，无论如何进行信息披露和解释，都无法完全消除由误解带来的风险。与此同时，部分企业"只做不说，多做少说，好事不愿说、出事不敢说"的思想观念，极容易导致外界就企业的合规义务履行状况产生疑虑，甚至直接指责信息披露不力，有意隐瞒。为了全面提高企业合规信息披露能力，本研究认为应该从转变合规信息披露观念、建立中国海外项目合规信息披露平台和发展跨国媒体合作关系三方面下功夫。

（一）转变合规信息披露观念

虽然《合规指引》和《央企合规指引》发布时间不长，广大企业的合规管理体系建设也尚处在摸索阶段，但合规信息披露的观念却可能深深地影响最终的合规管理效果。合规信息的披露是外界了解中国企业合规义务履行情况的基础，而信息披露的观念直接影响着信息披露的内容、方式和方法，这对于对外投资的跨境基础设施项目来说亦不例外。然而，根据美通社发布的《中国企业海外传播现状白皮书》，当前中国企业海外传播面临的最大挑战居前三位的分别是"生产更符合当地受众接受习惯的内容"（占比 53%）、"选择海外内容传播渠道"（占比 35%）、"对目标市场传播环境、当地受众及语言的了解"（占比 33%）①，这说明我国企业在海外传播方面虽已努力多年，但对于大多数企业来说，在传播内容、传播渠道和传播对象方面仍然存在很多困难，而"中国式"的传播观念是其主要原因。

根据中国对外承包工程商会发布的《中国对外承包工程行业社会责任报告 2016—2018》，超过 75% 的参评企业通过发布社会责任报告的方式向利益相关者披露企业履责情况，②而这些报告大多是从企业的角度对履行了什么样的社会责任、通过哪些活动来履责进行报道，并且部分还加以主观评价。这样的做法虽然能够在一定程度上实现信息披露，但由于文化差异，即便是进行了准确地翻译，有些内容外国人也无法很好地理解。特别是对于一些我们习以为常的观念和逻辑，对于外国公众、政府来说可能并不符合常理和习惯。在对外投资跨境基础设施项目中，这种情况可能更为复杂且难以解决。

因此，在进行合规信息披露时，负责投资和承建的中国企业应当转变观念，在开展合规管理的过程中学会用国际化的思维方式来进行信息披露，积极借鉴欧美跨国公司的合规信息披露经验，聘请东道国本地的专业人员来负责新闻撰写，尽可能避免对合规情况进行主观评价，在充分考虑东道国民众

---

① 美通社：《中国企业海外传播现状白皮书》，https：//static.prnasia.com/pro/marketing/2017/report/overseas.pdf，2017。

② 中国对外承包工程商会：《中国对外承包工程行业社会责任报告 2016—2018》，2018，第 27 页。

风俗习惯和语言特点的情况下，采用图片、视频等容易被理解和接受的方式讲述中国企业的合规义务履行情况，实现尽可能直观的信息披露。

（二）建立中国海外项目合规信息披露平台

从当前中国企业海外项目合规信息披露的渠道来看，除了国内媒体、部分海外媒体外，最主要的披露渠道便是企业官方网站。但是随着传播渠道的碎片化，加之语言障碍，企业官方网站的重要性日益减弱，各国公众更倾向于利用社交平台来获取信息。与此同时，由于我国的合规管理尚处于起步阶段，很多企业对合规的内涵以及合规信息披露的范式都还不甚了解，在进行合规信息发布时难免出现偏颇和不全面的情况。因此，本研究认为可以由国家相关部门牵头，建立中国海外项目合规信息披露平台，让其成为由政府授权、受政府监管的综合性合规信息披露平台，通过制定信息披露计划，让企业定期提供反映合规义务履行情况的数据，通过分板块、多语种的形式，全面报道中国企业海外项目的合规管理情况，并通过一些社交平台进行中企海外合规管理实践的动态报道。

该平台的建立不仅可以通过信息审核制度提高企业合规信息的可靠性，也有助于企业间互相学习。由于是国家政府机构主办的披露平台，不论是国外公众还是其他机构，都将减少对信息真实性的疑虑，这样不仅可以减少企业面对公众质疑的风险，也可以在一定程度上整合各方资源，节约企业进行合规信息披露的开销，并促进同行业企业间互相学习和借鉴合规管理的成功经验。与此同时，该平台的建立还可以为广大企业提供国别合规风险识别的参考以及境外代理机构、咨询机构和企业的"黑名单"，在帮助企业更好地做好合规风险管理准备的同时通过定期和不定期曝光外国违规企业信息，为企业选择合作机构提供关键参考，避免遭遇各种不合规"陷阱"。

（三）发展跨国媒体合作关系

如上所述，"本土化"和"接地气"是合规信息披露的两个关键点。但从现实情况来看，并非所有的国家都能实现这一点，很多国家存在新闻报道管制、记者不能得到有效保护、新闻国际化传播不足的情况。根据 IPD 发布的新闻自由指数（包括新闻报道自由、记者保护等），从 2018 年中国对外承包工程主要国别的新闻自由情况来看，除肯尼亚、尼日利亚、澳大利亚外，其余国家均未实现完全的新闻自由，老挝更是出现了 0 分的情况，具体情况如图 8-3 所示。

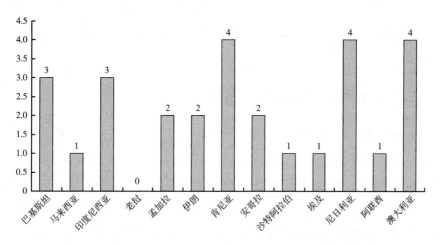

图 8-3　中国对外承包工程主要国别（2018）新闻自由指数示意

注：该指数取值区间为 [0，4]，得分越高表示新闻自由程度越高。

资料来源：笔者根据《中国对外承包工程发展报告》（2018~2019）、IPD 发布的新闻自由指数整理绘制。

　　面对这并不乐观的新闻自由状况，我国企业在进行对外投资跨境基础设施项目的过程中可能面临着无法在某一国顺利进行合规信息披露的问题。然而，这并不能成为不充分披露合规信息的理由。相反，我国企业应该通过发展跨国媒体合作关系来寻求更有公信力的信息披露渠道。当然，受到政治因素的影响，英美两国影响力较大的一些电视台和时政新闻媒体经常对中国企业进行负面报道，抹黑中国企业形象，但也有部分对中国企业进行客观、公正和正面的报道。根据美通社发布的《中国企业海外传播现状白皮书》，包括福布斯在线（Forbes Online）等在内的十余家具有较高国际知名度的国际性媒体经常报道中国企业的正面消息。①

---

　　①　美通社：《中国企业海外传播现状白皮书》，https：//static. prnasia. com/pro/marketing/2017/report/overseas. pdf，2017。

虽然与这些国际性媒体合作有助于更高效地开展合规信息披露，但为了提高信息传播的速度和广度，利用 Facebook、Twitter 等海外社交媒体平台进行中国企业合规信息披露也是十分重要的。伴随着智能手机在全球的普及，小视频、图片等新闻发布方式能够让消息在全球范围内得到快速传播，对于存在语言障碍、受教育程度不高的外国公众来说，这样的方式将更容易理解和接受。

三　发展合规管理国际合作关系

如前所述，跨境基础设施项目所涉及的每个国家在合规管理的法律法规、监管体系等方面存在差异，对于中国企业来说，严格按照国际法领域的相关规定来开展合规管理不失为一种"保险"的做法，但由于有的国家并非公约缔约国，加之公约中的很多条款仅仅是原则性和指导性的，对具体操作和其中的责任承担等并没有进行严格规定，相关公约本身存在强制性、适用性和实践性不足的问题。因此，在防控对外投资跨境基础设施项目中的国际合规风险的过程中，除了要尽可能深刻和全面地理解东道国的相关法律法规以及监管要求外，充分发展合规管理国际合作关系亦十分重要，而其主要路径包括与东道国中国商会和社会组织开展合规管理协作、促进东道国之间的合规管理法律对接以及与国际组织建立合规管理合作关系等。

（一）与东道国商会和社会组织开展合规管理协作

如上所述，对于企业来说，对外投资跨境基础设施项目中的国际合规风险不仅与东道国的合规监管环境压力有关，也与东道国社会文化和商业活动中的反合规因素有关，而身处东道国的中国商会中的成员大多常年在东道国从事各类商业活动，有的甚至祖孙几代人都在东道国经商与生活，无论是对商业环境还是社会风俗，都可以说是了如指掌。因此，中国企业在开展投资决策过程中可以与这些商会形成协作关系，通过咨询商会来收集和分析东道国的反合规环境压力情况，从而为应对合规风险做好全面准备。与此同时，在项目实施过程中，也可以通过与中国商会开展协作，搜集东道国合规管理领域中的最新消息与动态，仔细分析可能对项目合规管理造成的影响，及时采取措施预防相关风险的发生。

除了东道国的中国商会外，中国企业也要与东道国以及一些社会组织开展协作，这样不仅能够及时获得公众以及国际社会对项目的看法等信息，也能够进一步拓展合规信息披露的渠道，并且通过社会组织对项目合规信息的传播来获得更多的国际社会认可。社会组织通常具有组织结构灵活、渗透性强、与社会公众结合紧密的特点，对于与公众利益相关的事件具有较高的敏锐性和较强的信息收集能力，通过与他们开展合规管理协作，不仅能够及时察觉到公众对项目看法和诉求的变化，也可以发现自身合规管理中可能存在的问题，这样便于及时转变做法，预防违背民意的重大合规风险的发生。此外，对于没有明确法律法规约束的合规承诺，企业可以通过与社会组织协作来做出相关承诺，这样不仅公民不容易以合规承诺不充分为由来谴责企业，企业也可以"尊重民意"为理由应对东道国的监管。

（二）促进东道国之间的合规管理法律对接

如前文所述，包括反腐败合规在内的合规要求是各国法律法规对企业行为的硬性约束，不履行或违反这种合规要求将会受到法律制裁。然而，在对外投资跨境基础设施项目中，由于东道国间的法律体系和法治水平存在差异，中国企业将面对不同的合规要求标准，增加了企业合规管理难度和不确定性。因此，为了尽可能防控这种情况所导致的合规风险，促进东道国之间的合规管理法律对接就显得十分重要。

各国有关企业合规的法律法规是在一定的政治制度和社会环境下经历较长时间形成的，不可能在短时间内因项目而做出重大的调整，因此这种法律对接主要是指在尊重各国法律自主权以及不超越现行法律法规的情况下开展项目相关国家间的法律协调和统一，以形成各国均能接受的合规管理标准。由于很多发展中国家并没有建立完善的合规管理法律体系，因此，可以通过引入一些国际现行的标准来作为对接的基础。与此同时，对于已经订立了区域一体化协定的区域和东道国，可以通过多边机构的协调来帮助形成为东道国所共同接受的合规管理标准。

在具体实施过程中，由于法律事务的专业性较强，应构建中国与各东道国司法部门之间的沟通机制，由专人来开展具体法律事务的衔接和协调，通过协议等形式明确合规管理目标、基本要求、监管流程和执法机构，并且通过定期交流及时反馈问题，以便能够及时了解东道国的合规要求变化情况。需要注意的是，在开展任何形式的法律对接过程中，中国企业的相关人员都不应直接参与其中，以免衍生新的合规风险。

（三）与国际组织建立合规管理合作关系

虽然我国企业的境外经营合规管理体系已经进入全面建设阶段，但要实现与国际现行合规标准的全面对接尚需时日，而在开展对外投资跨境基础设施项目的过程中，由于处于"无政府状态"，当前所积累的国际合规经验和具备的合规管理能力可能面临"力不从心"的状况，亟须与联合国、G20、ADB 等多边机构和国际组织建立合作关系来开展项目合规管理中的跨国协调并助力企业提高合规管理能力。

对于跨境基础设施项目来说，其不仅受到相关东道国国内状况的影响，也与国家间关系和区域一体化水平相关，而中国企业作为外国投资者和承包商，不论是从角色还是能力方面来说，要想实现与各国合规监管机构的全面协调都十分困难，唯有依托我国政府与国际组织建立的合规管理合作关系才能尽可能实现项目相关国家间的合规管理协调。特别是在发生合规管理争议时，对于尚没有明确合规法律法规的国家来说，国际组织所制定的标准以及开展的协调工作都将成为化解风险的关键。因此，不论是对于具体项目还是国家合规管理的发展来说，建立这种合作关系都十分重要。

与此同时，当前我国虽然引入了合规管理的国际标准，但由于实践时间短，加之各国的合规监管形势随时发生变化，不论是具体项目中的合规管理还是我国企业境外经营合规管理体系的建设都需要来自国际组织的专家建议与智力支持，在帮助我国管理者应对合规管理风险的同时，也为合规管理能力提升提出具有针对性的措施。例如，以《经合组织反海外贿赂公约》《联合国反腐败公约》《二十国集团反腐败追逃追赃高级原则》《北京反腐宣言》等为基础，通过与相关国际组织建立合作关系，在充分获得东道国反腐败合规环境压力相关信息的同时，制定出符合国际标准和东道国反腐败合规要求的风险应对措施，为全面和有效地防控合规风险提供充分保障。

第四节　本章小结

充分履行包括合规要求和合规承诺在内的合规义务是组织实现合法经营和获得投资收益的基本前提。在开展对外投资跨境基础设施项目时，企业将面对来自国内、东道国、所处区域和国际合规要求的叠加，合规承诺也将呈现多样性和本土性，企业及其员工因违反、不遵守和不履行这种合规义务而遭受法律制裁、监管处罚、重大财产损失或声誉损失以及其他负面影响的可能性便是国际合规风险，而企业合规行为能力与反合规环境压力的"对抗"是产生这种风险的原因。结合当前中国企业的境外投资和经营状况，反腐败合规风险、合规信息披露风险和东道国合规监管风险是对外投资跨境基础设施项目国际合规风险的主要内容。其中，反腐败合规风险主要包括反腐败合规能力风险、东道国腐败文化风险、东道国商业腐败风险和东道国行政管理腐败风险；合规信息披露风险主要包括合规信息披露能力风险、合规信息披露环境风险和合规信息披露管制风险；东道国合规监管风险则包括合规监管公职人员风险、合规监管执法风险和合规监管环境风险。

为了有效防控这些风险，首先应当通过开展中国企业反腐败合规管理能力评估、建立对外投资跨境基础设施项目反腐败合规监控机制以及对企业和项目管理者进行反腐败合规管理专门指导来增强企业反腐败合规能力；同时也应通过转变合规信息披露观念、建立中国海外项目合规信息披露平台和发展跨国媒体合作关系来提高企业合规信息披露能力。此外还应与东道国商会和社会组织开展合规管理协作、促进东道国之间的合规管理法律对接、与国际组织建立合规管理合作关系来发展合规管理国际合作关系。

附　录

附表　跨境基础设施项目风险预警指标汇总（来自国内外公开数据库的指标）

指标编号	指标名称	指标说明	取值区间	指标来源	备注
E_{1111}	国家预算可靠性	综合反映国家预算的可靠性、完整性、可信度等。分数越高表明可靠性越强	[0，4]	IPD	
E_{1112}	国家预算和财政管理质量	综合反映国家预算和财政管理质量，分数越高表明国家预算和财政管理质量越好	[1，6]	AFDB、ASD、CPIA	AFDB、ASD、PIA 三个数据库覆盖国家不同
E_{1121}	国家合同强制执行情况	国家政府由于效率低下、腐败、偏见等原因无法执行与国内外私营部门的合同协议，并且司法部门无法迅速做出执行裁决的风险水平越高风险水平越高	[0，1]	WMO	
E_{1122}	国家合同变更情况	政府或国家机构在未经正当程序的情况下更改、直接取消、撕毁或随意延迟与私人当事人签订的合同的风险，得分越高风险水平越高	[0，1]	WMO	

续表

指标编号	指标名称	指标说明	取值区间	指标来源	备注
E_{1131}	PPP 项目准备阶段的制度质量	反映国家有关 PPP 项目准备阶段的相关制度质量,包括财政审批,预算处理,可行性论证等,得分越高质量越好	[0,100]	WB	
E_{1132}	PPP 项目采购阶段的制度质量	反映 PPP 项目的采购流程是否符合规范以及相关制度质量,包括采购程序的透明度,采购信息的公开性等,得分越高质量越好	[0,100]	WB	
E_{1133}	PPP 项目管理阶段的制度质量	反映 PPP 项目实施的相关制度质量,包括合同模板规范性,合同变更程序,争端解决机制,合同执行监管等,得分越高质量越好	[0,100]	WB	
E_{1211}	东道国国家政治与社会整合情况	反映国家政治与社会发展的融合程度,得分越高整合程度越高	[0,1]	BTI	
E_{1212}	东道国国内社会冲突强度	反映一国国内社会冲突的强度,得分越高表明冲突强度越强	[0,4]	IPD	
E_{1213}	东道国国家政府建立政治共识的能力	反映一国国家政府与社会公众建立政治共识的能力,得分越高表明建立共识的能力越高	[0,1]	BTI	
E_{1312}	东道国国内冲突强度(种族、宗教或地区冲突)	反映一国国内种族、宗教或地区冲突的严重程度,得分越高表明冲突强度越高	[0,4]	IPD	
E_{1341}	东道国国内劳动力市场管理制度健全水平	反映一国国内劳动力市场管理制度的健全程度,包括劳动力薪资水平,工作时间,工作环境等方面,得分越高表明相关制度越健全	[0,10]	EFR	
E_{1342}	东道国劳动法律法规不妨碍商业活动的程度	反映一国国内劳动法律法规对商业活动的妨碍程度,得分越高表明妨碍程度越低	[0,10]	WCY	

续表

指标编号	指标名称	指标说明	取值区间	指标来源	备注
E_{1344}	东道国集会、示威游行自由度	反映一国公众组织和开展集会、示威游行活动的自由度，得分越高表明自由度越高	[0,4]	IPD	
E_{2111}	东道国国家政权平稳交接情况	反映一国国家政权交接的情况，得分越高表示交接越平稳	[0,1]	EIU	
E_{2112}	东道国国内军事干预政治的程度	反映一国军事力量对国家政治决策的干预程度，得分越高表示干预程度越高	[0,10]	EFR	
E_{2113}	东道国现任政府执政剩余时间（年）	反映现任政府执政期还剩多少年	具体年数	DPI	
E_{2114}	东道国国家政府机构的稳定性	反映一国政府机构的稳定性，得分越高表示稳定性越高	[0,1]	PRS-ICRG	
E_{2121}	东道国国外部冲突严重水平	反映一国与外部的冲突严重性水平，得分越低表示严重性水平越高	[0,1]	PRS-ICRG	
E_{2124}	东道国所在地区的和平指数	反映一个地区的和平情况，得分越高表示越和平	[1,4]	GPI	
E_{2132}	东道国与投资者母国的双边政治关系	反映一国与中国的双边政治关系，得分越高表示关系越好	[0,10]	CROIC-IWEP	
E_{2211}	政府政策对经济变化的适应性	反映一国政府政策对外部及国内环境变化的适应性，得分越高表明适应性越强	[0,10]	WCY	
E_{2212}	东道国政策可靠性水平	反映一国政府政策的可靠性，得分越高表明可靠性越高	[0,10]	EFR	
E_{2213}	挑战性法律事务中建立法律框架的效率	反映一国在面对国内外挑战性问题和事务时建立法律框架的效率，得分越高表明效率越高	[0,1]	GCS	

续表

指标编号	指标名称	指标说明	取值区间	指标来源	备注
E_2221	东道国投资自由度	反映一国对外国投资的限制程度，得分越高表明自由度越高，限制程度越低	[0,100]	HER	
E_2222	建设许可处理情况	反映一国政府部门审批建设许可的效率以及便利程度，得分越高表明处理效率越高，阻碍越少	[0,15]	WB	
E_2223	跨境贸易情况	反映一国的跨境贸易活跃度，得分越高表明活跃度越高	[0,15]	WB	
E_2241	行政管理机构质量	反映一国的行政管理机构质量，得分越高表示质量越好	[0,1]	EIU	
E_2242	征收	反映一国的政府实施强制征收的普遍性，得分越高表示越普遍	[0,1]	WMO	
E_2243	资产保护	反映一国政府对个人资产的保护力，得分越高表示保护力越强	[0,1]	EFR	
E_2244	资金与人员流动管制	反映一国对外国人项目资金的管制情况，得分越高表示管制越强	[0,1]	EFR	
E_2311	东道国基础设施整体质量	反映一国基础设施的总体建设水平和质量，得分越高表明质量越好	[0,1]	GCS	
E_2312	东道国基础设施中断情况	反映一国基础设施中断和/或关闭，罢工，出于政治动机的关闭，自然灾害，基础设施包括公路，铁路，机场，港口和海关检查站），得分越高表明越容易中断	[0,1]	WMO	
E_2313	东道国商品和服务的分销基础设施的高效性	反映一国用于分销商品和服务的基础设施的效率，得分越高效率越高	[0,10]	WCY	
E_2321	东道国国内武装冲突水平	反映一国国内武装冲突的严重程度，得分越高表明冲突水平越高	[0,1]	EIU	
E_2322	东道国国内暴力示威情况	反映一国国内暴力示威发生频率及严重性的综合情况，得分越高表明示威情况越严重	[0,1]	EIU	
E_2323	东道国国内社会动乱情况	反映一国国内社会动乱情况发生的可能性，得分越高表明社会越不安定	[0,1]	EIU	

续表

指标编号	指标名称	指标说明	取值区间	指标来源	备注
E$_{2324}$	东道国国内内战	反映一国国内军事冲突类的风险（主要包括有组织的叛乱，分离主义冲突或全面内战，严重影响政府的主要政策），得分越高表明风险水平越高	[0,1]	WMO	
E$_{2325}$	每年每 10 万人中因为谋杀死亡的人数	反映一国社会治安水平	具体数值	UNODC	
E$_{2343}$	东道国公民平均受教育年限	反映一国公民正规教育的基本情况	具体数值	UNESCO	
E$_{2351}$	外国公民入境自由程度	反映外国公民进入某一国家的受限制程度，得分越高表明受限制水平越低，自由程度越高	[0,4]	IPD	
E$_{2352}$	东道国国民出境自由程度	反映一国公民出境的受限制程度，得分越高表明受限制水平越低，自由程度越高	[0,4]	IPD	
E$_{2354}$	东道国物流绩效指数	反映一国的物流综合发展水平，得分越高表明物流综合实力越强，物流效率越高	[0,100]	WB	
E$_{3121}$	政府和公民之间"小腐败"的程度	反映一国社会腐败风气的盛行程度，得分越高表明社会腐败水平越强	[0,4]	IPD	
E$_{3122}$	家庭为了获得教育机会而进行贿赂的频率	反映家庭为了获得受教育机会所要开展贿赂的情况，得分越高表明贿赂频率越高	[0,100]	GCB	
E$_{3123}$	家庭为了获得医疗而进行贿赂的频率	反映家庭为了获得医疗服务所要开展贿赂的情况，得分越高表明贿赂频率越高	[0,100]	GCB	
E$_{3124}$	家庭在诉讼中进行贿赂的频率	反映家庭为了进行法律诉讼所要开展贿赂的情况，得分越高表明贿赂频率越高	[0,100]	GCB	
E$_{3131}$	政府与外国公司之间的腐败程度	反映一国政府与进入本国经营的外国公司之间行贿和受贿的情况，得分越高表明腐败程度越高	[0,4]	IPD	

续表

指标编号	指标名称	指标说明	取值区间	指标来源	备注
E_{3132}	公用事业中的非正常付和贿赂	反映企业或个人在获得公共事业所提供服务过程中出现非正常支付和贿赂的情况,得分越高表明此类情况越严重	[0,1]	GCS	
E_{3133}	公共合同和许可证授予中的非正常支付和贿赂	反映企业在获得公共合同和许可证过程中需要进行非正常支付和贿赂的情况,得分越高表明此类情况越严重	[0,1]	GCS	
E_{3134}	进出口业务中的非正常支付和贿赂	反映企业在进出口业务中需要进行正常支付和贿赂的情况,得分越高表明此类情况越严重	[0,1]	GCS	
E_{3135}	缴纳税款中的非正常支付和贿赂	反映企业在缴纳税款过程中需要进行非正常支付和贿赂的情况,得分越高表明此类情况越严重	[0,1]	GCS	
E_{3136}	政府俘获	反映一国政府俘获行为的普遍性,得分越高表明此类情况越严重	[0,1]	GCS	
E_{3141}	东道国反腐败政策	反映一国反腐败政策的完善性,得分越高表明此类政策的完善程度,得分越高表明越高	[0,10]	BTI	
E_{3142}	东道国腐败控制水平	反映一国政府对腐败的控制情况,得分越高表明控制得越好	[0,1]	EIU	
E_{3143}	公务员廉洁水平	反映一国的政府公务员廉洁水平,得分越高表明越廉洁	[0,100]	GII	
E_{3144}	政府腐败现象普遍程度	反映一国各级政府部门中腐败现象的普遍程度,得分越高腐败现象越普遍	[0,1]	GWP	
E_{3221}	媒体质量	反映一国的公共媒体质量,得分越高媒体质量越高	[1,7]	FRH	
E_{3222}	新闻自由水平	反映一国的新闻报道自由度,得分越高自由程度越高	[0,1]	GCS	

续表

指标编号	指标名称	指标说明	取值区间	指标来源	备注
E_{3223}	真正的媒体多元化水平	反映一国媒体多元化的水平,得分越高表明媒体多元化程度越高	[0,4]	IPD	
E_{3231}	互联网上的访问、检索和出版自由	反映一国对互联网上访问、检索和出版的限制程度,得分越高表明互联网的使用自由	[0,4]	IPD	
E_{3232}	获得信息和公开信息的权力	反映一国公众获取信息和公开信息的权力,得分越高表明权力越大,自由度越高	[0,100]	GII	
E_{3311}	公职人员问责制	反映一国政府人员问责制执行的严格程度,持续性,得分越高表明问责落实越好	[0,1]	EIU	
E_{3312}	公职人员素质	反映一国政府公职人员整体素质,得分越高素质越高	[0,1]	PRS-ICRG	
E_{3313}	对政府人员的信任水平	反映一国公众对政府人员的信任程度,得分越高表明越信任	[0,1]	GCS	
E_{3321}	官僚主义不妨得商业活动的程度	反映一国政府部门的官僚主义是否妨得到了正常商业活动,得分越高表明妨得程度越低	[0,10]	WCY	
E_{3322}	监管执法	反映一国监管部门执法的严格性,得分越高表明执法越严格	[0,1]	WJP	
E_{3331}	公共行政管理质量	反映一国公共行政管理质量的高低,得分越高表明质量越好	[1,6]	CPIA	
E_{3332}	商业监管环境	反映一国商业活动监管环境的完善性(其中包括监管体制、组织体系、法律法规等),得分越高表明越完善	[0,1]	EIU	
E_{3333}	司法程序公正性	反映一国司法程序的公正性,得分越高表明公正越好	[0,1]	GCS	
E_{3334}	司法独立程度	反映一国司法的独立性,得分越高表明独立性越好	[1,6]	CPIA	

缩略语

ACER	欧盟能源监管合作署（Agency for the Cooperation of the European Regulator）
ADB	亚洲开发银行（Asian Development Bank）
AFD	法国开发署（Agence Française de Développement）
AFDB	非洲开发银行国家政治与制度评估数据库（African Development Bank Country Policy and Institutional Assessments）
AIC	基于共识的实施备忘录（Implementation Agenda Based on Consensus）
ASD	亚洲开发银行国家政治与制度评估数据库（Asian Development Bank Country Policy and Institutional Assessments）
API	南美洲基础设施一体化优先项目议程（Integration Priority Project Agenda）
BIMP-EAGA	文莱—印度尼西亚—马来西亚—菲律宾东盟东部增长区（Brunei Durassalam-Indonesia-Malaysia-Philippines East ASEAN Growth Area）
BIT	双边投资协定（Bilateral Investment Treaty）
BTI	贝塔斯曼转型指数数据库（Bertelsmann Transformation Index）
CAF	拉丁美洲开发银行（Development Bank of Latin America）
CCT	"南美洲区域基础设施一体化"倡议技术协调委员会（The

Technical Coordination Committee）

CEC	中央经济走廊（Central Economic Corridor）
CEF	联通欧洲设施基金（Connecting Europe Facility）
CDE	"南美洲区域基础设施一体化"倡议行政指导委员会（西班牙语缩写）
CLs	或有负债（Contingent Liabilities）
COMESA	东南非共同市场（Common Market for Eastern and Southern Africa）
COSIPLAN	南美洲基础设施与规划委员会（South American Infrastructure and Planning Council）
CPIA	世界银行国家政治与制度评估数据库（World Bank Country Policy and Institutional Assessments）
CROIC-IWEP	中国海外投资国家风险评级数据库（Country-Risk Rating of Overseas Investment from China）
DPI	世界银行政治制度数据库（Database of Political Institutions）
DSU	《关于争端解决规则与程序的谅解》（*The Agreement on Dispute Settlement Understanding*）
EAC	东非共同体（East African Community）
EEC	东部经济走廊（Eastern Economic Corridor）
EFR	弗雷泽研究所经济自由评级数据库（Fraser Institute Economic Freedom Ranking）
EFSI	欧洲战略投资基金（European Foundation of Strategic Investment）
ENTSO-E	欧洲电力网络传输系统运营者集团（European Network Transmission System Operator-Electricity）
EIB	欧洲投资银行（European Investment Bank）
EIU	经济学人智库（Economist Intelligence Unit）
EWEC	东西经济走廊（East-West Economic Corridor）

FRH	自由之家数据库（Freedom House）
FOCEM	南方共同市场结构化联合基金（MERCOSUR Structural Convergence Fund）
FONPLATA	拉普拉塔河流域开发信贷基金（Fund for the Development of the River Plate Basin）
GCB	透明国际全球腐败晴雨表数据库（Transparency International Global Corruption Barometer）
GCS	世界经济论坛全球竞争力调查数据库（World Economic Forum Global Competitiveness Survey）
GIH	全球基础设施中心（Global Infrastructure Hub）
GII	全球清廉指数（Global Integrity Index）
GMS	大湄公河次区域（Greater Mekong Subregion）
GPI	全球和平数据库（Global Peace Index）
GRD	基础设施灾害风险管理方法（Methodology to Incorporate Disaster Risk Managements in Infrastructure）
GWP	盖洛普世界民意调查数据库（Gallup World Poll）
HER	世界遗产基金经济自由指数数据库（Heritage Foundation Index of Economic Freedom）
ICSID	国际投资争端解决中心（International Centre for Settlement of Investment Disputes）
IDB	美洲开发银行（Inter-American Development Bank）
IIRSA	南美洲区域基础设施一体化倡议（Initiative for the Integration of South American Regional Infrastructure）
IMT-GT	印度尼西亚—马来西亚—泰国增长三角（Indonesia-Malaysia-Thailand Growth Triangle）
IPD	国家制度评级数据库（Institutional Profiles Database）
MIA	多边投资协定（Multilateral Investment Agreement）
MIGA	多边投资担保机构（Multilateral Investment Guarantee Agency）

NEC　　　　北部经济走廊（Northern Economic Corridor）

NEEC　　　东北经济走廊（Northeastern Economic Corridor）

NSEC　　　南北经济走廊（North-South Economic Corridor）

OECD　　　经济合作与发展组织（Organization for Economic Cooperation and Development）

PCIs　　　共同利益项目（Projects of common interest）

PRS　　　　政治风险服务集团（Political Risk Services）

PRS-ICRG　政治风险服务集团国际国家风险指南（Political Risk Services International Country Risk Guide）

PPP　　　　Public Private Partnership

SCEC　　　南部沿海走廊（Southern Coastal Economic Corridor）

SCM　　　　《补贴与反补贴协定》（*The Agreement on Subsidies and Countervailing Measures*）

SEC　　　　南部经济走廊（Southern Economic Corridor）

Sida　　　瑞典国际开发署（The Swedish International Development Agency）

TEN-T　　　泛欧交通运输网络战略（Trans-European Networks for Transportation）

TEN-E　　　泛欧能源网络战略（Trans-European Networks for Energy）

TYNDP　　　欧洲能源网络十年发展规划（Ten-Year Network Development Plan）

UNASUR　　南美洲国家联盟（Union of South American Nations）

UNESCO　　联合国教科文组织（United Nations Educational, Scientific and Cultural Organization）

UNODC　　　联合国毒品和犯罪问题办公室（The United Nations Office on Drugs and Crimes）

WB　　　　世界银行（World Bank）

WCY　　　　管理发展研究所世界竞争力年鉴（Institute for Management

Development World Competitiveness Yearbook）

WEC   西部经济走廊（Western Economic Corridor）

WMO   环球透视商业风险与条件数据库（Global Insight Business Risk and Conditions）

WJP   世界司法项目法治指数数据库（World Justice Project Rule of Law Index）

参考文献

[1] 〔西〕安东尼·埃斯特瓦多道尔、〔美〕布莱恩·弗朗兹、〔美〕谭·罗伯特·阮:《区域性公共产品——从理论到实践》,张建新、黄河、杨国庆等译,上海人民出版社,2010。

[2] 〔美〕埃莉诺·奥斯特罗姆:《公共事物的治理之道:集体行动制度的演进》,余逊达、陈旭东译,上海三联书店,2000。

[3] 白艳:《"一带一路"背景下中国企业海外投资合规风险控制策略》,《长安大学学报》(社会科学版)2017年第4期。

[4] 〔美〕布鲁斯·拉西特、〔美〕哈维·斯塔尔:《世界政治》,王玉珍等译,华夏出版社,2001。

[5] 蔡昉、〔英〕彼得·诺兰主编《"一带一路"手册》,中国社会科学出版社,2018。

[6] 陈安主编《国际经济法学刊》,北京大学出版社,2004。

[7] 陈晓红、杨立:《基于突变级数法的障碍诊断模型及其在中小企业中的应用》,《系统工程理论与实践》2013年第6期。

[8] 陈咏梅:《发展中成员利用WTO争端解决机制的困境及能力建设》,《现代法学》2010年第3期。

[9] 《辞海历版数据库》,http://chlb.cishu.com.cn。

[10] 《从世行黑名单看中国企业面临的合规风险》,https://www.sohu.com/a/274035169_100225846,2018年11月8日。

[11] 董威颉:《中国海外工程承包项目公共安全风险法律防范研究》,西南

政法大学博士学位论文，2018。

［12］樊勇明、薄思胜：《区域公共产品理论与实践——解读区域合作新视点》，上海人民出版社，2011。

［13］樊勇明、钱亚平、饶云燕：《区域国际公共产品与东亚合作》，上海人民出版社，2014。

［14］高程：《中美地区公共产品供给影响东亚秩序走向》，《中国社会科学报》2014年6月27日。

［15］《瓜达尔港——中巴经济走廊的璀璨明珠》，http：//www. xinhuanet. com/2018-08/26/c_ 1123331199. htm，2018年8月26日。

［16］郭清娥、苏兵：《离差最大化时基于交叉评价的多属性决策方法》，《运筹与管理》2015年第5期。

［17］韩琦：《拉美基础设施建设中的国际合作精神：以伊泰普水电站为例》，《拉丁美洲研究》2016年第6期。

［18］华东师范大学企业合规研究中心编《企业合规讲义》，中国法制出版社，2018。

［19］黄河：《公共产品视角下的"一带一路"》，《世界经济与政治》2015年第6期。

［20］黄河、贺平主编《"一带一路"与区域性公共产品》，上海人民出版社，2018。

［21］黄世席：《国际投资仲裁裁决执行中的国家豁免问题》，《清华法学》2012年第6期。

［22］《汇总2018年最具代表意义的10个中资海外PPP/BOT项目》，https：//www. sohu. com/a/285134571_ 100270729，2018年12月28日。

［23］ISO：《合规管理体系——指南》（ISO19600：2014），2014年12月15日。

［24］〔美〕肯尼思·奥耶编《无政府状态下的合作》，田野、辛平译，上海人民出版社，2010。

［25］李超：《泛美公路建设中的经验与启示》，《拉丁美洲研究》2019年第

2 期。

[26] 李福胜：《国家风险分析、评估、监控》，社会科学文献出版
     社，2006。

[27] 李晶、李宝德、王爽：《基于突变理论的海上运输关键节点脆弱性度
     量》，《系统管理学报》2018 年第 1 期。

[28] 李仲平：《"一带一路"战略下中国对外投资基础设施的法律风险与对
     策——基于〈补贴与反补贴措施协议〉的视角》，《中国软科学》
     2017 年第 5 期。

[29] 李祚泳、张国丽、党媛：《推广的高维突变模型势函数及用于地下水
     水质评价》，《系统工程》2010 年第 4 期。

[30] 梁双陆：《边界效应与沿边开放理论》，云南人民出版社，2015。

[31] 梁双陆、张梅：《基础设施互联互通对我国与周边国家贸易边界效应
     的影响》，《亚太经济》2016 年第 1 期。

[32] 梁咏：《中国投资者海外投资法律保障与风险防范》，法律出版
     社，2010。

[33] 凌胜利：《拒优战略：中美亚太主导权竞争》，《当代亚太》2017 年
     1 期。

[34] 刘万啸：《投资者与国家间争端的替代性解决方法研究》，《法学杂
     志》2017 年第 10 期。

[35] 刘艳、黄翔：《"一带一路"建设中国家风险的防控——基于国际法的
     视角》，《国际经济合作》2015 年第 8 期。

[36] Maurice Schiff, L. Alan Winters：《区域一体化与发展》，郭磊译，中国
     财政经济出版社，2004。

[37] 美国项目管理协会：《项目管理知识体系指南（PMBOK® 指南）》
     (第 6 版)，电子工业出版社，2018。

[38] 美通社：《中国企业海外传播现状白皮书》，https://static.
     prnasia.com/pro/marketing/2017/report/overseas.pdf，2017。

[39] 孟洁梅：《非洲自由铁路：中国的发展项目如何改变坦桑尼亚人民的

生活和谋生之计》，民主与建设出版社，2015。

[40] MIGA：《2020 年度报告》，2021，https：//www.miga.org/sites/default/
files/multilingual/2020－10/MIGA％202020％20Annual％20Report％20－％
20Chinese.pdf。

[41] 潘晓明：《从墨西哥高铁投资受阻看中国对外基础设施投资的政治风
险管控》，《国际经济合作》2015 年第 3 期。

[42] 潘镇、金中坤：《双边政治关系、东道国制度风险与中国对外直接投
资》，《财贸经济》2015 年第 6 期。

[43] 戚安邦主编《项目风险管理》，南开大学出版社，2010。

[44] 《申请 11.75 亿美元！几内亚苏阿皮蒂水利枢纽项目贷款协议正式生
效》，https：//www.sohu.com/a/338837140_ 100113069，2019 年 9 月
5 日。

[45] 孙海泳：《中国对外基础设施投资的社会组织风险及对策》，《现代国
际关系》2016 年第 3 期。

[46] 孙南申、王稀：《中国对外投资征收风险之法律分析》，《国际商务研
究》2015 年第 1 期。

[47] 孙南申：《"一带一路"背景下对外投资风险规避的保障机制》，《东
方法学》2018 年第 1 期。

[48] 唐明、邵东国、姚成林等：《改进的突变评价法在旱灾风险评价中的
应用》，《水利学报》2009 年第 7 期。

[49] 田志龙、熊琪、蒋倩等：《跨国公司中中国员工面临的跨文化沟通挑
战与应对策略》，《管理学报》2013 年第 7 期。

[50] 《推动共建"一带一路"的愿景与行动（全文）》，http：//www.
chinanews.com/gn/2015/03－28/7166484_ 2.shtml，2015 年 3 月 28 日。

[51] 王朝恩、王璐：《国际投资法前沿问题与中国投资条约完善——"中
国与 ICSID"国际投资法与仲裁高级研讨会综述》，《西安交通大学学
报》（社会科学版）2013 年第 3 期。

[52] 王军杰：《论"一带一路"沿线投资政治风险的法律应对》，《现代法

学》2018 年第 3 期。

［53］王军杰、石林：《论"一带一路"框架下我国海外投资保险制度的完善与重构》，《财经理论与实践》（双月刊）2019 年第 1 期。

［54］王少棠：《论国际投资协定下国有企业国民待遇的适用》，《时代法学》2020 年第 2 期。

［55］王微：《"一带一路"基础设施互联互通需解决三大问题》，《中国经济时报》2016 年 6 月 23 日。

［56］王巍、张金杰：《国家风险：中国企业的国际化黑洞》，江苏人民出版社，2007。

［57］王彦志：《从程序到实体：国际投资协定最惠国待遇适用范围的新争议》，《清华法学》2020 年第 5 期。

［58］王玉梅：《中国的外国直接投资法律制度研究》，法律出版社，2003。

［59］王玉主：《区域公共产品供给与东亚合作主导权问题的超越》，《当代亚太》2011 年第 6 期。

［60］《我国天然气对外依存度突破 45%》，https：//www. sohu. com/a/291138092_ 99944680，2019 年 1 月 24 日。

［61］《习近平在"一带一路"国际合作高峰论坛开幕式上的演讲》，http：//www. xinhuanet. com//2017－05/14/c_ 1120969677. htm，2017 年 5 月 14 日。

［62］肖钢：《国家治理新使命：构建我国海外投资权益保护体系》，《新金融评论》2020 年第 3 期。

［63］徐泉：《略论外资准入与投资自由化》，《现代法学》2003 年第 2 期。

［64］许晖、王亚君、单宇：《"化繁为简"：跨文化情境下中国企业海外项目团队如何管控冲突》，《管理世界》2020 年第 9 期。

［65］《亚吉铁路运营半年：打造非洲最好铁路》，https：//www. sohu. com/a/244193024_ 684576，2018 年 7 月 30 日。

［66］杨光、安春英、姚桂梅等：《西亚非洲经济问题研究文选》，社会科学文献出版社，2016。

［67］杨丽艳：《区域经济一体化对于国际法的冲击和影响》，《武大国际法评论》2007 年第 1 期。

［68］杨以凤：《中国 NGO 国际化的现状、挑战与对策》，《湖南师范大学社会科学学报》2014 年第 3 期。

［69］叶必丰：《区域经济一体化的法律治理》，《中国社会科学》2012 年第 8 期。

［70］余劲松：《国际投资法》（第五版），法律出版社，2018。

［71］〔美〕约翰·L. 米克塞尔：《公共财政管理：分析与应用》（第六版），白彦锋、马蔡琛译，中国人民大学出版社，2005。

［72］曾文革、党庶枫：《"一带一路"战略下的国际经济规则创新》，《国际商务研究》2016 年第 3 期。

［73］张超、张晓明：《"一带一路"战略的国际争端解决机制研究》，《南洋问题研究》2017 年第 2 期。

［74］张浩、邱斌、唐孟娇等：《基于改进突变级数法的农产品冷链物流风险评估模型》，《系统工程学报》2018 年第 3 期。

［75］张建红、姜建刚：《双边政治关系对中国对外直接投资的影响研究》，《世界经济与政治》2012 年第 12 期。

［76］张群：《东亚区域性公共产品供给与中国—东盟合作》，《太平洋学报》2017 年第 5 期。

［77］张锐：《拉美能源一体化的发展困境：以电力一体化为例》，《拉丁美洲研究》2018 年第 6 期。

［78］张正怡：《从 ICSID 仲裁实践看海外能源投资的法律风险与防范》，《武大国际法评论》2013 年第 2 期。

［79］《中巴跨境光缆项目开工仪式在吉尔吉特举行》，http：//world. people. com.cn/n1/2016/0520/c1002-28367840. html，2016 年 5 月 20 日。

［80］《中钢协：铁矿石对外依存度将逾80%》，http：//money. 163.com/ 15/0429/14/AOCHR70B00253B0H. html，2015 年 4 月 29 日。

［81］中国出口信用保险公司：《2019 年度报告》，https：//www. sinosure.

com. cn/images/xwzx/ndbd/2020/08/27/38BBA5826A689D7D5B1DAE8 BB66FACF8. pdf。

[82] 中国出口信用保险公司：《公司简介》，https：//www. sinosure. com. cn/gywm/gsjj/gsjj. shtml。

[83] 中国出口信用保险公司：《海外投资保险简介》，https：//www. sinosure. com. cn/ywjs/xmxcp/hwtzbx/hwtzbxjj/index. shtml。

[84] 中国出口信用保险公司：《海外投资保险简介——战争及政治暴乱》，https：//www. sinosure. com. cn/ywjs/xmxcp/hwtzbx/hwtzbxjj/index. shtml。

[85]《中国电建与 GE 联合中标 40 亿美元赞比亚津巴布韦水电站》，http：// finance. sina. com. cn/stock/usstock/c/2019 - 06 - 22/doc - ihytcitk6868 170. shtml，2019 年 6 月 22 日。

[86] 中国对外承包工程商会：《中国对外承包工程行业社会责任报告（2016—2018）》，https：//www. chinca. org/UploadPhoto/file/201812 13/20181213154310_ 1208. pdf，2018 年 12 月 13 日。

[87]《中国搞"债务陷阱外交"？英国智库说了句公道话》，https：// m. thepaper. cn/newsDetail_ forward_ 5340195，2019 年 12 月 25 日。

[88] 中国工程咨询协会编译《菲迪克（FIDIC）合同指南》，机械工业出版社，2000。

[89]《中国企业积极履行海外责任，打造企业"软实力"》，http：//www. cankaoxiaoxi. com/finance/20151101/983422. shtml，2015 年 11 月 1 日。

[90]《中国企业"走出去"要警惕舆论风险》，http：//www. jjckb. cn/2018- 05/28/c_ 137211250. htm？from＝singlemessage，2018 年 5 月 28 日。

[91] 中国石油新闻中心：《2019 年我国原油对外依存度 70.8%》，http：// news. cnpc. com. cn/system/2020/03/31/001769303. shtml，2020 年 3 月 31 日。

[92]《中国水电承建的阿贾哈拉水电站项目开工》，https：//www. sohu. com/a/50838044_ 114891，2015 年 12 月 28 日。

[93]《中国已与 138 个国家和 30 个国际组织签署共建"一带一路"合作文

件》，http：//www.chinanews.com/cj/2020/09 – 14/9290734.shtml，
2020 年 9 月 14 日。

［94］ 中华人民共和国商务部条约法律司：《我国对外签订双边协定一览
表》，http：//tfs.mofcom.gov.cn/article/Nocategory/201111/201111078
19474.shtml，2016 年 12 月 12 日。

［95］ 中华人民共和国商务部：《我国对外签订双边投资协定一览表》，
http：//tfs.mofcom.gov.cn/article/Nocategory/201111/20111107819474.
shtml，2016 年 12 月 12 日。

［96］ 中华人民共和国商务部、中国对外承包工程商会：《中国对外承包工
程发展报告（2018 – 2019）》，http：//images.mofcom.gov.cn/fec/
202005/20200509174729295.pdf。

［97］ 中华人民共和国驻琅勃拉邦总领事馆：《中老铁路为老挝人民提供数
万个工作岗位》，http：//prabang.china – consulate.org/chn/lqxw/
t1643431.htm，2019 年 3 月 6 日。

［98］ 《中缅签署皎漂深水港项目框架协议，缅方占股 30%》，https：//
www.sohu.com/a/274630815_ 825950，2018 年 11 月 11 日。

［99］ 《中铁、中铁总组成联合体中标匈塞铁路匈牙利段项目》，https：//
news.lmjx.net/2015/201511/2015112614375196.shtml，2015 年 11 月
26 日。

［100］ 周忠海：《国际法学述评》，法律出版社，2001。

［101］ 朱乐群、吕靖、李晶：《基于高维突变模型的海上通道安全预警研
究》，《运筹与管理》2016 年第 3 期。

［102］ 《专访中国铁建董事长孟凤朝：亚吉模式是国际产能合作新样板》，
http：//finance.sina.com.cn/roll/2017 – 05 – 15/doc – ifyfecvz132
2905.shtml，2017 年 5 月 15 日。

［103］ ACER，"On Incentives for Projects of Common Interest and on a Common
Methodology for Risk Evaluation," ACER Recommendation，No.03，2014.

［104］ ADB，PPIAF，"Cross-border Infrastructure Tool Kit," 2007.

[105] ADB, "Project Completion Report on the Theun-Hinboun Hydropower Project in the Lao's Democratic Republic," (Loan 1329−LAO [SF]), December 2000.

[106] ADB, "The Greater Subregion at 20: Progress and Prospects," Manila: ADB, 2012.

[107] Ahmad Khalaf Masa'deh., "Investment & Competition in International Policy: Prospects for WTO Law," London: Cameron May Ltd., 2003.

[108] Bacchus J., "Groping Toward Grotius: The WTO and the International Rule of Law Address," *Harvard International Law Journal*, 2003, 44 (02).

[109] Bekker M. C., "Project Governance: 'Schools of Thought'," *South African Journal of Economics & Management Sciences*, 2014, 17.

[110] Benjamin K. Sovacool, "A Critical Stakeholder Analysis of the Trans-ASEAN Gas Pipeline (TAGP) Network," *Land Use Policy*, 2010, 27 (3).

[111] Biesenthal C., Wilden R., "Multi-level Project Governance: Trends and Opportunities," *International Journal of Project Management*, 2014, 32 (8).

[112] Bondzi-Simpson, Ebow P., *Legal Relationships between Transnational Corporations and Host States*, Westport: Quorum Books, 1990.

[113] Bouchet M. H., Clark E., Groslambert B., *Country Risk Assessment: A Guide to Global Investment Strategy*, Chichester: Wiley, 2003.

[114] Brunet M., Aubry M., "The Three Dimensions of a Governance Framework for Major Public Projects," *International Journal of Project Management*, 2016, 34 (8).

[115] Demaestri E., Moskovits C., Jimena C., "Management of Fiscal and Financial Risks Generated by PPPs, Conceptual Issues and Country Experiences," Inter-American Development Bank Discussion Paper, No. IDB−DP−628, December 2018.

[116] Demaestri E., Moskovits C., "Toolkit for the Identification, Measurement, Monitoring, and Risk management of Contingent Sovereign Liabilities,"

Inter-American Development Bank Technical Note, No. IDB - TN - 912, 2015.

[117] Derakhshan R., Turner R., Mancini M., "Project Governance and Stakeholders: A Literature Review," *International Journal of Project Management*, 2019, 37 (1).

[118] Dolzer R., Schreuer C., *Principles of International Investment Law*, New York: Oxford University Press, 2008.

[119] European Commission, "Study on Regulatory Incentives for Investments in Electricity and Gas Infrastructure Projects (Final Report)," 2014.

[120] Fay M., Morrison M., "Infrastructure in Latin America and the Caribbean, Recent Developments and Key Challenges," The World Bank, 2007.

[121] Ferroni Marco, Ashoka Mody, *International Public Goods: Incentives, Measurement and Financing*, Kluwer Academic Publishers, 2002.

[122] Foster G.K., "Striking a Balance Between Investor Protections and National Sovereignty: The Relevance of Local Remedies in Investment Treaty Arbitration," *Columbia Journal of Transnational Law*, 2011, 49 (02).

[123] GIACC, "What is Corruption," https://giaccentre.org/what - is - corruption/, Updated on 10th April 2020.

[124] Gibson C.B., Waller M.J., Carpenter M.A. et al., "Antecedents, Consequences, and Moderators of Time Perspective Heterogeneity for Knowledge Management in MNO Teams," *Journal of Organizational Behavior*, 2007, 28 (08).

[125] Global Infrastructure Hub, Oxford Economics, "Global Infrastructure Outlook-Infrastructure Investment Needs 50 Countries, 7 Sectors to 2040," July 2017.

[126] Gotanda J.Y., "Renegotiation and Adaptation Clauses in Investment

Contract, Revisited," *Vanderbilt Journal of Transnational Law*, 2003, 36 (October).

[127] Haruhiko Kuroda, Masahiro Kawai, Rita Nangia, "Infrastructure and Regional Cooperation," ADB Institute Discussion Paper, No. 76, ADB, September 2007.

[128] Hinds P. J., Bailey D. E., "Out of Sight, Out of Synch: Understanding Conflict in Distributed Teams," *Organization Science*, 2003, 14 (01).

[129] Hirschman A. O., "Development Projects Observed Second Edition with a New Preface," Washington DC: Brookings Institution, 1995.

[130] Holmén H., Jirström M., "Look Who's Talking! Second Thoughts about NGOs as Representing Civil Society," *Journal of Asian and African Studies*, 2009, 44 (04).

[131] IDB, "Infrastructure: Engine for Growth and Economic Integration of the Americas," 2018.

[132] IDB, "Lessons from Four Decades of Infrastructure Project-Related Conflicts in Latin America and the Caribbean," 2017.

[133] Ignaz Seidl-Hoheveldern, "Subrogation under the MIGA Convention," *ICSID Review: Foreign Investment Law Journal*, 1987 (02).

[134] Jack Hirshleifer, "From Weakest-link to Best-shot: The Voluntary Provision of Public Goods, Public Choice," 1983, 41 (03).

[135] Jehn K. A., Mannix E. A., "The Dynamic Nature of Conflict: A Longitudinal Study of Intragroup Conflict and Group Performance," *Academy of Management Journal*, 2001, 44 (02).

[136] Jehn K. A., Northcraft G. B., Neale M. A., "Why Differences Make a Difference: A Field Study of Diversity, Conflict, and Performance in Workgroups," *Administration Science Quarterly*, 1999, 44 (02).

[137] Kanbur Ravi, Todd Sandler, Kevin Morrison, "The Future of Development Assistance: Common Pools and International Public

Goods," Washington DC: Overseas Development Council, 1999.

[138] Manabu Fujimura, "Cross-Border Transport Infrastructure, Regional Integration and Development," ADB Institute Discussion Paper, No. 16, November 2004.

[139] Manabu Fujimura, Ramesh Adhikari, "Critical Evaluation of Cross-border Infrastructure Projects in Asia," ADBI Working Paper Series, No. 226, ADB, July 2010.

[140] Meldrum D. H., "Country Risk and Foreign Direct Investment," *Business Economics*, 2000, 6 (02).

[141] MIGA, "Power Case Study: Maritza East 1, Bulgaria," https://www.miga.org/documents/Maritzabrief.pdf.

[142] MIGA, "War, Terrorism and Civil Disturbance," https://www.miga.org/product/war-terrorism-and-civil-disturbance.

[143] Müller R., Turner J.R., Shao J., Andersen E.S., Kvalnes O., "Governance and Ethics in Temporary Organizations: The Mediating Role of Corporate Governance," *Project Management Journal*, 2016, 47 (06).

[144] Nagy P., "Quantifying Country Risk: A System Developed by Economists at the Bank of Montreal," *Columbia Journal of World Business*, 1978, 13 (03).

[145] Nancy R. Buchan, "Reducing Social Distance: The Role of Globalization in Global Public Goods Provision," Advances in Group Processes. 2011, 28 (02).

[146] Nisar T.M., "Implementation Constraints in Social Enterprise and Community Public Private Partnership," *International Journal of Project Management*, 2013, 31 (4).

[147] OECD, "The Arrangement on Guidelines for Officially Supported Export Credits," https://read.oecd-ilibrary.org/trade/the-arrangement-on-guidelines-for-officially-supported-export-credits_ 9789264189874-en.

[148] Pablo P., Matthew K., "Multilateral Development Banks' Risk

Mitigation Instruments for Infrastructure Investment," Inter-American Development Bank Technical Note, No. IDB-TN-1358, 2018.

[149] Palenchar M. J., Heath R. L., "Another Part of the Risk Communication Model: Analysis of Communication Processes and Message Content," *Journal of Public Relations Research*, 2009, 14 (02).

[150] Palenchar M. J., Heath R. L., "Strategic Risk Communication: Adding Value to Society," *Public Relation Review*, 2007, 33 (02).

[151] Parsons R., Moffat K., "Constructing the Meaning of Social License, Social Epistemology: A Journal of Knowledge," Culture and Policy, 2014, 28 (3-4).

[152] Peltokorpi V., "Intercultural Communication Pattern and Tactics: Nordic Expatriates in Japan," *International Business Review*, 2007, 16 (1).

[153] Raúl Zibechi, "Interconnection without Integration in South America: 15 Years of IIRSA," http://upsidedownworld. org/archives/international/ interconnection-without-integration-in-south-america-15-years-of-iirsa/, 2015-10-08.

[154] Ramesh Adhikari, "John Weiss. Economic Analysis of Subregional Projects," EDRC Methodology Series, No.1, ADB, March 1999.

[155] Richard Cornes, Todd Sandler, "Easy Rider, Joint Production and Public Goods," *Economic Journal*, 1984, 94 (03) .

[156] Rink F., Ellemers N., "Diversity as a Basis for Shared Organizational Identity: The Norm Congruity Principle," *British Journal of Management*, 2007, 18.

[157] Roland Berger, "Cost-Effective Financing Structures for Mature Projects of Common Interest (PCIs) in Energy," November 2016.

[158] Root F. R., "The Expropriation Experience of American Companies: What Happened to 38 Companies," *Business Horizons*, 1968, 11 (02) .

[159] Salacuse J. W., "Renegotiating International Business Transactions: The

Continuing Struggle of Life Against Form," *The International Lawyer*, 2001, 35 (04).

[160] Salamon L. M. , "The Rise of the Nonprofit Sector," *Foreign Affairs*, 1994, 73 (04).

[161] Sandler Todd, "Global and Regional Public Goods: A Prognosis for Collective Action," *Fiscal Studies*, 1998, 19 (03).

[162] Second International Conference on Early Warning, "Effective Early Warning to Reduce Disasters: The Need for More Coherent International Action," 16-18 October 2003, Born Germany, https://www. unisdr. org/ 2006/ppew/info-resources/docs/ewcii-ew-programme. pdf.

[163] Sheldon Simon, "The Regional of Defense in Southeast Asia," *Pacific Review*, 1992, 5 (02).

[164] Shiferaw A. T. , Klakegg D. J. , Haavaldsen T. , "Governance of Public Investment Projects in Ethiopia," *Project Management Journal*, 2012, 43 (04).

[165] South American Infrastructure and Planning Council, "Integration Priority Project Agenda," 2017.

[166] Stanley Hoffmann, "International Organization and the International System," *International Organization*, 1970, 24 (Summer).

[167] Stephen Young, Ana Teresa Tavares, "Multilateral Rules on FDI: Do We Need Them? Will We Get Them? A Developing Country Perspective," *Transnational Corporation*, 2004, 13 (01).

[168] The European Parliament and The Council, "Guidelines for Trans-European Energy Infrastructure," Regulation (EU) No 347/2013, April 2013.

[169] The European Parliament and The Council, "Union Guidelines for the Development of the Trans-European Transport Network and Repealing Decision (No. 661/2010/EU)," 11 December 2013.

[170] Thom R. , *Structural Stability and Morphogenesis*, New York: Benjamin Press, 1972.

[171] Tractebel Engineering S. A, "Study on Electricity Infrastructure Developments in Central and South Eastern Europe," 2016.

[172] Turner J. R. , "Governance of Project-based Management," Handbook of Project-based Management, McGraw Hill, 2009.

[173] Turner J. R. , Müller R. , "The Governance of Organizational Project Management," In: Sankaran S. , Müller R. , Drouin N. (Eds.), *Organizational Project Management*, Cambridge University Press, Cambridge, 2016.

[174] Williamson O. E. , "Transaction-cost Economics: The Governance of Contractual Relations," *Journal of Law and Economics*, 1979, 22 (02).

[175] World Economic Forum, "The Global Competitive Report (2019)," http: //www3. weforum. org/docs/WEF _ TheGlobalCompetitivenessRepo rt2019. pdf.

[176] WTO, "Agreement on Subsidies and Countervailing Measures," https: //www. wto. org/english/docs_ e/legal_ e/24-scm. doc.

[177] WTO, "Trade Facilitation," https: //www. wto. org/english/tratop_ e/ tradfa_ e/tradfa_ e. htm.

[178] Xie L. L. , Xia B. , Hu Y. , et al. , "Public Participation Performance in Public Construction Projects of South China: A Case Study of the Guangzhou Games Venues Construction," *International Journal of Project Management*, 2017, 35 (07).

[179] Zwikael O. , Smyrk J. , "Project Governance: Balance Control and Trust in Dealing with Risk," *International Journal of Project Management*, 2015, 33 (4).

图书在版编目（CIP）数据

跨境基础设施项目风险识别模式与防控体系/尤荻
著.--北京：社会科学文献出版社，2022.9
ISBN 978-7-5228-0037-0

Ⅰ.①跨… Ⅱ.①尤… Ⅲ.①基础设施建设-国际合
作-风险管理-研究-中国 Ⅳ.①F299.24

中国版本图书馆 CIP 数据核字（2022）第 065873 号

跨境基础设施项目风险识别模式与防控体系

著　　者／尤　荻

出 版 人／王利民
责任编辑／吴　敏
责任印制／王京美

出　　版／社会科学文献出版社（010）59367127
　　　　　　地址：北京市北三环中路甲 29 号院华龙大厦　邮编：100029
　　　　　　网址：www.ssap.com.cn
发　　行／社会科学文献出版社（010）59367028
印　　装／三河市龙林印务有限公司

规　　格／开　本：787mm×1092mm　1/16
　　　　　　印　张：19　字　数：290 千字
版　　次／2022 年 9 月第 1 版　2022 年 9 月第 1 次印刷
书　　号／ISBN 978-7-5228-0037-0
定　　价／79.00 元

读者服务电话：4008918866